民国岁月

那些文人大师们

MINGUO SUIYUE

欧阳悟道 编著

中国言实出版社

图书在版编目（CIP）数据

民国岁月：那些文人大师们 / 欧阳悟道编著. —北京：
中国言实出版社，2014.10

ISBN 978-7-5171-0915-0

Ⅰ. ①民… Ⅱ. ①欧… Ⅲ. ①作家—生平事迹—中国—民国
Ⅳ. ①K825.6

中国版本图书馆 CIP 数据核字（2014）第 242759 号

责任编辑：陈昌财

出版发行 中国言实出版社
地　　址：北京市朝阳区北苑路 180 号加利大厦 5 号楼 105 室
邮　　编：100101
编辑部：北京市西城区百万庄路甲 16 号五层
邮　　编：100037
电　　话：64924853（总编室）　　64924716（发行部）
网　　址：www. zgyscbs. cn
E-mail：yanshicbs@126. com

经　　销 新华书店
印　　刷 北京市玖仁伟业印刷有限公司
版　　次 2015 年 1 月第 1 版　　2015 年 1 月第 1 次印刷
规　　格 787 毫米×1092 毫米　　1/16　　19 印张
字　　数 235 千字
定　　价 38. 00 元　　　　ISBN 978-7-5171-0915-0

序 言

    对于今人来说，民国是个特殊的时代，有人曾这样形容它："不旧不新又又旧又新，不古不今又又古又今，不中不外又又中又外，不东不西又又东又西。"这样一个充满矛盾的时代，在学术界出了很多大师。他们曾经的理想，他们的面容和言行，他们的风度、气质、胸襟、学识和情趣，无不令人高山仰止。重读大师，他们高风亮节的行止也无不于此间一一重现，细微的文字将这些"大家"们所处的那个真实的时代背景予以还原，展现出他们独特的生命历程和探索精神，其间矍然触目的，是一个个"达则兼济天下"的倔强而挺拔的背影。

    那些背影背负的，是真正的大家，是令人仰止的大师。身历那样波谲云诡的历史时期，他们用自己的智识和才情，书写了属于自己的伟岸人格，发出了超凡绝俗的时代巨响。中国历史的某些方面的改变，因为他们的贡献而加快了进程。他们外表朴素而内心高贵，心怀天下而汲汲于行。他们那么平凡地生活在芸芸大众之中，却无时无刻不关注着全民族的命运，他们钻研于学问之里，却笑谈于人际之外。他们的思想离凡常生活很远，却关乎家国命运。作为文明的标竿，他们让文化立体化，让精神自由化，他们身上带有明显时代烙印的理想抱负，而书卷气息却难以掩饰，也不需要掩饰；否则，他们就不是他们了。

当然，西方文明强烈冲击中国后留给中国读书人"格物致知"的理念，也无时无刻不荡涤着他们的心房。凝望那些背影，我们可以真切地感受到，站起来不仅是身体，还有永远屹立的精神。

这里展示的，并不是一个个全面的人，不是一部部传记，而是一些人的侧面或者点滴。要将他们的一生全面展现给读者，既没有必要，也没有可能。我们撷取的只是他们生命中一些鲜活的片断，一些令人动容的瞬间，也是一些最令人难以忘记的部分，带给我们阅读与感慨的同时，更留无限思考。在平和的描述中，穿插其间的大量历史资料和鲜为人知的故事，成为我们关于他们最独特的记忆，他们的形象也因此而变得更加清晰——我们慨然于胡适被蒋介石骗去参加总统选举，却莞尔于他在国外大捞博士帽；我们快意于章太炎气煞袁世凯，而叹服于他第一个在报纸上征婚；我们会心于黄侃屡屡与胡适过不去，更笑谈于他"下雨不来"、"降雪不来"、"刮风不来"……

重读他们，令人心生热望；仰望大师，我们除了精神上得到砥砺，思想上也会变得更加坚强。让我们走近大师，走近那些在中国近现代史上熠熠生辉的名字，来一次心灵和精神的愉悦之旅……

目　录

胡适：言动出于常轨，大儒堪忍重负

胡适（1891.12.17—1962.2.24），安徽绩溪县上庄村人。原名嗣穈，学名洪骍，字希疆，后改名胡适，字适之，笔名天风、藏晖等。其中，适与适之之名与字，乃取自当时盛行的达尔文学说"物竞天择适者生存"典故。现代著名学者、诗人、历史学家、文学家、哲学家。因提倡文学革命而成为新文化运动的领袖之一。

给后进"指示一条应走的路"

1928年3月，上海吴淞海边的中国公学发生风潮，至4月底尚未解决，校长何鲁辞职。校董会推胡适继任，希望他能出面维持，平息风潮。胡适因母校的关系，慨然允诺，于4月30日就任校长，并很快平息了学生风潮。

在任校长期间，胡适非常重视学生智能的培养。他在中国公学设立了奖学金，奖励学生读书；并积极提倡写作及各种学术研究会、演讲会等活动。胡适认为，这些活动可以引起学生读书的兴趣，帮助他们形成自己的思想，并有益于日后从事的学问。他曾说："我们相信，文字的记录可以帮助思想学问，可以使思想渐渐成条理，可以使知识循序渐进……商家的账簿上往往写着'勤笔免思'；其实勤笔不是免我思想，正是助我思想。"

在胡适的提倡与鼓励之下，学校创办了《吴淞月刊》，学生中也办起了《野马》等许多刊物，出现了一种自由、主动、活泼的读书风气。

胡适也相当重视体育，曾亲自为全校运动会写了一首短歌：

> 健儿们大家上前。
>
> 只一人第一，要个个争先。
>
> 胜固然可喜，败亦欣然。
>
> 健儿们大家上前。
>
> 健儿们大家齐来。
>
> 全体的光荣，要我们担待。
>
> 要光荣的胜，光荣的败。
>
> 健儿们大家齐来。

他不仅看重学生体格的锻炼，而且重视运动场上对学生品格的培养，希望青年们养成一种堂堂正正的运动员风度。

对于校中成绩突出的青年学生，胡适非常热心培养扶持，甚至有些偏爱，却也相当严格。在他看来，后进之辈皆可提携。当时文理学院的学生罗尔纲，平时一点也不活跃，在校中无声无息。但他成绩优秀，得过学校首届奖学金，文化史的论文也作得不错，很得胡适的赏识。1930年夏，罗尔纲要毕业了。毕业前夕，他给胡适写了一封信，请求他介绍工作。胡适便约请罗尔纲做家庭教师，并收他做"徒弟"。罗氏在胡家先后五年，除指导祖望、思杜兄弟俩读书外，又帮助抄录整理胡铁花先生的遗集，并在胡适的指导下研究史学。后来，罗尔纲写了一本《师门辱教记》的自传，记述这五年跟胡适做"徒弟"的生活，颇为亲切生动。其中写道："我一入师门，适之师就将'不苟且'三字教训我，我以前谨遵师教。到了妻儿来北平后，为了要卖稿补助生活，一大部分文章不得不粗制滥作了……至今想起来还是一件痛心的事。""我十分惭愧，又十分感激，当我每次发表这种文章的时候，就得到适之师给我严切的教训。"

胡适对罗尔纲的几次批评的确是很严厉的，但严厉之中却也能给人以启迪；而对罗氏的成绩，胡适也多有称许和鼓励。罗尔纲后来研究史学颇有成就，成为研究太平天国史的著名学者。他自己认为，这跟胡适的指导与严格要求是分不开的。

吴晗，当年名春晗，也在中国公学念书，也是胡适的一个得意门生。在胡适讲授中国文化史课程时，吴晗得到胡适的指导和帮助，写出了他的第一篇学术论文《西汉的经济状况》，也得到胡适的赏识。后来，胡适被迫离开中国公学，吴晗也离校北上，考入了清华大学历史系二年级。胡适又介绍他在学校谋得当"工读生"的机会，解决了经济困难，又亲书一副对联送给他：

> 大处着眼，小处着手；
> 多谈问题，少谈主义。

胡适还写信勉励吴晗，要他"训练自己作一个能整理明代史料的学者"；并在《大公报》上撰文，希望大学生们以吴晗为榜样，"埋头读书，不问政治"。吴晗那时确实深受胡适的影响，不仅把胡适送的对联挂在自己的房间里，也给胡适办的《独立评论》写文章，并且按照胡适的指导和要求，成了专治明史的著名学者。但是，作为热血青年的吴晗，看到黑暗腐败的现实，他又怎么坐在书斋而无动于衷呢？他给胡适写信说："处在现今的时局中，党国领袖卖国，政府卖国，封疆大吏卖国……翻开任何国任何朝代的史来看，找不出这样一个卑鄙无耻、丧心病狂的政府，也很难找到这样一个麻木不仁、浑浑噩噩的国民。"

他这些痛苦，不敢"向有党籍的人吐露"，因此只能向胡适倾诉，说自己"过去备受先生的训诲指导"，也希望这时能给他"指示一条应走的路"。而此时的胡适却难以为力。后来吴晗思想转变，走上了与胡适相反的道路，成为一位坚强的民主斗士。

当时中国公学的学生中，还有一位吴健雄女士。后来她留学美国，胡适对她仍经常关心指导。她终于成了名满天下的物理学家，胡适常常以有这样的学生而自豪。吴健雄呢，对胡适的教导也终生不忘。1985年，她应邀回祖国参加母校南京大学校庆纪念，对青年后生谈治学经验时，还说到胡适先生对她的教导和关心，是她后来积极进取的动力。

为了培养学生，大学最重要的是要聘请好的教授。胡适接掌中国公学以后，虽受各方面条件的限制，还是努力延聘，罗致了一批英美留学生到校任教，使人文科学和社会科学方面的教授较为齐整。他聘请教授，有蔡元培的作风，不限资格，不分派系。如中国文学系，有王闿运的弟子马宗霍教先秦文学与《说文》，有左派作家白薇教戏剧，有陆侃如、冯沅君教古典诗词考释，有郑振铎、梁实秋教西洋文学，等等。胡适又聘请高一涵先生任社会科学院院长，胡适自兼文理学院院长，还兼授"文化史"一门课程。他每周除了来校上课、洽商校务及主持各种会议和活动之外，大部分时间仍住在沪西极司斐尔路寓所，从事学术研究和写作。在任校长的两年间，出版了《白话文学史》上卷、《庐山游记》、《人权论集》，编校了《神会和尚遗集》，还写了收在《胡适文存三集》里的许多文章。这样一位饱学而勤奋的校长，在研究和写作方面有许多成果，对教员、对学生、对学校的学风，影响深远，不言而喻。

胡适不拘资历，破格延聘沈从文来校任教，在中国公学曾传为美谈。

沈从文是湖南凤凰人，只念过小学，大兵出身。后来刻苦自修，创作小说，多发表在《现代评论》和《晨报副刊》上，成了《现代评论》的台柱子，颇得读者的喜爱。1928 年春天，沈从文来到上海，与丁玲、胡也频夫妇合办《红黑》杂志和红黑出版社。他们三人有很深的友谊。后来胡也频被国民党政府逮捕杀害，沈从文曾多方奔走，协助丁玲设法营救。

那时候，教授的社会地位远比作家高，因为自学可以当作家，搞创作，却很难成学问家，当教授。沈从文也想当教授，但他没有学历，小说虽然写得好，却不能算学问，因此难进大学的门槛。

胡适原来就很器重沈从文，出任校长后，便聘请他来校教"小说习作"，破格提拔他当了教授。沈从文讷于言辞，小时候读书也很不认真，但教书却很认真。

为了给学生作习题举例，他随时用不同的艺术手法，写了表现不同生活题材的许多作品，在艺术上做了多方面的探求。这些作品，大多发表在《新月》杂志和《小说月报》上，是他在中国公学教书的一项相当大的收获。

沈从文在中国公学的最大收获，是找到了他的终身伴侣——夫人张兆和女士。据说这事也与胡适校长有些关系，得到过胡适的帮助。

当时中国公学已实行男女同校，但女同学为数不多。张兆和心地善良，性格纯朴、沉静，又擅长球类体育，富于健康美，被公认为"校花"。许多男同学争相追求，都被她一概拒绝，不予理睬，因此都知难而退了。唯有教师沈从文锲而不舍，给她写了许多情书。她起初也不理睬，后来被缠不过，便去极司斐尔路找胡校长。进门时，张兆和腋下夹着一个包裹。胡适见了，笑着说："你何必送东西呢？"她打开包裹送到校长面前，说："不是礼物，是沈先生寄来的一大堆信。请校长你看看。"显然，张兆和此行的目的，是求校长干预，回绝沈先生，并且说："他是老师，不能对学生这样！"胡适知道了张兆和的来意，便笑着说："师生恋爱并不犯法，在外国亦是常事，校长是不能干涉的。"谈了半晌，张兆和起身告辞，胡适送她到门口，将那包信退还给她，并劝说道："你不妨回他一封信，以后仔细观察，如认为他并无恶意，做个朋友也好。婚姻是不能勉强的。"胡校长侃侃一席话，无意中做了冰人，后来沈张恋爱居然修成正果，于1933年9月9日结婚了。

"你还是多管管正事吧"

抗日战争期间，胡适赴欧洲游说，蒋介石和国民政府连续致电胡适，敦请他出任驻美大使。胡适颇有些踌躇。他曾经打定主意20年不谈政治，20年不入政界。他的夫人江冬秀也总是劝他不要走到政治的路上去。这一年（1938年）恰恰是他们结婚20年。这20年中，胡适早谈政治了；政界虽然也沾些边，却始终不曾正式出山做官。现在出山，觉得对不住妻子；但是国难当头，眼见民族危亡，自己能不勉力奔走吗？经过反复考虑之后，胡适还是复电国民政府，答应出任。

1938年9月17日，国民政府发表特任胡适为中华民国驻美利坚特命全权大使。10 月 5 日，胡适赴华盛顿就任。这是他平生第一次当官，是在国家民族最困难的时期，当最困难的官。他曾作白话小诗一首，其词云：

> 偶有几茎白发，心情微近中年。
>
> 做了过河卒子，只能拼命向前。

10 月 21 日广州沦陷，25 日武汉失守，胡适可谓是"受命于败军之际，奉命于危难之时"。10 月 23 日，胡适勉励使馆人员"不要灰心"，他说："我们是最远的一支军队，是国家的最后希望，绝不可放弃责守。我是明知国家危急才来的。国家越倒霉，越用得着我们。我们到国家太平时，才可以歇手。"

胡适作为学者任驻美大使，全无政客的深沉和韬略，而是以"诚实和公开"的态度，赢得别人的理解和信任，所以，人们赞誉他为"学者大使"。对于胡适使美的业绩，时人就有不同评价。王世杰认为胡适的"人格与信望"使他在驻美任上"较任何人为有效"；胡适的学生吴健雄说，她的美国朋友告诉她，"华盛顿政府上下人员"对胡适"都是崇敬备至"。王世杰也说，他亲见罗斯福给蒋介石的信上写有"于适之信赖备至"的赞语。日本政界听到胡适任驻美大使的消息后也给予了异常的关注，代表日本官方的《日本评论》曾发表评论说，日本需派出三个人一同出使，才可能抵抗得住胡适。那三个人是鹤见佑辅、石井菊次郎和松冈洋右，分别是文学的、经济的和雄辩的专家。而与上相反的是孔祥熙放言："适之不如儒堂"（王正廷字儒堂，为胡适前任驻美大使）；宋子文则斥胡适之讲演为"空文宣传"，且隐喻其非"外交长才"。胡适出任驻美大使，颇有几分无奈。出于知识分子的良知和责任感，他才临危受命。由于外交是讲究利害关系的，没有纯粹的道义，它是一种务实的艺术，不是宣播道义的表演。而胡适毕竟只是个书生，因而他在大使任中便不免带有几分书生气。

珍珠港事变前，北平图书馆将数百部善本书运至华盛顿委托美国国会图书馆代为保存。美国认为这是件文化大事，所以当该批书籍在国会图书馆开箱时，美国国务卿和该馆馆长特地敦请中国大使胡适，并派大员相陪，同往书库查看。谁知这位大使是个书迷，他一进书库，便如入宝山，情不自禁地席地而坐，旁若无人地看起书来。胡适一看就看了个把钟头，把那些陪他前来而与善本无缘的外交大员和图书馆馆长冷落在幽暗的书库走廊，踱其方步。最后大使才从书堆里提着上衣，笑嘻嘻地走了出来，和这批要员们大谈其善本的经纬。这件小事，在外交使节的圈子里都被认为是有失身份的事，但是胡适我行我素而不自觉。当然也有人认为他是位学者大使，因而他的怪行反而传为佳话了。真所谓"真名士而自风流！"

事实上，胡适在美引人瞩目且发生较大影响的并非其外交活动，而是作为文化使节和一位杰出的演说家所从事的活动，即所谓的"行万里路，讲百次演"。1942年上半年，美国《华盛顿邮报》载："中国驻美大使胡适，最近六个月来遍游美国各地，行程达三万五千里，造成外国使节在美旅行之最高纪录。胡大使接受名誉学位之多，超过罗斯福总统；其发表演说次数之多，则超过罗斯福总统夫人；其被邀出席公共演说之纪录，亦为外交团所有人员所不及。"胡适做大使时也每向好友倾吐他行万里路、演讲百次的苦差事，"今年体质稍弱，又旅行一万六千英里，演讲百余次，颇感疲倦。我在此三年，不曾有过一个周末，不曾有一个暑假。"据他自己回忆："本人在美任大使数年，赴全美各地演讲四百次之多。"胡适把讲演看成自己作为一个学者从事外交的最佳手段。应该说，中国抗战的决心和意义能被美国所了解并得到普遍的同情和支持，胡适的演讲是功不可没的，但一位处于关键职位的驻美大使却仅仅将演讲作为自己的主要工作，这里多少也体现出胡适大使的书生气。胡适热衷于演讲也被时人所诟病，宋子文就曾在公开场合对胡适的演讲表示不满，他对胡适说："你莫怪我直言。国内很多人说你讲演太多，太不管事了，你还是多管管正事吧！"而更显胡适书生气的是，当他作行程三万五千里的旅行，到处发表演说并传播中国的良好愿望和理想时，国民政府给了他三万美元作宣传费用，他将此款全部奉还并解释说，我的演说就是足够的宣传，不需要任何宣传费用。

胡适在驻美大使任内，另一为时人所诟病的话柄是"只好个人名誉，到处领学位"。这也不无根由。胡适任大使以后，美国的一些大学慕名而来，纷纷赠以荣誉博士学位。据统计，胡适四年大使期间竟领得二十七个荣誉博士学位。当然，如若此事是在和平时期，或者胡适只是一个单纯的学者，各大学赠以荣誉博士之学位，胡博士欣然受之，本也无可厚非，或许也是一段佳话。但作为战时的驻美大使，公务缠身，却花费如此多的时间和精力来接受学位，怎么说也有不务正业之嫌。正如他的学生傅斯年婉言批评的那样："此自非坏事，但此等事亦可稍省精力，然后在大事上精力充足也。"对于荣誉博士学位，胡适自己也知道并无多大实际价值，"这些玩意儿，毫无用处，不过好玩罢了。"但胡适博士对此却依然乐此不疲，我行我素。胡适如此行事，却也不脱书生本色，单纯得可爱。又据时人传言，胡适主持大使馆馆务，用的是无为而治的办法，让各部门的人各司其职，自己向来不亲细事。傅斯年曾写信提醒胡适注意此事："当时熟人中之传说，有可注意的几点：馆中 staff（职员班子）始终未曾组织好，凡事自办，故 efficiency（效率）难说……又言馆中纪律亦缺乏……此事似值得考虑也。"此事也显出胡适大使的书生气。

1942 年 8 月 15 日，胡适收到免去他大使职务的电报。他本来无心做官，是因为国家民族的危难才勉力出来任事的；太平洋战争爆发以后，他便想寻一个机会，决心求去。收到免职电报的当天晚上，即复电国民政府，表示感谢。9月8日，便交卸了差事。18日便离开双橡园使馆，告别华盛顿，移居纽约，重新开始他的学术生涯。

被骗参加总统候选

1947年12月中旬，蒋介石为了搞好同美国的关系，力劝时任北京大学校长的胡适，再次出任驻美大使。美国则基于对蒋介石的不满，便想在华扶植"第三势力"，希望国民党政府能够容纳"自由主义分子"。为此，美国驻华大使司徒雷登便借国民党"行宪"之机，极力怂恿胡适出来竞选总统。1948年1月中旬，同样得到美国支持并准备参加副总统竞选的李宗仁也致信胡适，劝其"参加大总统的竞选"。但胡适却表示："我从没有作竞选总统的打算和考虑"，并主张"总统应由政党的代表产生出来"。

3月29日，"行宪"国大开幕后，蒋介石为应付来自美国的压力，将计就计，表示准备请胡适出任总统，自己出任行政院长。为此，3月30日下午，总统府秘书长王世杰受命向胡适传达了蒋介石的意见，但胡适一直摇摆不定。

蒋介石见胡适犹豫不决，决定于4月3日夜亲自找胡适谈话。这使胡适受宠若惊，终于上了圈套，答应了蒋的请求。

4月4日，国民党举行临时中央执行委员会全体会议，讨论总统提名人选问题。会议一致推举蒋介石为总统候选人，但蒋介石却拒不接受，并明确表示，第一任总统应具有下述之条件：1. 了解宪法，认识宪政，确保宪政制度；2. 富有民主精神及民主思想，且为一爱国之民族主义者，根据宪法，实现三民主义，建立民有、民享、民治之中国；3. 忠于戡乱建国之基本政策；4. 深熟我国历史、文化及民族传统；5. 对当前之国际情势与当代文化有深切之认识，借而促进天下一家理想之实现，并使中国成为独立自尊的国家，处于国际大家庭中之适当地位。为此，蒋介石建议："吾人可提一具有此种条件之党外人士出任总统候选人，并支持其当选。我愿担任政府中除正副总统外之任何职责，协助总统以实现宪法中之民主原则。为国家人民利益之故，我深信我不应竞选总统。此不仅为谦让之故，而是诚恳之信心。总而言之，我建议我党提出一卓越之党外人士为总统候选人。"

蒋介石之所以"谦让"，并非真的要让胡适当总统，而是其惯用的以退为进的一种手段。在推举胡适的同时，他就曾明确表示："中正身为本党领袖，为本党当然之总统候选人。"但按照 1946 年底"制宪"国大通过的《中华民国宪法》规定，总统权力要受到诸多限制，这是一直习惯于大权独揽的蒋介石所不满意的。因此，他才表示宁愿屈就有"实权"的行政院长，也不愿当"有职无权"的总统。但是国民党的大多数党员已长期习惯于以党的领袖与总统置于同等地位，把总统与控制政府置于同等地位了。因此，蒋委员长的提议极遭反对，理由是国民党对政府的控制将因此而削弱，而且目前的危机是要使国家有一个有力的舵手。

既然国民党人认为总统非蒋莫属，而蒋介石又不愿当"有职无权"的总统，这就需要找出一个解决办法。当然，最简单直接的办法就是修宪，扩大总统职权。但"宪法甫见施行，如即予以修正，亦多不妥之处"，而且"尤为少数党所不愿"，怎么办？程思远回忆，在 4 月 5日上午的国民党中常会上，张群表示："总裁并不是不想当总统，而是依据宪法的规定，总统并没有任何实际权力，它只是国家元首，而不是行政首长，他自然不愿任此有名无实的职位。如果常会能想出一种办法，赋予总统以一种特权，则总裁还是愿意当总统候选人的。"于是，中常会随即推举张群、陈布雷、陈立夫三人去见蒋介石，当面征询意见，得到首肯。下午，王宠惠据此在中常会上提出："我们可以避开宪法条文的规定，在国民大会中通过一项临时条款，赋予总统在特定时期得为紧急处分的权力。"随后，国民党中常会做出决议："总裁力辞出任总统候选人，但经常会研究结果，认为国家当前的局势，正迫切需要总裁的继续领导，所以仍请总裁出任总统，以慰人民喁喁之望。常会并建议在本届国民大会中，通过宪法增加'戡乱时期临时条款'，规定总统在戡乱时期，得为紧急处分。"这样，蒋介石在经过一番"谦让"，得到"紧急处分"之权的保证后，终于答应出任总统候选人，而胡适的总统梦则由此迅速破灭。

蒋介石的目的达到以后，随即让王世杰转告胡适，说自己的计划因国民党中委们的反对而无法实现，从而安抚空欢喜一场的胡适，尽快了结这一骗局。于是，王世杰再次奉命来看胡适，"代蒋公说明他的歉意"。

4月8日晚，蒋介石约胡适到官邸吃饭，当面向胡适表示歉意。

4月18日，国民大会正式通过《动员戡乱时期临时条款》，授予蒋介石超越宪法之外的"紧急处分"之权。19日，国民大会又以2430票的绝对多数选举蒋介石为中华民国第一任总统。这样，蒋介石终于如愿以偿地通过"民主"方式当上了"合法"的实权总统。5月20日，蒋介石宣誓就职后，随即开始行使总统职权，提名行政院长组织政府。当时，国民党中常委黄宇人曾就此发言道："何以不提胡适之？"蒋介石听后面色一沉说："书生不能办事。"此言可谓一语中的，真正表露了蒋介石的真实想法。由此可见，胡适在蒋介石眼中不过一介书生，根本"不能办事"，哪能做什么总统呢！

"胡说"与"著作监"

1917 年 7 月，26 岁的胡适完成七年的留美学业，于 9 月 10 日就任北京大学英文学、英文修辞学和中国古代哲学三科教授。

胡适就任教授后，把自己苦学奋进得来的深厚的英文和中国古代哲学之基础，运用于教学实践，特别是以他的博士论文《中国古代哲学方法之进化史》为主线，充实提高，自编讲义，打破了大学教坛的习惯教法，并在 1919 年 2 月出版了他的《中国哲学史大纲》（上卷），名闻全国，大受称赞。

胡适一完成留美学业，即就任北大教授，是由北大文学院长陈独秀和校长蔡元培鼎力提携而被破格聘用的。蔡元培和陈独秀两人同岁，都是 1879 年出生，按中国生肖属相为属兔。而后生胡适，是生于 1891 年 12 月，刚好小他俩 12 岁，也属兔。当时有人戏称："北大添个年轻人，玉兔常伴月照明。"北大是我国首屈一指的名牌大学，年轻胡适初露头角，是治理北大的"三大台柱之一"。

胡适就任北大教授，以最好的"教书匠"著称，但他更能"快友"交谈，加上个能说会道的嘴巴，讲得比写得更好。胡适当年在北京大学红楼内外，聚天下英才而讲之。讲台之下，笑声四起，掌声如雷。有时"说瘾"大发，对学生讲起课来，与朋友吹起牛来，天花乱坠，南腔北调，天空海阔，文白齐鸣，白话口语，之乎者也，也全然不顾了。有一次，胡适应邀到某大学讲演，他引用孔子、孟子、孙中山先生的话，在黑板上写："孔说"、"孟说"、"孙说"，越说越来瘾，最后他发表自己的意见时，竟在黑板上写了"胡说"，引起一场"哄堂听胡说"的大笑话来。

胡适曾有"酒醉上海滩"的历史。1910年3月22日夜，胡适在上海一家堂子里喝醉了酒，回家途中与巡捕厮打，被带进捕房，关了一夜，罚款五元。事后，他心里百分懊悔，想起"天生我材必有用"的诗句，发誓从此改过。此后闭门读书，7月考取第二期"庚款"留美官费生。但他的嗜酒习惯仍时有发作，胡适有一句口头禅："宁要大碗酒，不要小碗茶。"因为古老徽州，他家乡绩溪好客礼貌，喜迎贵宾，先要泡上一碗"碗头茶"，是用一种高级的景德镇瓷碗配有瓷盖、瓷托或金黄铜托，小巧玲珑，一派古雅。胡适在北大任教之余，曾作"旧瓶新酒"一词的考据，他说"旧瓶新酒"是西洋古谚，其出处在《马可福音》第二章。据此可见胡适之喜酒了。1930年12月，胡适40岁生日，又恰逢北大建校32周年，举行了庆祝。据当时报载，在胡适的寓所宴会上，其妻江冬秀赠夫"止酒"戒指一枚，力劝戒酒。被称为"两代学人，一对挚友"的张元济先生，大了胡适24岁，张在上海读到报纸后，特制联语一副补赠胡适。其联语云：

> 我劝先生长看蓄贤间戒指从今少喝些老酒，
> 你做阿哥好带了小弟北大享个无限的遐龄。

胡适一生获得多少博士及荣誉博士学位，大陆与台湾学者说法不一。见于报章杂志的文字也不一致。据说台湾学者认为胡适有39个博士学位，大陆也有36个博士学位的异言。多数学者认为是35个博士学位，有待进一步考证。

胡适的别号、笔号、绰号有多少个，少见于报端。已知有40余个，多于他的博士学位。以下几个则鲜为人知。

一为"子供"。1906年夏，胡适考入中国公学，时年只14岁，而中国公学第一期中，他的年纪最小，个子矮，多数同学都比他大，使他得了一个日本人的绰号"子供"，即小孩的意思。

二为"大书箱"。胡适 5 岁时开始念"四书"、"五经"、《孝经》《百家姓》《千字文》。8 岁就能懂《资治通鉴》。在 20 世纪二三十年代里，海内外学者和留学生，都认为书读得最多的，在一班读书人中，数不出几个，如果严格地讲，恐怕要数胡适首屈一指了，所以当时胡适得了一个"大书箱"的绰号。

三为"黄蝴蝶"。1916 年 8 月，胡适写了一首"窗上有所见口占"的"尝试"白话诗。开头两句是"两只黄蝴蝶，双双飞上天"。当时写白话诗，有大逆不道之嫌，常为人攻击与讥讽。国学大师黄侃在《文心雕龙札记》中，大骂白话诗为"驴鸣狗吠"，直呼胡适为"黄蝴蝶"。

四为"著作监"。1917 年胡适留美回国，即受聘北京大学任教，时年 26 岁，是最年轻的教授，颇有点名气，又因他积极提倡白话文，曾经与旧派文人黄侃有过交锋。黄侃时为赫赫有名的国学大师，一生钻研国学，最反对胡适所提倡的"白话文"，他认为白话文虽然浅显易懂，但如大力提倡白话文，将来就没有"文人"了。黄、胡同在北大任教，就更有"文人相轻"之意。黄侃不但在教师、文人圈内外，一有机会就要贬胡适，且语言尖酸刻薄。有时在学生中，也戏称胡适是"著作监"。学生不懂什么意思，就请教老师。黄侃即说："著作者，写书著书也；监者，太监也！太监者，下面没有也！胡适著作《中国哲学史大纲》上册，而下册没有也，故曰著作监也！"一时在北大校园内外"著作监"的绰号也不胫而走。

五为"候博士"。胡适于 1917 年 4 月在美国哥伦比亚大学完成《中国古代哲学方法之进化史》的博士论文。5 月 22 日，进行了博士学位的最后考试——口试，其实未得正式的博士证书。回国后胡适博士的名声在外，就这样胡适博士的荣名提前用了十年。哥大于 1927 年才正式补发博士学位证书。在 1939—1941 年胡适任美国大使期间，穿梭如织地来往于外交礼节和公共场所。据说外国人对胡适的名字发音难于确切，就被喊作"候博士"、"候大使"了。胡适自己也大大方方地默认和答应，于是又有一个"候博士"的绰号。

现代版"三从四德"之首倡者

胡适13岁时，由母亲做主与大他一岁的乡下姑娘江冬秀订婚。之后，胡适赴美学习，前后14年不曾见面，直到1917年，学成归国方才回家乡完婚。婚后，胡适回到北京大学教书，江冬秀在家照顾母亲，直到隔年夫妻才团圆。自此以后，江冬秀总是伴随着胡适，胡适亦对她不离不弃，以致友人曾戏言："胡适大名垂宇宙，小脚夫人亦随之。"这对学识和个性天差地别的夫妻，从吵吵闹闹到认命厮守，有趣的故事实在不少。

江冬秀出身于安徽绩溪邻县旌德江村书香世家。她父亲早年辞世，她的母亲吕贤音出身（旌德）庙首官宦世家，其祖父吕朝瑞是一科一甲探花，其父（江冬秀的外公）吕佩芬，进士出身，任翰林院编修，光绪末年，曾筹划安徽铁路有限公司。江冬秀的外公本家吕凤岐、吕碧城父女文才名传一时，尤其是碧城女士一代巾帼，是秋瑾好友、女权运动先驱、慈善家……传统的世家名门、杰出人物的熏陶，使自幼就缠了小脚的江冬秀在待人处世作风上倒是恢宏大度，不乏大家风范。

胡适与江冬秀联姻，纯粹是"父母之命，媒妁之言"式的封建包办婚姻。在胡适13岁那年，胡母冯顺弟与江母吕贤音一次乡间庙会上认识了，各自说起了自己即将成年的孩子，然后由塾师说媒，再由算命先生神乎其神地推算"八字"，然后到灶神爷前求签，一桩旧式婚姻就这么给定了下来。

胡适聪明活泼，相貌端正。江冬秀相貌平平，但江家经济上比胡家优越。

订婚后的一个月，胡适走出皖南大山，到上海求学，继而留学美国，一直到14年后，也就是1917年12月30日结婚的时候，才与未婚妻第一次谋面。

14个春花秋月轮回，是何等漫长！在胡适去美国读书期间，江冬秀每年不定时到上庄村去伴婆婆，像童养媳似的，早上起得很早，在天井里扫地。一位亲戚觉得很奇怪，问她为什么要自己扫地。她眼泪掉下来了，说："这里全家大小都做事，我怎么好意思不做事？"后来江家知道了，买了个丫头送来，但冯氏仍要她做事。1911年5月21日，胡适留美的第二年，在康奈尔大学农学院给江冬秀写了第一封信。

冬秀贤姊如见：

此吾第一次寄姊书也。屡得吾母书，俱言姊时来吾家，为吾母分任家事。闻之深感令堂及姊之盛意，出门游子可以无内顾之忧矣……前曾于吾母处得见姊所作字，字迹亦娟好可喜。惟似不甚能达意，想是不多读书之过。姊现尚有工夫读书否？甚愿有工夫时能温习旧日所读之书。如来吾家时，可取聪侄所读之书温习一二。如有不能明白之处，即令侄辈为一讲解。虽不能有大益，然终胜于不读书，令荒疏也……

之后，胡适还好几次给他的未婚妻写信，写得温存体贴，并且循循善诱地要求她"读书"与"放足"。

远在美国的胡适一度坠入与韦莲司的精神之恋。消息离奇地传到深山小村上庄，说什么胡适与洋女子结婚，生了小孩……冯氏赶紧去信询问。胡适十分认真地给母亲写了封长信表明："儿久已认江氏之婚约为不可毁，为不必毁，为不当毁……"他在美国毕业前夕，将毕业照直接寄给了江冬秀，以表心迹。

梁实秋曾说："'五四'以来，社会上有很多知名人士视糟糠如敝屣，而胡适先生没有走上这条路。"

在动荡的岁月里，45 年夫妻生活是一个漫长但也是一个有趣的、耐人寻味的人性磨合过程。江冬秀给胡适的"见面礼"便是对"西湖烟霞洞事件"的反击。结婚泯灭不了胡适的本性。胡适年方而立，风度翩翩，是一颗多情的种子。1923 年，胡适与在杭州师范读书的同乡、当年婚礼上的伴娘曹诚英，在西湖烟霞洞演了一出荡气回肠的恋情话剧，随着时光的流逝，此事被新月诗人徐志摩（在北大讲学，住在胡适家）讲出去了。当年跟在胡适身边养病的侄儿思聪也一不小心露了口。

这时的主妇江冬秀已经老练了，得知这个"飞来横祸"，她不号啕大哭，也不作河东狮吼，只见她操起一把菜刀，一手搂住只有 2 岁的小儿子思杜，一手拖住大儿子祖望，顷间将刀砍向自己的脖子，对胡适声泪俱下叫道："你好！你好！你要那个狐狸精，要和我离婚！好！好！我先杀掉你两个儿子！再杀我自己！我们娘儿仨都死在你面前……"

这恐怖凌厉的场面把胡适镇住了，他既不敢开口提半个"离"字，也不敢再同曹家妹子公开来往，安心与江冬秀琴瑟相调过日子。

有时江冬秀发脾气，嗓门高了，要面子的胡适就躲进卫生间，借漱口故意把牙刷搁进口杯里，将声音弄得很响，以作"掩耳"。

其实胡适的脾气是最好不过的，除了从母亲那里继承来的"忍耐"之外，还大肚量地为他人着想，何况是自己的太太，"情愿不自由，便是自由了"。衍生他的家庭哲学"三从四德（得）"。

"三从"者，一谓"太太出门要跟从"；二谓"太太命令要服从"；

民国岁月
那些文人大师们

三谓"太太说错了要盲从"。"四德（得）"者，一曰"太太化妆要等得"；二曰"太太生日要记得"；三曰"太太打骂要忍得"；四曰"太太花钱要舍得"。

胡适的怕老婆并非可怜，而是富有情味，颇有乐趣的。不仅如此，他还积极付诸行动——在世界范围内收集"怕老婆的故事"。胡适自己说过，在他赴美做大使任上，有位记者来采访他，说他是个"收藏家"，一是收藏"洋火盒"（火花），二是收藏荣誉学位（名誉博士），云云。其实他真正的收藏，是全世界各国怕老婆的故事。这个很少有人知道。这个很有用，的确可以说是他极丰富的收藏。在收藏中，胡适还悟出了一点儿道理——"在这个（怕老婆的故事）收集中，我有一个发现，在全世界国家里……凡是有怕老婆故事的国家都是自由、民主的国家；反之，凡是没有怕老婆故事的国家，都是独裁的或者极权的国家。"

胡适收藏"怕老婆的故事"同时，还收藏"PTT"（"怕太太"）铜币。此举缘起一位朋友从巴黎寄给他十几枚法国钱币，币面铭有"PTT"字样，胡适一下联想起"怕太太"三个字的拼音首字母，于是就发起成立"PTT"协会，会员证章就是这枚"PTT"钱币。胡适晚年还在热衷此事。1961年，他的朋友李先生在巴黎收集到了十几枚"PTT"币，托叶先生带给在台北的胡适。胡适同时买了六七本意大利怕老婆的故事书，连同"PTT"币交董显光转给华盛顿"PTT"俱乐部会长。他给他的秘书胡颂平还讲了抗倭名将戚继光怕老婆的故事。

江冬秀真是那么个"悍妇"吗？非也。抗战之初，江冬秀还不到50岁，五短身材，体形发福，穿着朴素，看上去总是很整洁，脸上常常带着慈祥的笑容，又很讲礼貌，雍容大方，有点贵妇人的气派。

旁人都爱议论的，是江冬秀那双小脚。她的小脚只是肥了一点，小脚上总是穿一双有后跟底的很小号的皮鞋——穿那种皮鞋，鞋头要塞一些棉花才合脚。在 20 世纪 30 年代，缠小脚的女人还很普遍，流行的是穿平底绣花鞋。大概穿皮鞋她才觉得有点时髦。

胡适手指上有枚"止酒"戒，那是在他 40 岁生日时，他太太专门定制，给他戴上去的。因为胡适患有心脏病，江冬秀才想出了这一招。

江冬秀文化不高，老写白（别）字。这里有一封这位"大名垂宇宙"的博士太太 1938 年 12 月 8 日，从上海写给在美国大使任上丈夫的一封家书（白字或病句括号内做了更正）：

xing（骍）：

今早报上说你因身体不适，进某医院疗养，我看（了后）吓我一大跳！盼望不是大病。但是你要（是）没有几分病，不会住医院，是（使）我很不放心。盼望老天爷开眼，就（让）病好了罢。是不是牙痛病见（现）痛凶了？我只有靠天福保佑你，祝你康健。我实在不能回想（忆）了。你（以前生）一两次的病，大半我都在（你）身边多（"多"字应删去）。回（否）则在国内，信电都方便，现在心想打（发）个电报都不敢（能）。可怜到我们这个地步，做人太难过了。

开门见山，直白自己的感情，女性特有的爱怨五味俱下，比起那个时代套用典故，文绉绉的尺牍，不知高明多少了。怪不得胡适曾说："病中得她书，不满八行纸。全无紧要话，颇使我欢喜。"就在这封慰问信中，江冬秀还老实不客气地直奔另一个主题："你的脾气好胜，我一晚不睡觉，望你平身（心）气和，修养修养罢。你的师姐师妹要把我们全全（全家）送掉，也是前世遭击（造孽），现世出这一班宝贝。想开点罢！干（甘、安）心完了。"

江冬秀丝毫没有忘记当年胡适康奈尔大学时期的"师姐"韦莲司、哥伦比亚大学时期的"师妹"莎菲以及曹诚英"这一班宝贝"。接着笔调又一转，回归正题，江冬秀始终主张胡适教书做学问，反对胡适出去做官，她直白道："你现在好比他们叫你进虎口，就要说假话，他们就爱这一套。你在大会上说老实话，你就是坏人了。我劝你早日下台罢，免受他们这一班没有信用的（小人）加你的罪，何苦呢……你看了我这封信，又要怪我瞎听来的，望你不要见怪我吧。我对与（于）你，至少没有骗过你呀。"

江冬秀有个异于胡适的特殊爱好，就是搓麻将。江冬秀的搓麻将是出了名的。她做了胡适太太后，除露一手烧徽州菜、指挥保姆干活外，就无限制地战"围城"，从北京搓到战时上海，战后又搓到北平，再搓到纽约，战线绵延她的大半生。战绩嘛，她可以说战无不胜。

如果说胡适和江冬秀的婚姻有秘诀，那就是一个"怕"字。对于胡适来讲，有时怕，有时不怕，有所怕，有所不怕，这分寸拿捏得恰到好处。这其中滋味，如人饮水，冷暖自知。

章太炎：民国祢衡，“疯子”傲世

　　章太炎（1869.1.12—1936.6.14），名炳麟，字枚叔，初名学乘。后改名绛，号太炎。早年又号“膏兰室主人”、“刘子骏私淑弟子”等。浙江余杭人，清末民初民主革命家、思想家、中国近代著名国学大师、著名学者，研究范围涉及小学、历史、哲学、政治等，著述甚丰。

“流血从我起”

　　章太炎出生于浙江余杭的一个书香世家。其祖父章鉴、父亲章浚皆是知书达理之士，章太炎自小便接受了较好的传统教育。然而，传统封建教育并未使他成为一名忠于清朝统治的“顺民”，革命反满的观念很早便在章的脑中扎根。章太炎12岁时，一日外祖父领着他阅读《东华录》，当读到曾静案时，外祖父说：“夷夏大防，同于君臣之义。”

章太炎问："前人有谈此语否？"外祖父答道："王船山、顾亭林已言之，尤以王氏之言为甚，谓历代亡国，无足轻重，惟南宋之亡，则衣冠文物，亦与之俱亡。"祖父这番话激起了少年章太炎的思绪，他愤然曰："明亡于清，反不如亡于李闯！"外祖父急忙说："今不必作此论耳。"可见，革命思想已潜伏于年幼的章太炎心中。

成年后，章太炎拜师经学大师俞樾，研习经史，度过了八年寒窗苦读的求学生涯。然而，内忧外患，时变日亟，动荡的政局已迫使章太炎不能再安心地稳坐书斋了。1897 年的夏天，他告别恩师，奔赴上海，开始了自己倡言革命的历程。

初出茅庐的章太炎先后担任《时务报》、《正学报》、《经世报》等刊物的编辑，但由于种种原因，未能充分施展自己的才情与思想。直到 1903 年，他开始主笔《苏报》，一改该报以往保守的政治立场，大张旗鼓地宣传革命主张。此时的章太炎才思泉涌，一篇篇战斗檄文如出膛炮弹，炸向清政府的要害。在一篇文章中，章太炎对慈禧太后奢华铺张的寿典进行了无情地冷嘲热讽：

今日到南苑，明日到北海，何时再到古长安？叹黎民膏血全枯，只为一人歌庆有；

五十割琉球，六十割台湾，而今又割东三省，痛赤县邦圻益蹙，全逢万岁祝疆无。

在《驳康有为论革命书》中，他更是毫无忌惮地写道："载湉小丑，不辨菽麦。"直呼当今圣上之名，且斥其无能，这在当时不啻是石破天惊之论。按照刑律，当属杀头之罪。正因此故，清政府认定章为"反清匪人"，密电上海道照会会审公廨出票拘人。别人劝他躲避，他却说："革命流血起，流血从我起。"与革命知己邹容一道慷慨入狱，而他"章疯子"的外号也得于此时。

在狱中，尽管受尽狱卒的百般折磨，但章太炎苦中作乐，斗志高昂。为了鼓舞年轻的邹容，他特意写下一诗：

> 邹容吾小弟，被发下瀛洲。
>
> 快剪刀除辫，干牛肉作糇。
>
> 英雄一入狱，天地亦悲秋。
>
> 临命须掺手，乾坤只两头。

邹容也回赠章诗一首：

> 我兄章枚叔，忧国心如焚。
>
> 并世无知己，吾生苦不文。
>
> 一朝沦地狱，何日扫妖氛？
>
> 昨夜梦和尔，同兴革命军。

身陷牢狱，二人却心系反清大业，互相往来唱和，此种大无畏之气概实令人景仰！

可惜天不假年，一年后，邹容身患重疾，瘐死狱中。两位革命挚友，不久前还赋诗共勉，转眼间却已分隔阴阳两界，章太炎怎么也无法接受这一事实，抱着邹容的尸体，他不禁悲不自胜，痛哭失声。

三年的刑期很快过去，章太炎出狱后东渡扶桑，继续从事革命事业。由于在狱中坚贞不屈的表现，此时章在士林中之声望日隆，俨然成为义薄云天之楷模。众人对其敬仰备至，大有"平生不识章太炎，访尽名流亦枉然"之架势。

"我是有神经病"

流亡日本后，章太炎看到日本人鄙视中国人，很是愤慨，然又因密谋革命，不能不尽力忍耐，气无处可泄，有时只好用诙谐幽默的办法出这口恶气。一天，日本警察到其寓所调查户口，要他填一份表格。章太炎写的是：

职业：圣人

出身：私生子

年龄：万寿无疆

这是因为人家都称他为"圣人"，而私生子则以日本为最多，面对章这份充满调侃意味的回答，日警们哭笑不得。

1906 年 7 月 15 日，章太炎在东京神田町锦辉馆举行演讲，两千多人慕名而来，一时间会场内外人头攒动，甚至有人爬到屋檐上，以一睹这位传奇人物的风采。在演讲中，章太炎就所谓"疯癫"谈了一下自己的看法：

大概为人在世，被他人说个疯癫，断然不肯承认，除那笑傲山水诗豪画伯的一流人，又作别论，其余总是一样。独有兄弟却承认我是疯癫，我是有神经病，而且听见说我疯癫，说我有神经病的话，倒反格外高兴。为什么缘故呢？大凡非常可怪的议论，不是神经病人，断不能想，就能想也不敢说。说了以后，遇着艰难困苦的时候，不是神经病人，断不能百折不回，孤行己意。所以古来有大学问成大事业的，必得有神经病才能做到……为这缘故，兄弟承认自己有神经病；也愿诸位同志，人人个个，都有一两分的神经病。近来有人传说，某某是有神经病，某某也是有神经病，兄弟看来，不怕有神经病，只怕富贵利禄当现面前的时候，那神经病立刻好了，这才是要不得呢！略高一点的人，富贵利禄的补剂，虽不能治他的神经病，那艰难困苦的毒剂，还是可以治得的，这总是脚跟不稳，不能成就什么气候。兄弟尝这毒剂，是最多的。算来自戊戌年以后，已有七次查拿，六次都拿不到，到第七次方才拿到。以前三次，或因别事株连，或是捕拿新党，不专为我一人；后来四次，却都为逐满独立的事。但兄弟在这艰难困苦的盘涡里头，并没有一丝一毫的懊悔，凭你什么毒剂，这神经病总治不好……但兄弟所说的神经病，并不是粗豪鲁莽，乱打乱跳，要把那细针密缕的思想，装载在神经病里。譬如思想是个货物，神经病是个汽船，没有思想，空空洞洞的神经病，必无实济；没有神经病，这思想可能自动的么？

演讲将毕，章太炎大声疾呼："我要把我的神经病质，传染诸君，传染与四万万人！"读过这番"疯言疯语"，我们不难发现，对于"章疯子"的外号，他非但没有丝毫自卑不满，反而处处显得自鸣得意。他的这次演讲有激情，有学理，且不乏幽默，战斗性也极强，堪称近代演讲中之精品。他那富有魅力的"有学问的革命家"的形象也由此呈现在众人眼前。难怪章之好友宋恕曾半开玩笑地说："像章君这样手无缚鸡之力的儒生，竟欲颠覆满洲三百年的帝国基业，为何会如此的不自量力呢？莫非是明末遗老们的魂魄附体了不成？"

章太炎在日本的主要活动是主编《民报》，这成为他一生中非常辉煌的一个时期。在孙中山的盛邀下，章太炎出任《民报》社长。至《民报》终刊，他亲手主编16期，并发表文章83篇。可以说，《民报》所到之处，也就是章太炎的文章和思想影响所及之处。正如鲁迅后来回忆所言："我爱看这《民报》，但并非为了（章）先生的文笔古奥，索解为难……是为了他和主张保皇的梁启超斗争，和××的×××斗争……真是所向披靡，令人神往！"的确，章的文章革命性浓厚，攻击力十足，无时无刻不在搅乱着统治者们脆弱而敏感的神经，自然又成为清政府的眼中钉、肉中刺，使他们咬牙切齿，寝食难安。

为了封禁《民报》，清政府专门派人赴日与日本政府就此事进行密谋。据野史记载，清政府为促成此笔交易，不惜出卖主权，"慷慨"地送日本政府一个"大礼包"。这"大礼包"包括间岛（延吉一带）的领土，抚顺、烟台煤矿开采权和新法铁路（新奉到法库门），真是无耻之尤！得到好处之后，日本政府立即命令警署查封了民报社。

章太炎得知此事后，义愤填膺，决定抗争到底，拼个鱼死网破，揭露日本政府的真面目。于是，他到地方裁判厅起诉日本政府。日本专门派出辩护律师五六人，妄图以车轮战围攻章太炎，使其屈服。

论辩那天，章太炎有理有据，振振有词，其情景实在令人难忘。章问裁判长："扰乱治安，必须有证，若谓我买手枪，我蓄刺客，或可谓扰乱治安。一笔一墨，几句文字，如何扰乱？"厅长无语。

章又问："我之文字，或煽动人，或煽惑人，使生事端，害及地方，或可谓扰乱治安，若二三文人，假一题目，互相研究，满纸空言，何以谓之扰乱治安？"厅长又无言。

辩护专家们连忙给厅长打圆场，欲以《民报》言论妨碍日本社会秩序之罪名来压制章太炎。章太炎反问道："吾言革命，吾革中国之命，非革贵国之命，吾之文字，即煽动人，即煽惑人，煽惑中国人，非煽惑日本人，鼓动中国人，非鼓动日本人，于贵国之秩序何干？于贵国之治安何干？"众位辩护专家无言以对。

章太炎越说越激动，他怒吼道："言论自由，出版自由，文明国法律皆然，贵国亦然，吾何罪？吾言革命，吾本国不讳革命，汤武革命，应乎天而顺乎人，吾国圣人之言也。故吾国法律，造反有罪，革命无罪，吾何罪？"顿时，整个裁判厅内鸦雀无声。最后，裁判厅厅长强制性地以危害社会秩序之名目查封《民报》，并罚款 120 元。虽然《民报》半途夭折，但章之斗争为它涂上了最后的一抹辉煌。

"袁贼烧死矣"

民国伊始，袁世凯就任临时大总统，其所言所行令拥戴者大失所望。他先派人刺杀宋教仁，后出兵镇压"二次革命"，其倒行逆施让章太炎忍无可忍。章不顾亲友劝说，毅然决定深入虎穴，挽救危局。他理直气壮地说："我决定要去面质包藏祸心的袁世凯，明知是虎穴，可是不入虎穴，焉得虎子？"临行前，他留诗一首，颇能反映当时之心境：

> 时危挺剑入长安，流血先争五步看。
> 谁道江南徐骑省，不容卧榻有人鼾。

此诗内含两个典故。前两句出自《战国策》，乃战国掌故。谋士唐雎受安陵君所托，孤身赴秦，结果不辱使命，迫使秦王放弃侵犯野心；后两句出自《类说》，是北宋旧事。赵匡胤兵临南唐都城，后主李煜派徐铉求和。赵匡胤拔剑厉声道："卧榻之侧，岂容他人酣睡！"举兵进攻，南唐遂亡。章作此诗，显然是欲仿效唐雎，挺剑入京，不管他袁世凯是霸道之秦王还是强悍之赵匡胤，章皆决心以"伏尸二人，流血五步"之举，来警醒世人，践履自己民主共和之理想。

入京不久，章便上演了大闹总统府之好戏。一日，章身着油乎乎的破棉袍，手持折扇，故意将袁世凯颁发的二等勋章缀于扇柄，大摇大摆来到总统府，打算与袁世凯好好理论一番。门卫借故阻止其见袁。

此时，次长向瑞琨却接到通知要进府面见袁世凯，章太炎怒不可遏，身上那股"狂"劲儿顿时发作："向瑞琨一个小孩子，可以见袁世凯，难道我见不得吗？"从清晨至傍晚，章将总统府上上下下1000人等悉数痛骂一通，并抡起手杖将府内器物砸个稀里哗啦。袁世凯躲在内室，目睹章太炎之"胡闹"，却怒不敢言，任其发泄。由此可见，章之狂士风采，较之祢衡，有过之而无不及也。最后，袁世凯实在没办法，派出军政持法处处长陆建章（此人当时以抓捕和处决革命党人的屠夫形象而闻名）出马，谎称总统在居仁堂见章，将其带到军队营房，软禁起来。后又将其移到北京南城陶然亭附近的龙泉寺及城内的几处深宅大院，辗转之间，章太炎开始了一段颇为漫长的幽囚岁月。

刚开始，章太炎极不适应这种毫无自由的生活。他在屋里大骂大闹，曾狂书："杀、杀、杀、杀、杀、杀、杀，疯、疯、疯、疯、疯、疯、疯"的对联。其友陈干相当欣赏这"七杀七疯"的对联，请石匠刻成石碑立在家祠中。此碑现仍在陈家乡山东昌邑白塔村桥头上。此外，章太炎时常与友人狂饮，以致酩酊大醉后出口怒骂，甚至在窗纸墙壁上遍书"袁贼"两字以泄愤，或用大篆、小楷、行草等字体写满"袁贼"二字，将纸埋而焚之，大呼："袁贼烧死矣！"

更有趣的是，章太炎召集寓所里所有仆役，定下六条规矩：

第一，每日早晚必向我请安；

第二，在外面见到我，必须垂手而立；

第三，称我为"大人"，自称曰"奴仆"；

第四，来客统统称"老爷"；

第五，有人来访，无论何事，必须回明定夺，不得自行拦阻；

第六，每逢朔望，必须向我行一跪三叩大礼。

章太炎向仆役宣布这六条规则之后，说："这六条，你们能遵守的，就留下来；不能遵守，就请离开。"仆役无法，只得顺从照办。章门弟子钱玄同觉得好奇，便问老师缘何要立此家规。章太炎的回答更是让人忍俊不禁："我弄这个名堂，没别的缘故，只因'大人'与'老爷'都是前清的称谓，至于'先生'，是我辈革命党人拼死获得的替代品。如今北京仍是帝制余孽盘踞的地方，岂配有'先生'的称谓？这里仍是'大人'、'老爷'的世界，让他们磕头，不是合情合理吗？"

时间一长，章太炎感到单靠嬉笑怒骂并不足以震慑袁世凯等人，于是，他决定绝食抗议。在寄给夫人汤国梨的诀别信中，章写道："以吾憔悴，知君亦无生人之趣。幽居数日，隐忧少寐。吾生二十三岁而孤，愤疾东胡，绝意考试；故得精研学术，忝为人师。中间遭离乱，辛苦亦至矣。不死于清廷购捕之时，而死于民国告成之后，又何言哉！吾死之后，中夏文化亦亡矣。言尽于斯，临颖悲愤。"

文中既有其因民主共和理想尚未实现的不甘心之情，又不乏对自己国学水平的自信，实乃至情至真之言也！

章太炎绝食，身体一天比一天羸弱，精神也一天不如一天。这不仅使袁世凯大伤脑筋，也令章太炎的诸位高足弟子心焦不已。他们千方百计设法使章太炎改变死志，立即进食。关于弟子旧友们苦劝章太炎放弃绝食念头，重新进食的记载，历来有两个版本。

第一个是吴承仕版。得知章太炎绝食的消息后，章的旧友马叙伦，弟子吴承仕、钱玄同等人急忙前去看望。从早到晚，弟子们一直劝先生进食。章太炎只是躺在床上，两眼翻白，一味摇头。无可奈何之下，吴承仕忽想起三国里的故事，便问："先生，你比祢衡如何？"

章太炎两眼一瞪，说："祢衡怎么能跟我比？"

吴承仕忙说："刘表要杀祢衡，自己不愿戴杀戮国士之恶名，而借黄祖之手。现在袁世凯比刘表高明多了，他不用劳驾黄祖这样的角色，叫先生自己杀自己！"

"什么话！"章太炎听到此处，翻身跳下床来。弟子们赶紧端出早已做好的荷包蛋，请老师吃了下去。章太炎就此停止绝食。

第二个是马叙伦版。马去探望章太炎，好友相见，章太炎精神为之一振，除了谈论眼下不堪收拾的人事与国事外，马叙伦使出浑身解数，与章太炎忽而谈孔孟，忽而谈老庄，忽而谈佛学，忽而谈理学。二人天马行空，谈兴极浓，自午及暮，意犹未尽。马叙伦看看天色，起身告辞，他说："我得走了，中午出来太急，没有吃饭，现在已经饥肠辘辘。"章太炎说："这事好办，让我的厨子给你准备饭菜。"马叙伦连连摇头，说："使不得，使不得，你正在绝食期间，我在你面前大吃大喝，有违仁道，怎能下咽？我真要吃下这顿饭，传出去，岂不是为天下士人君子所不齿？"章太炎一心要挽留马叙伦，遂当即答应同他一同进食。

吴承仕版中的章太炎与袁世凯不共戴天，自认比三国之祢衡更为清狂，在吴的激将法下显得颇为可爱；而马叙伦版的章太炎则究心于学术，因与马畅谈正酣而放弃绝食，其视学术为生命的精神十分可敬。两个版本，实际上恰恰反映出章太炎身上两种最为可贵的品质：胸怀苍生，心系学术。

袁世凯定年号为"洪宪"后，欲物色德高望重者为其撰写元旦草诏，有人推荐章太炎，认为他是独一无二之人选。袁世凯叹道："何必为人所难呢？你们难道忘记了他绝食之举？如果以此事逼迫他，是加速其死之志啊！我不愿意让太炎为祢衡，我岂能成为变相之黄祖呢？要是他真的死了，最起码也是方孝孺，我可不能成全其美名。等他日帝国勃兴，再处置章太炎也不迟，现在不是动他的时候。"

此话传到章太炎耳中，他轻蔑地说："人家大明的天子姓朱，洪宪天子姓袁，我既不是祢衡，也不是方孝孺，袁世凯更不是明成祖朱棣，仅仅是乘乱而起，过一把皇帝瘾的袁术而已。"

1916 年 6 月 6 日，袁世凯在全国上下的一片讨伐声中惶恐死去，章太炎重获自由。回顾这一段刺刀威逼下的生活，章太炎虽几度与死神擦肩而过，却依然故我，不屈不挠。难怪鲁迅在回忆文章《关于太炎先生二三事》中由衷地赞叹道：

考其生平，以大勋章作扇坠，临总统府之门，大诟袁世凯的包藏祸心者，并世无第二人；七被追捕，三入牢狱。而革命之志，终不屈挠者，并世亦无第二人；这才是先哲的精神，后生的楷范。

"上海人都知道我是章疯子"

民国元年，章太炎进京后，遇见时任北洋大将的陈宦，章太炎便直率地对陈说："哎呀，你陈宦真是当世之奇才啊！"冷不丁听到章太炎这句话，陈宦自然喜出望外，刚要答话回谢，章太炎又说："此后民国必亡于你手！"这下子陈宦脸色忽而变得铁青，他强压怒火，作揖告辞。实际上他已是怀恨在心，后来在软禁章太炎的阴谋策划中，为了出一口恶气，可谓是竭尽全力！不成想等章太炎去世后，或许是良心发现，陈宦不仅大力表彰章太炎的学说，还哀叹道："哎，章大师一走，天下就没有真正了解我的人了！"

章太炎精通医学，著有《霍乱论》、《章太炎医论》（原名《猝病新论》）。曾有人问章太炎："先生的学问是经学第一，还是史学第一？"他答道："实不相瞒，我是医学第一。"

胡适著有《中国哲学史大纲》一书，出版时特送了一本给章太炎，上写"太炎先生指谬"，下署"胡适敬赠"，人名旁边便用标点符号。章看到自己名旁加了黑杠，不禁大骂："何物胡适！竟在我名下胡抹乱画！"及至看胡的名旁也有黑杠，才消了气说："他的名旁也有一杠，就算互相抵消了罢!"此传说实不可信,章太炎在晚清时出版的《訄书》(铅印本)等著作就曾采用旁线作为人名、书名号。所谓新式标点,在晚清以及明治时代的日本就已经发端了,不至于对此感到惊讶。

结束幽囚生活,章太炎离开北京,移居上海。有一次,他从同福里寓所坐黄包车到三马路旧书店去买书。从书店出来回家时,叫住一辆黄包车,坐上车后,示意车夫向西面走。车夫按照他的话,向西走了很长一段路后,心存疑惑,问道:"先生,你究竟要到哪里去?"章说:"我自己也不知道,上海人都知道我是章疯子,你只要拉到章疯子的家里就是了!"这话说得车夫一头雾水,出于无奈,车夫只好仍旧把他拉回旧书店,让他另想办法。章的家人焦急万分,派二十余人在市里四处寻找,终于在旧书店门口发现了他。

还有两则趣闻皆与章太炎的题字有关。章太炎写得一手千金难买的好字,世人无不想得其片纸数字。然而章太炎脾气古怪,并不轻易赏字于人,于是他的墨迹愈发显得珍贵。当时上海有一位画家名叫钱化佛,很善于投章老爷子所好,哄他开心,也因此从章那里讨得不少真迹。章太炎最喜欢吃的东西,是带有臭味的卤制品,尤其是臭豆腐,臭到全屋人掩鼻躲避,而唯独章老爷子吃得津津有味。一次,钱化佛带来一包紫黑色的臭鸡蛋,章太炎见后欣然大乐,当时桌上有支笔,他深知钱的来意,就问:"你要写什么,只管讲。"钱化佛立即拿出预备好的几张斗方白纸,每张要写"五族共和"四个字,而且落款要用"章太炎"三字。章太炎倒也爽快,不出一声,一挥而就。隔了两天,钱化佛又带来一罐臭得出奇的苋菜梗。章老爷子竟然乐不可支,对钱说:"有纸只管拿出来写。"钱仍要求写"五族共和"四字,这一回章太炎竟一口气写了四十多张。后来钱又带来过不少臭花生、臭冬瓜等东西,章老爷子自然回回慷慨赐字,前前后后共计百余张,却从来不问这些字有何用处。原来,上海一家菜馆新到一种"五色旗"酒,此酒倒出来时十分浑浊，沉淀几分钟后，就变成红黄蓝白黑五色，这在当时十分轰动。钱化佛灵机一动，想出做一种"五族共和"的条幅，想请章老爷子写，裱好之后，就挂在菜馆中，以每条十块大洋售出，竟然卖到脱销。钱化佛也因此大赚了一笔。

像钱化佛这样好运气的人毕竟是少之又少，绝大多数人是千金难换章老爷子一字。更有甚者，则被章太炎好生戏弄一番。曾有一个姓王的暴发户，附庸风雅，求章太炎为其题字，章太炎自然置之不理。但这暴发户仍不死心，愿出高价托人代为说情，章太炎实在是不耐烦了，又鄙夷其为人，于是大笔一挥，写下一联：

一二三四五六七，

孝悌忠信礼义廉。

暴发户拿到章老爷子的亲笔联语，甚是得意，马上命人将对联悬于高堂，逢人便讲："这可是国学大师章太炎为我题的字！"一天，有位明眼人含笑对暴发户说："写倒写得很好，可惜上联忘八，下联无耻，似乎有点取笑伤人之意。大概意思就是说'王八，无耻也！'"暴发户听后，气得七窍生烟，羞愧不已。

1934 年秋，章太炎迁居苏州，开办国学讲习会，招徒授业，培养了一大批国学人才。他常说："大国手门下，只能出二国手；而二国手门下，却能出大国手。"弟子们听后，大都不甚理解。章解释道："大国手的门生，往往恪遵师意，不敢独立思考，学术怎会发展？二国手的门生，在老师的基础上，不断前进，故往往青出于蓝，后来居上。所以一代大师顾炎武的门下，高者也不过潘耒章之辈；而江永的门下，竟能出现一代大师戴震。"由此可见，章太炎并不主张弟子们株守自己的学术路径，而是鼓励他们自由发展，不断创新，勇于突破前人，自成一家。

在传道授业解惑之余，章太炎还不失幽默地与弟子们调侃。章门弟子在学问上各有所长，各具特色。章太炎一次偶然兴起，模仿太平天国的封号，戏封其弟子为王。他封黄侃为天王，汪东为东王，朱逖先为西王，吴承仕为北王，钱玄同为翼王。封门下弟子为王，虽属戏言，从中亦可见章对弟子的喜爱之情。

虽然已从政坛隐退，但章太炎依然关注政局民生，一有机会便大力抨击时弊。1925 年 3 月，革命先行者孙中山病逝，1929 年 6 月，灵柩运到南京。在中山陵举行奉安大典时，章太炎专程来到南京吊唁。想起沿途所见所闻。他深感许多革命党人已腐化变质，心中很是气愤。章太炎是革命元勋，达官贵人们自然要设宴为他接风洗尘。席间，有人附庸风雅，请他题字留念。他有感而发，挥笔写下对联一副：

> 诸君鼠窃狗跳，斯君痛哭；
> 此地龙盘虎踞，古之虚言。

众人见了，面面相觑，但碍于章的元老身份，又不能发作，只好任凭章太炎的数落了。

1935 年，国民政府代表何应钦同日本梅津美治郎签订丧权辱国的《何梅协定》，章太炎对此十分愤慨，当即作诗寄予友人，加以讽刺：

> 淮上无坚守，江心尚苟安。
> 怜君未穷巧，更试出蓝看。

此诗妙就妙在借古事言今事。国民政府在淮河一带不设防坚守，竟把中原轻易丢掉，而仍无动于衷。这就好比南宋小朝廷无耻的大臣，大敌当前，却还在江心寺觥筹交错，自在逍遥。可惜南宋的汪伯彦、黄潜善卖国伎俩不高明，更试看今朝南京诸位官老爷，真是青出于蓝而胜于蓝也。

史上第一个登报征婚的人

章太炎说："人之娶妻当饭吃，我之娶妻当药用。两湖人甚佳，安徽人次之，最不适合者为北方女子。广东女子言语不通，如外国人，那是最不敢当的。"后来续娶汤国梨，能诗善文，虽是浙江人，并非章太炎理想中的两湖人，却能操鄂语。

之前，章太炎只娶一妾王氏。从他的自订年谱，可以看出，他在汤国梨之前并未娶正妻。他的自订年谱对家务私事写得非常简略，特别关于他的婚事，最早只写出一行字：光绪十八年，25岁，纳妾王氏。章太炎的门生汪旭初所撰《余杭章太炎先生墓志铭》中提到他的最初婚事，有"先置室，生女子三人"，"室"指"妾"。据说章太炎早年患癫痫病，加上动辄言反清，被人认为是个"疯人疯言"的疯子，无人愿将女儿嫁给他，他母亲只好将自己陪嫁丫头许配给了他。这种婚姻无聘礼，故不能算正式结婚，按当时习俗只能算"纳妾"。

章太炎是最早登报征婚的人，光绪二十九年（1903），章太炎的妾王氏过世，章太炎不顾一切，抱着革命精神，要开风气之先河，所以他就在北京《顺天时报》上登出一段广告，公开征婚。当时，日本人武田熙有过一篇《章炳麟的结婚》，又有一个日本人叫作高田淳写的《章炳麟传》中，都提及章师征婚条件的详情。

这两段文字，大致是说：章太炎征婚广告，是有史以来登报征婚的滥觞，他的征婚条件有五：第一条：以湖北籍女子为限。第二条：

要文理通顺，能作短篇文字。第三条：要大家闺秀。第四条：要出身于学校，双方平等自由，互相尊敬，保持美德。第五条：反对缠足女子，丈夫死后，可以再嫁；夫妇不和，可以离婚。

章太炎这段广告登出之后，国内各地报纸，纷纷写成新闻，成为一时奇谈，所以他的广告虽只登《顺天时报》一家，而各地报纸改写新闻，成为义务广告，遍及全国。当然有许多迂腐的士大夫，认为夫死之后，不令守节，可以再嫁，是一件极荒唐的事情。

章太炎的征婚广告刊出之后，当时是否有人应征，不得而知。据日本发行于昭和十一年（1936）八月的《中国文学日报》载云："吴淑卿女士，19 岁，志愿加入革命军，称为革命女志士，为当时轰动一时的新闻人物。彼愿作章炳麟伴侣，有意示爱。章氏懵然，未曾介意。黎元洪见此情形，愿意做媒。章氏以革命为重，结婚为次，未成事实。"被拒后，吴淑卿一时激动，写了一篇《吴淑卿投军文》登载在《民立报》，时在辛亥九月十日（即阳历 10 月 31 日），也曾有日文的记载，现意译如下："……愚生虽学问浅薄，但对国事稍知一二，今不以男女有别为畏事，但愿我国四万万同胞，同心协力，负起振兴中华大汉之人权，发扬黄帝后裔之光辉……"

据说，章太炎和汤国梨的婚礼上，章又闹出了不少笑话。章太炎一生习惯了穿布底鞋，而他们举办婚礼的地方，则是在上海有名的洋派地方爱俪园，所以章太炎就不得不西装革履。家人给他买了一双皮鞋，也是办事的人粗心大意，没有指导他穿皮鞋，结果他穿出来的时候连左右都分不清，穿反了，让一众来宾狂笑不已。他穿衣着袜不讲究是出了名的。有一次家里人看到他鞋子里脚背上隆起一块东西，叫他把鞋脱下来一看，却是将袜子底背朝天地穿着。原来当时以机器织就的袜子袜底特厚，以保耐穿，而传统手工织出来的袜子是不分底面的，章太炎一概不理会这些，不只鞋子可以不分左右，连袜子也难辨里外底面。

当日婚礼上，在一品香大厅里，来宾一百数十人，座位排定左边为新娘及女宾席，右边为新郎及男宾席。（足见那时还是男女分坐。）席上男女两方请新郎即席赋诗，否则罚酒十觥。章太炎在二十分钟内即席成诗四首，而且亲自朗诵。新娘只写了一首旧作《隐居》，新郎章太炎也抢来朗诵，可惜章是近视眼，看错了八个字，那八个字是"章童汤妇，国圆炳柄"，章太炎读时，他的门生某某对旁人做耳语说这八个字，章师看错了。女宾席上大起骚动，要章罚酒八觥，但是饮到一半，他的门生黄季刚（黄侃）和汪旭初抢着代饮。这个笑话闹出，令到笑声震天。有三人以上笑得过分，罚酒八觥；五人以上，举杯高歌。而太炎先生却面目严谨，毫无笑容，反而令到满场大笑，于是又闹罚酒，新娘表示踌躇，大家又轰动了。但为了尊重女权起见，男宾方面表示反对向新娘罚酒，新娘席上有四个女生唱歌助兴云云。

章太炎这次结婚的介绍人有两个，一个是张继，还有一个介绍人是沈和甫。沈是汤女士的同乡，相知有素，所以由他推介给张继，因为汤女士认为章师学识渊博，已有许嫁之意。张继也看过汤女士的诗词，所以经过介绍之后，一拍即合。谁知到了结婚那天，张继因有要事不曾到场，而章在爱俪园举行婚礼，孙中山先生和黄兴、陈其美等都到场，门禁森严。沈和甫是吴兴文士，有些土头土脑，见到了爱俪园前门雄伟，已经畏怯非常。况且要求进园参观的人成百成千，司阍的许福，以为他是陌生的参观者，拒不许入。沈和甫说的是软软糯糯的湖州话，许福也听不懂他说的是什么。章师的婚礼延误了一些时间，两个介绍人都不来，在不得已情形之下，就临时拉人，权充介绍人，才完成了这个结婚大典。

章太炎与汤国梨结婚后夫妇唱和之乐，为章太炎一生最欢乐的时期，从后来发表的多封家书看来，怪不得日本作者高田淳称章为"大情人"。

可是章太炎那时革命的热情比夫妇的热情还高一些，婚后一月匆匆告别，被袁世凯软禁。章太炎被困的时间极长，屡次求速死，又长期绝食，在这种情况之下，留在上海的汤国梨的心境，当然是坏到极点，她为章太炎的生命担忧，那是可想而知的。

汤国梨嫁给章太炎是很感委屈的，她自己说："关于章太炎，对一个女青年来说，有几点是不合要求的：一是，其貌不扬；二是，年龄太大，他长我十五岁；三是，很穷。"章太炎又穷，又丑，还老，汤国梨则被时人誉为务本女学（汤国梨就读的学校）的"皇后"，她嫁给章太炎真可以说是"下嫁"。因为嫁的时候就有些怨望，婚后大概不免时数落章太炎的穷困。

黄侃：末代醇儒，才与天高

黄侃（1886.4.3—1935.10.8），著名语言文字学家。初名乔鼐，后更名乔馨，最后改为侃，字季刚，又字季子，晚年自号量守居士，湖北省蕲春县人。曾任教于国内多所名牌大学的黄侃绝对称得上是一位国学大师，其在文字学、音韵学等方面的造诣令人叹为观止。但他同时又随意骂人、反对白话文、脾气古怪、贪嗜美食、放浪形骸，令人瞠目结舌……

"好酒好菜，放马过来"

黄侃最讲究吃喝，喜好美酒佳肴。他只要得知有某物自己未曾品尝，必千方百计得到，以饱口福，并且为了吃上这些美味佳肴不惜出尽洋相，并自诩为美食"专业户"。

　　黄侃是同盟会会员，有一天听说一些相识的会员在某处聚会，席间有不少好吃的，但并没有请他。他知道是因为自己过去曾骂过其中一些人，可是怎奈肚中馋虫作怪，他便不请自来。刚一进门，那些人见来的是他，吓了一跳，随后又装得很热情，邀他入座。黄心知肚明，二话不说，脱鞋坐下，就挑好的吃。吃饭之后，他一边提鞋，一边回头冲他们说："好你们一群王八蛋！"说完，便赶紧跑了。

　　还有一次，某人请客，席间有熊掌、蛇羹、八珍等美味。黄侃得知后，极想食之而后快。但是，他曾经骂过主人，不便前往，但美味佳肴的诱惑力实在太大。两难之下，他请好友刘成禺想办法，并保证从入席到终席都一言不发。刘成禺就去与主人商量，主人当即下请帖请黄侃赴宴。席间，黄侃果然光吃不说话，全然没有往日眉飞色舞、高谈阔论的样子。众人都觉得奇怪，说黄侃善变，其实是不知他另有打算，那就是——不动嘴皮子，装满空肚子。

　　1913年，黄侃的恩师章太炎触怒袁世凯，被软禁在北京钱粮胡同的一所徐姓大宅中。黄侃前往陪住，顺便将中国文学史中的若干问题向恩师请教。章氏向来不重口腹之欲，饭菜很不讲究，厨子手艺差，菜式单调，黄侃举箸难下，根本吃不消，于是他建议章太炎换了个四川厨子。哪知这样一来，他无意间得罪了那位假扮厨子的警察（此公贪冒伙食费，恨黄侃断其财路），没多久就被扫地出门。

　　即使后来身为人师，黄侃也没能改掉这个"馋嘴"的毛病，并且毫不理会学校的规定。经常变换借口要学生替自己"买单"。学生们慢慢摸透了黄的脾气，知道在黄侃老师这里，"有菜一切好说，无酒寸步难行。"黄侃讲课时，有一个习惯，每每讲到紧要之处就戛然而止，对学生说："这里有个秘密，专靠北大这几百块大洋的薪水，我还不能讲，你们要我讲，得另外请我吃饭。"

　　有一天，有个学生在同和居请客，碰巧看见黄侃也在隔壁房间请客，他赶紧过去向老师问好。不料，黄侃对他批评起来，直到这个学生请的客人都到齐了，还不让他走。情急之下，这个学生灵机一动，就把伙计叫来交代说："今天黄先生在这里请客，无论花多少钱都算在我的账上。"黄侃一听，正中下怀，就对学生说："好了，你走吧。"学生这才得以脱身。

黄侃讲授《说文解字》，学生都觉得晦涩难懂。因此，每次期末考试时，都有学生不及格。后来，有学生上他的课时，就投其所好，凑钱办了一桌酒席，请他赴宴，黄侃欣然前往。这一招果然立竿见影，期末考试时，学生全部及格。校长蔡元培知道这件事后，责问他为何违反校规，吃学生的请。黄理直气壮地说："他们这些学生还知道尊师重道，所以我不想为难他们。"

就是凭着这股子"食不厌精，脍不厌细"和"好酒好菜，放马过来"的精神，黄侃成为一名地地道道的美食家，也是一个出色的美食"专业户"——川菜、鲁菜、粤菜、闽菜、苏菜、苏州船菜、湘菜、东洋菜、法国菜、俄国菜、德国菜，他皆要一饱口福；茅台、杏花村、汾酒、泸州老窖、五粮液、女儿红、白兰地等各式陈年佳酿，他统统豪饮一番；北京、上海、沈阳、南京、太原、苏州、武昌、成都等地的著名酒楼，他都曾到此一吃。无论是刮风下雨，头疼脑热，只要是有酒有菜，黄侃立马就精神百倍，左右开弓地大嚼起来，推杯换盏，来者不拒，颇有些吞食天地的架势。难怪有人戏称他为"老饕餮"。然而，食多伤胃，酒醉伤肝，黄侃饮食从不节制，贪恋碟中之菜、杯中之物，导致身体健康每况愈下，他仅得中寿，与此不无关系。

胡适"往哪里去"

黄侃自视甚高，恃才傲物，固守中国传统文化的理论方法，对于新派的主张很是反感，时常为此破口大骂，其好骂人的名声多半是由此而来。在他的人生字典里，无不可讥骂之人，无不可诅咒之事。

黄侃在中央大学任教时，同时也在金陵大学兼课。每周六小时。金大农学院院长某君，刚从美国获农学博士头衔归来，炫耀不可一世。有一天，他忽来雅兴，宣布在大礼堂公开表演"新法阉猪"。海报张贴出来，大肆宣扬，轰动全校。

到那天，前去围观的学生特别多。黄侃碰巧那天也有课，他走进教室，发现只剩下稀稀拉拉几个人，知道学生都被"洋博士"吸引去了，便说："今天上座不佳，大家是不是去凑一下热闹？"剩下的同学欣喜万分，都高兴得要往外走。黄侃平生对"假洋鬼子"教授素来瞧不起，这回"新法阉猪"的宣传，使他也起了怀疑，便道："好！咱们也一起瞧去！"

谁知道进大礼堂一看，一只活生生的猪，被紧缚在手术架上，肚破膛开。这位院长因所学的洋玩意儿不到家，手忙脚乱，却始终找不到猪卵巢的部位。阉猪变成了宰猪，旁观者笑成一片。黄侃看在眼里，笑在心上。回到课堂上，他即兴填了一首词：

大好时光，莘莘学子，结伴来都。佳迅竟传，海报贴出；明朝院长表现阉猪。农家二豗牵其一，捆缚按倒阶除。

瞧院长，卷袖操刀，试试功夫。渺渺卵巢知何处？望左边不见，在右边乎？白刃再下，怎奈它一命呜呼？看起来，这博士，不如生屠。

这阕词嬉笑怒骂，滑稽至极。全校争相传诵，读者无不捧腹。这位当众出丑的院长，自然耳闻，羞愧难当，只好悄悄辞职而去。

有一天，黄侃不巧碰见国民党元老戴季陶。戴问他："近来有什么著作？"

黄回答："我正在编《漆黑文选》，你那篇大作已被编进去了。"黄侃最擅长教《昭明文选》，这里的"漆黑"是由"昭明"反意而来，意指戴平日为人做事不够光明磊落，讽刺意味十分明显。

戴季陶当场被奚落，很是尴尬，但又无可奈何。

1908 年的一天，陈独秀来到东京民报社，拜见章太炎。这时，正值章的弟子黄侃、钱玄同在座，听到有客人来，他们就到隔壁的房间去。只是隔着两扇纸拉门，主客的谈话还是可以听得一清二楚。主客谈起清朝经学的发达，列举段玉裁，戴震，王念孙、王引之父子等人，多出于安徽、江苏两省。后来，话题不知怎么一转，陈独秀忽然提到湖北，说那里没有出过什么大学者，章太炎也敷衍道："是啊，没有什么人。"这时，隔壁的黄侃忍不住了，大声喊道："是谁在那胡说呢，湖北固然没有学者，然而这不就是区区；安徽固然多有学者，然而这也未必就是足下。"主客一听，都非常扫兴。不久，陈独秀就告辞了。无巧不成书的是，黄侃回国之后，在北京大学中国文学门（系）当教授。1917 年，陈独秀受校长蔡元培之邀，也来北大当文科学长。两人因而成为同事。陈独秀以北大为阵地，主办《新青年》，宣扬白话文和新文学，倡导新文化运动。黄侃也不甘示弱，主办《国故》月刊，倡导国故，企图与《新青年》相抗衡。陈、黄二人各自成为新旧两派的首领，展开了轰轰烈烈的论争。

其实黄侃同陈独秀的恩怨还不算什么，"五四"新文化运动时期，被黄侃骂得最惨、取笑最多的当属年纪轻轻便"暴得大名"的胡适大博士。胡适和黄侃同在北大任教，但两人分属新旧阵营，素不相识。黄侃每次见到胡适，总要嘲讽、奚落一番，胡适知道他平日好发"疯"，且比自己年长，于是每每谦让。

一次，黄侃对胡适说："你口口声声说要推广白话文，未必出于真心。"胡不解甚意，问何故。黄说："如果你身体力行的话，名字不应叫胡适，应称'往哪里去'才对。"胡适听了，啼笑皆非。还有一次，黄侃上课时谈到文言文的简明，就说："白话文与文言文的优劣和价值，假如不以字多为优，不以花钱多为贵，请看下面的例证：某留学生在美，其母死在家乡，电催奔丧。如用文言文发电报，有'母死速归'四字足够了。无论识字与否，一看一听就明白，不必多加解释。如用白话文，则必云：'你的妈妈死了呀！赶快回来吧！'四字变成了十三字，再加上两个叹号，电报费几乎增加了两倍，孰优孰劣，不辨自明。"很明显，他将矛头对准了大力提倡白话文的胡适。这简直比骂人还令他难受。

还有一回，胡适去赴宴，刚好黄侃也在场。宴席中间，胡适偶尔和人谈起墨学，滔滔不绝。黄侃听得不耐烦了，突然在一旁骂道："现在讲墨子的，都是些混账王八蛋！"胡适知道黄侃"疯子"脾气又发作了，假装没有听见。黄侃见胡适不加理会，于是心生一计，又接着骂道："便是胡适之的尊翁，也是混账王八蛋。"胡适听后，忍无可忍，指责黄侃不该骂他的父亲。黄侃却微笑着说："你不必生气，我是在试试你。墨子是讲兼爱的，所以墨子说他是无父的。你心中还有你父亲，那你就不配谈论墨子。"结果全座哄堂大笑，弄得胡适十分尴尬。

胡适一生著述颇丰，洋洋数千万言，学界中人十分佩服。但是他也有一个缺点，就是许多具代表性的著作都没有写完。《中国哲学史大纲》、《白话文学史》等都只有上半部，没有下半部。原因之一是太忙，二是兴趣太多太杂。黄侃等旧派中人常以此诟病笑他，有人还呼他为"上卷博士"。

对于胡适文学革命的主张，黄侃更是不遗余力地加以反对，一有机会便提出来大骂。据曾在北大读书的罗家伦回忆，黄侃有一次在课堂上大声地说："胡适之说做白话文痛快，世界上哪里有痛快的事，金圣叹说过世界上最痛的事，莫过于砍头，世界上最快的事，莫过于饮酒。胡适之如果要痛快，可以去喝了酒再仰起颈子来给人砍掉。"

平心而论，黄侃站在旧派立场上反对胡适等人的新文化主张，实在是逆潮流而动，不太光彩。加之黄出言不可谓不恶毒，着实有损其国学大师的形象。不过，从另一个角度来看，黄的这般举动倒也颇能体现他真性情、无城府的一面，也算是一名"另类君子"吧。1946年清华大学校庆时，校方特邀胡适讲话。谈到他与清华大学的关系时说，有一年，清华请他当校长，他回了个电报，说："干不了，谢谢！"他解释说："我提倡白话文，有人反对，理由之一是打电报费钱。诸位看，用白话，五个字不也成了吗？"在场的同学们都笑了。可是此时，黄侃已经死去11年了，再也不会出来和胡适唱对台戏了。

"今天天气黄不到"

黄侃脾气古怪，行事怪异，经常做出一些出人意料的事情，让旁人感觉有些"丈二和尚摸不着头脑"。

黄侃同居正是湖北老乡，且曾在辛亥革命时期并肩战斗，关系极"铁"，堪称至交。有一天，黄侃偶尔去拜访已经高升为国民政府司法院院长的居正。居正每到下班之后，总是避不见客，由门房挡驾，在家中剪树莳花，自得其乐。

门房见黄侃的外表和衣着有点儿土头土脑，不太像有身份的贵客，照例回以"院长不在家"。可黄侃却是旁若无人，长驱直入。门房慌了，赶紧跑上去拉黄的衣袖，一边吆喝道："你是什么人？出去！"

黄侃性烈如火，受不得一点儿委屈，当下大怒，一边骂"你是什么东西，你管不着！"一边挣脱继续往里走，不料用力过猛，衣袖拉破了个大口子。这下惊动了里面的居正。

他三脚两步跑了出来，一看是黄侃，自知不好收场，连声叫道："季刚！不要理他！"又回过头来斥责门房说，"我早就关照过你，这位黄先生来的时候，立即通报，你怎么忘了！"

门房也还机灵，赶忙回道："怪我多吃了两杯酒，糊里糊涂的。"

居正大笑，牵着黄侃的手说："快进去坐，有两瓶茅台，请你尝尝。"黄侃嗜酒如命，这一来怒气全消。

黄侃的这种怪脾气在其晚年执教南京中央大学时更是显现得淋漓尽致。黄侃刚受聘于中央大学时，与校方有"三不来"之约，即"下雨不来"，"降雪不来"，"刮风不来"。人称"三不来教授"。因此，学生每逢下雨下雪的天气就以今日天气不好，不知黄侃到不到校上课作为谈笑之资。有学生还戏言："今天天气黄不到。"

有一次，上课铃响了，学生坐满了教室，等待老师上课。但黄侃却安坐在教员休息室，没有丝毫起身往教室走的意思。学生等了一会儿，见老师未到，赶紧报告了教务处。教务处职员知道黄侃名士脾气发作了，马上跑去请他上课，说："上课时间到了，该上课了。"

谁知黄侃两眼望天，冷冷地说："时间到了哦，钱还没有到呢。"

原来，学校没有及时发放薪水，黄侃表示不满。教务处赶快代他领了薪水，他才去教室上课。看来，身为民国文人的黄侃，还真有些如今大力宣传的"维权意识"呢！

黄侃曾在中央大学开设"文学研究法"课程，用《文心雕龙》作课本。他平时只管讲课，一向不给学生布置作业。临到期末考试，他又不肯看考试卷子，也不打分数。此做法在教务处那儿可过不了关，于是教务处一再催促。最后，黄侃被逼急了，就给教务处写了一张纸条，上书"每人八十分"五个大字。他的意思是学生总想得甲等，给九十分嫌多，七十分又非甲等。八十分正合适。教务处也无可奈何，就不再提起这事了。

还有一则趣闻颇能体现黄侃不拘小节的秉性。中央大学为严肃校纪，规定师生进出校门一律要佩戴校徽。黄侃忙于自己的学问和教学，对这些细枝末节常常不太注意。有一天，他到校上课，新来的门卫不认识他，见他没有佩戴校徽，就拒绝让他进校门。

　　黄侃说："我是教授黄季刚，来校上课的。"

　　门卫说："你又没戴校徽，我怎么知道你是教授。"

　　黄一听，气得把装有讲义的皮包往门卫面前一推，说："你有校徽我没有，那你就去上课吧！"

　　门卫一听，感觉此人来头很大，口气有所缓和。说没有校徽有名片，也行。黄侃说："我本人就是名片，你把我拿去吧！"争执中，校长碰巧路过，赶紧过来调解，才算了事。

　　著名戏剧学家吴梅是黄侃在中央大学中国文学系的同事，两人关系不错。有一天，黄侃请吴梅和一些同事喝酒。黄侃本是善骂之人，酒酣耳热之际，一肚子牢骚更是倾泻而出。骂着骂着，言语牵涉到了吴梅身上。吴梅酒也喝多了点儿，与黄侃辩了几句，并说："你黄侃不要太不讲理！"黄侃此时已醉，闻言大怒，一个巴掌打了过去。吴梅急忙躲避，未被打中。他一时冲动，也回敬了一掌，被同事挡住。于是两人离席而起，准备大打一番。同事们好说歹说，最后把他们拉开了。

　　第二天酒醒之后，两人居然又和好如初，根本不计较前一日的不愉快。

名师与高徒的转换

　　除去黄侃那些令人瞠目结舌、哭笑不得的逸闻趣事外，他那博大精深的学问似乎更值得我们后人铭记，实际上，狂徒怪人的表象下是一位值得尊敬的国学大师，博雅醇儒。

常言道："名师出高徒。"黄侃师从清末民初学问独步一时的古文经学大师章太炎，二人的学问之大，创获之深，被后人合称为"章黄学派"。而关于章、黄二人如何结识的经历，许多著作中都采用了这种说法：

1906年，黄侃在日本东京早稻田大学就读时，和国学大师章太炎恰好同寓，黄住楼上，章住楼下。一天晚上，黄侃内急，来不及去楼下厕所，就从楼上窗口往外洋洋直泻。此时，楼下的章太炎夜读正酣，突然发觉一股腥臊的尿水如瀑布般往下飞溅，禁不住怒骂起来。楼上黄侃毫不示弱，也报之以骂。黄本贵公子出身，年轻性躁，盛气凌人；章太炎性好骂人，两人都有"疯子"之外号。章疯子遇到黄疯子，越骂越起劲，不骂不相识。

双方通名报姓之后，都久仰对方的大名，顿时惺惺相惜。后来，两人的话题转到学问方面，章太炎是学识渊博的国学大师，人称清学殿军。黄侃被他的学问深深折服，赶紧自称弟子，拜章为师。

此种说法看似颇合章、黄二人个性，很有些机缘巧合的意味。但仔细推想一下，其情节过于偶然和戏剧性，而且存在一个明显的破绽，即当时黄侃仅是一名年纪轻轻、默默无闻的留学生而已，在国内无甚名气，章太炎不可能事先对其有所耳闻，也就更谈不上"久仰"了。加之把二人都描写成犹如泼妇骂街般的疯子，实在有牵强附会之嫌，想必是后人据章、黄平日言行特色杜撰而成。

其实根据章、黄二人遗世文字及师友杂忆，不难查找到当时二人相识的真实情形。

1906年，黄侃得到晚清大吏张之洞的资助，东渡扶桑求学。适值章太炎刚刚摆脱牢狱之灾（1903年苏报案爆发，章太炎被英租界巡捕房关押3年），亦来到日本避难。当时留日学生皆慕章太炎之大名，前去求学拜访。黄侃当然也不想错过这个机会，一睹这位经学大师和革命英豪的尊容。于是，一天黄侃偕同好友多人一道谒见章太炎。走到章宅门口，看见墙壁上写有一段话："我若仲尼长东鲁，大禹长西羌，独步天下，谁与为偶！"（此句出自东汉戴良）

看罢此句，生性孤傲的黄侃感到此人必定俯视一切，不易接近，于是马上打消了求见之意，掉头回府。

1907 年 9 月 19 日午间，由章太炎主编的第 17 期《民报》出版了。由于经费困难，章太炎只能买两个烧饼坐在椅子上边啃烧饼边看报纸。这一期刊有他自撰的《国家论》、《祭徐锡麟、陈平伯、马宗汉、秋瑾文》、《秋瑾集序》和时评，还刊有笔名"运甓"（黄侃的笔名）的《专一之驱满主义》、《哀贫民》。章太炎看完后两篇，他"啊"了一声，自言自语，说："险些忘记了。"他要找"运甓"来谈谈。当即修书一封，遣人送给黄侃。

黄侃得到报馆通知，来到了章太炎的寓所。章太炎在同黄侃谈话时，对文章给予了很高的评价，特别赞赏其中所包含的那股子"不自由，毋宁死"的精神。那时黄侃年仅 21 岁，文笔犀利，热情奔放，表现出一个青年革命者反对封建压迫无所畏惧的革命气概。章太炎嘉许黄侃为天下奇才，这给黄侃以很大的鼓舞。自此以后，二人时相过从。

不久，章太炎闻黄侃将归国省亲，便对他说："务学莫如务求师。回顾国内，能为君师者少，君乡人杨守敬治舆地非不精，察君意似不欲务此。瑞安孙诒让先生尚在，君归可往见之。"黄侃都未即答。章太炎接着说："君如不即归，必欲得师，如仆亦可。"黄侃惊起，当即准备拜师礼品，往章太炎处，叩头称弟子。自此和章师日日相随，虚心求教。由于黄侃天资颖异，经过章太炎的授业解惑，进步很大。章太炎不禁赞曰："恒言学问进益之速，为日行千里，今汝殆一日万里也。"

辛亥革命成功后，黄侃离开恩师，回到国内，开始教书授徒，自立门户。1914年秋，黄侃到北京大学中国文学门（系）任教，主讲辞章学和中国文学史等课。他学问很好，上课时有许多同学都来听，甚至连在哲学门就读的冯友兰也来旁听。黄侃善于念诗、念文章。他讲完一篇文章或一首诗，就高声念一篇，抑扬顿挫，很是好听。以致后来他在上面念的时候，下面听讲的学生也高声附和。同学中间戏称为"黄调"。

学生都称黄侃是一个"特别教授"，在堂上对《说文解字》一个字一个字地讲，一不带原书，二不带讲稿，引经据典，旁征博引，口若悬河，头头是道。学生对引用的经典论据，下课以后去查书，一字不漏，一字不错，引得全班同学啧啧称羡。有一天，黄的学生为他拿皮包时发现内有许慎的《说文解字》，打开一看，那书上画得太特别了：书蝇头小字，密密麻麻，有墨笔写的，有朱笔写的，还有各种各样的符号，全书9353字，每个字都有自己的讲法、别人的讲法，有的他肯定，有的他否定，也都记在了上面。据说，他把《说文解字》读了五次，每一次都有新的收获、新的体会。他去讲授的时候，每一次都有新的内容，同学们说：听黄先生的课，百听不厌，常听常新。

一个学生看了黄侃所读的那本《说文解字》后，对他说："黄先生，你这批在书头上、书边上的东西，颜色各异，字又那么小，谁还认得呢？"

黄侃半开玩笑说："我要人认得干什么呢？别人要知道了上面的内容，我就不是第一了。"

大家都哄地笑了。

据他的学生回忆，黄先生教学还有更特别的，他不是光用语言教书，而是带着感情教这个书。《说文解字》是一本很枯燥的书，要是一般地讲授知识，谁也难久坐下去，可黄先生在讲每个字时，是带着爱憎的感情来讲的，他把自己变成书中的人。书中的人笑了，他笑了，书中的人哭了，他也哭了。所以他讲起每个字来，同学们都和老师同呼吸，和书中的字同呼吸。因此，他每次登堂讲课，听课的人非常多，不仅是本班的，还有外班的，不仅是读文科的，还有读其他科的。

不过，黄侃同这般学生只能算是泛泛之交，他们也仅得到黄学问的一些皮毛而已。要想学到黄的真本事，必须天赋极佳，同时要进行正式的拜师仪式。如果不拜师，即使你资质再好，黄侃也绝不理会。1932年春天，黄侃来到北京，学者杨树达与其是好友，就要他的侄子杨伯峻去拜师。礼节是：奉上红纸封套装十块大洋，还得向他磕个头。杨伯峻是新式青年，本不愿磕头，但是杨树达说："季刚学问好得很，不磕头，得不了真本领。你非磕头不行。"出于无奈，杨伯峻只好去了黄侃家。他到上房之后，将红封套放到桌上，跪下去磕了一个头，表明拜师的诚心。黄侃便说："从这时起，你是我的门生了。"他又说："我和刘申叔，本在师友之间，若和太炎师在一起，三人无所不谈。但一谈到经学，有我在，申叔便不开口。他和太炎师能谈经学，为什么不愿和我谈呢？我猜想到了，他要我拜他为师，才肯传授经学给我，因此，在某次只有申叔师和我的时候，我便拿了拜师赞敬，向他磕头拜师。这样一来，他便把他的经学一一传授给我。太炎师的小学胜过我，至于经学，我未必不如太炎师，或者还青出于蓝。我的学问是磕头得来的，所以我收弟子，一定要他们一一行拜师礼节。"

说完这番话后，他就要杨伯峻回去预习功课，准备明日开讲。杨伯峻这才明白叔叔和黄侃要他磕头拜师的用意，以后更是用功努力，后来成为我国现代著名的语言学家。

别瞧黄侃招收徒弟的仪式古里古怪，老套守旧，但他培养学生时却是一丝不苟，严格苛刻，其教学方法很值得我们后人借鉴。

成名之后，黄侃也并未故步自封，而是时时向同仁学友虚心求教，甚至不惜执弟子之礼。袁世凯复辟称帝阴谋破产之后，依附于袁的刘师培也成了众目睽睽的罪人，许多朋友都不愿与他来往。他身体并不很好，老生病，长期没有工作，生活极为窘迫。黄侃不念旧恶，为其言于蔡元培，聘到北京大学授课。

1919 年，刘师培患肺结核已到晚期。黄侃去刘家看望，见刘正与一位学生谈话。面对学生的提问，他多半是支支吾吾。学生走后，黄侃问刘为什么对学生敷衍了事。刘说："他不是可教的学生。"黄问："你想收什么样的学生呢？"刘拍拍黄的肩膀说："像你这样的足矣！"黄并不以此为戏言。

第二天，黄侃果然预订好上好的酒席一桌，点香燃烛，将刘师培延之上席，叩头如仪行拜师大礼，从此对刘称老师。当时许多人很奇怪，因为黄比刘只小一年零三个月，两人在学界齐名，有人还认为在学问上黄胜于刘。黄侃对此解释说："《三礼》为刘氏家学，今刘肺病将死，不这样做不能继承绝学。"一时间，黄侃"道之所存，师之所存"之举传为美谈。

三十不发文，五十不著书

黄侃授徒有一套自己独特的方法：在每日授课之前，他总是先命学生圈点十三经，专力章句之学，每天直到深夜方命归寝。如此日积月累，经时一年有余，才把十三经圈点完。黄侃于是告诉学生，继此之后，可以把必读之书增广至 24 种。后黄侃又要求学生在 30 岁之前一定要读完唐以前的典籍，因为唐以前留传下来的典籍为数不多，容易读完，又是非读不可的书。有了这样的功夫，往后研究任何门类的中国学，就都好办多了。并且他告诫学生不要轻易在报刊上发表文字，一则学力不充分，一则意见不成熟，徒然灾梨祸枣，遗人笑柄，于己无益，于世有损。

黄侃更是以身作则，50岁前不著书，自认从知天命之年开始，方是学术研究的收获季节，可惜天不假年，先生英年早逝。

反观今人，大都抱着"出名要趁早"之观念，稍有所得，即唯恐世人不知，急于发表，以博取功名金钱。长此以往，他们常常将一孔之见放大为普世真理，不假思索地拿来西方的理论框架加以套用，忽视其所需的必要语境和适用范围，其学说看似天马行空，热闹非凡，实则原地踏步，无甚创获，并未走出前人设下的"五指山"，学术竟成为追名逐利之工具，痛哉！

其实，黄侃所言30岁前不发文，50岁前不著书，除去忠告学人要潜心读书，做大学问、真学问外，另有一层深意隐含其间。这便是关涉学者如何做学问层面的问题。在黄看来，学人写文章，一方面要立说，另一方面，或许同样重要的一点就是要善于藏拙。毕竟任何知识体系都不会尽善尽美，人文研究更需要长时间的潜心磨炼，方有可能得出些许真知灼见，这往往比的是慢功夫，谁坐得下，耐住寂寞，谁才有可能攀上学术高峰。因此，每出一言，每撰一文，必须慎之又慎，因为若是轻下结论，暴露自己学问不扎实之事小，而误导后辈学子盲从之事大。所以学者好似闯荡江湖的剑客，再精妙的剑术也必须既有攻招，又有守式，才能历经百战而不致方寸大乱。因此，学人们如果功利心过重，有五分水平，恨不能在所写文章著作里完全体现，甚至奢望超水平发挥，以收到八分、十分以至十二分的效应。在如此心理驱动下，学人们往往沦为"快手"、"高产学者"，一年论文一二十篇，不论质量如何，先以数量胜人。但不容忽视的是，锋芒毕露的同时也时常意味着破绽百出。将文章一并公布于世，其水平高下自然尽收于同行眼底，优劣得失判然分明。而其中之败笔、硬伤更会让他人记于心间。"欲速则不达"，这往往是此类快手、高产学者们最应牢记却最易忽视的金玉良言。"慢工出细活"，或许做学问的真谛不过如此，又唯有如此。

黄侃读书，喜欢随手圈点。他圈点时非常认真，许多书都不止圈点了一遍。如《文选》圈点数十遍，《汉书》、《新唐书》等书三遍。《清史稿》全书 100 册、700 卷，他从头到尾，一卷一卷地详加圈点，绝不跳脱。因此，他把读书时只随便翻翻、点读数篇辄止者称作"杀书头"，很不以为然。关于黄侃读书之苦，许多学者津津乐道，但他并不以为苦差事。

有一次，黄侃与学生陆宗达闲聊，黄问陆："一个人什么时候最高兴？"陆不知道老师此问何意，就乱猜一通，说这个最高兴，又说那个最高兴。黄侃听后，都只是摇摇头。最后，陆问老师答案是什么，黄侃笑着说："是一本书圈点到最后一卷还剩末一篇的时候最高兴。"这次谈话让陆宗达终生铭记在心。

而且黄侃视书如命，每次都是因为买书而弄得自己囊中羞涩。他一生最大的家私，便是书籍。章太炎为他作的墓志铭说："有余财，必以购书。"但凡好学之人，大都有这种癖好。当然，世上的书，实在读不尽，也买不完，而文人的钱财，更是有限，以有限的钱财，去购买无尽的书籍，自然是天天要闹穷了。一次，黄侃跟他学生聊关于买书的趣事。说他的太太，常常责备他拼命去买书，有时把钱汇到外埠去买，钱寄出后，天天盼望包裹，等书真的寄来了，打开包裹，匆匆看过一遍后，便把书往书架上一放，甚至从此便不再翻阅，这实在是太浪费了。黄侃却回答道："要知我买书的快乐，便在打开包一阅之时，比方我俩结婚吧，不也就在新婚燕尔之时最乐吗？"由于藏书甚多，如何放置这些"珍宝"及搬家时怎样装书便时常困扰着他。黄侃的书全是散放在架上的，甚至地板上几案上也一堆一堆放着。有一次，广州中山大学请他去教书，无论校方怎样苦劝，开出的待遇多么优厚，黄侃都不答应。别人问他为何不去中大教书，黄侃淡淡地答道："我的书太多，不好搬运，所以就不去了。"然而，黄侃辛辛苦苦收藏的书籍最终却横遭他人糟蹋。"一·二八"事变的时候，黄侃举家搬迁，仓促中装了八卡车书，运到采石矶暂存，不料被当地居民盗出，成筐论斤地当作废纸卖了。实在是暴殄天物！

一词定情

别看黄侃脾气古里古怪，长相其貌不扬，但却也是一位风流好色的"多情种子"。他的韵事秘闻数不胜数，足足可以装上一箩筐，实在让人拍手称奇。

据时人不完全统计，他一生结婚竟多达九次。黄侃的发妻是王氏，两人聚少离多，有名无实。他曾担任同族女子黄绍兰的塾师。后来，黄绍兰从北京女师肄业，去上海开办博文女校，黄侃便到上海追求她。当时发妻尚未下堂，黄侃于是心生一计，哄骗黄绍兰与自己办理结婚证书，用的是李某某的假名。黄侃的解释是："因你也明知我家有发妻。如用我真名，则我犯重婚罪。同时你明知故犯，也不能不负责任。"谁知好景不长，黄侃回北京女师大教书，与一苏州籍的彭姓女学生秘密结合，此事被黄绍兰的好友侦知。黄绍兰闻讯，欲哭无泪，因为婚书上男方的姓名不真，又如何对簿公堂，讨一公道？更可悲的是，她与黄侃生有一女，其父恨她辱没家风，一怒之下，与她断绝父女关系。后黄绍兰投在章太炎门下，深得章夫人汤国梨的同情，但她仍然摆脱不了黄侃给她心灵投下的巨大阴影，变得疯疯癫癫，最终悬梁自尽，借以解脱。汤国梨在《太炎先生轶事简述》一文中公开表明她看不惯黄侃极不检点的私生活，骂他"有文无行，为人所不齿"，实乃

"无耻之尤的衣冠禽兽"。

然而，虽说制造孽债不少，黄侃却并未有收手之意，继续追求"窈窕淑女"。在武昌高等师范学校任教时，原配夫人王氏去世，黄侃恢复了自由身。当时有个大三女生黄菊英，与黄侃的大女儿同级，假日常到他家里来玩，以父师之礼事黄侃，黄侃对她也很好。两人日久生情，终于传出"二黄师生恋"的艳话。但是，黄菊英的家庭比较守旧，根据"同姓不婚"的习俗，他们难能成为连理。黄侃为表示对黄菊英的情意，就填了《采桑子》一词，云：

今生未必重相见，遥计他生，谁信他生？缥缈缠绵一种情。

当时留恋成何济？知有飘零，毕竟飘零，便是飘零也感卿。

手捧这么煽情缠绵的佳句，试问天下有几个女子会不动心呢？黄菊英看后，大为感动，毅然决定脱离家庭和黄侃成婚。此事很快传遍武汉学界，顿时成为丑闻。依照黄侃我行我素的个性，怎会害怕别人骂他伤风败俗？他居然要学生收集骂他的小报，以供蜜月消遣，真是匪夷所思也。

钱玄同：性格教授，疑古宗师

钱玄同（1887—1939），原名钱夏，字德潜，号疑古，浙江吴兴（现浙江湖州市）人。语文改革活动家、文字音韵学家、中国"五四"新文化运动的倡导者之一、著名思想家。曾主张废除汉字。

纸上"双簧戏"

在"五四"文学革命的先驱者中，钱玄同可说是一员骁将，一位急先锋。他虽然并不是发难者，但却最早给发难者以强有力的支持。1917年初，当胡适在《新青年》2卷5号发表《文学改良刍议》之后，钱玄同立即在该刊2卷6号发表《通信》作为声援，内云："顷见5号《新青年》胡适之先生《文学刍议》，极为佩服。其斥骈文不通之句，及主张白话体文学说最精辟……具此识力，而言改良文艺，其结果必佳良无疑。惟选学妖孽、桐城谬种，见此又不知若何咒骂。"此后，钱玄同又发表了《论应用文之亟宜改良》等重要文章，提出了文章应加标点符号，数目字可改用阿拉伯号码，凡纪年尽量改用世界通行的公元纪年，书写方式"改右行直下为左行横移"等主张。钱玄同的助阵，使陈独秀、胡适在寂寞中深受鼓舞。陈独秀对钱玄同的"崇论宏议"表示"钦佩莫名"。他在复钱玄同信中说："以先生之声韵训诂学大家而提倡通俗的新文学，何忧全国不景从也。"胡适说，钱玄同对他的赏识使他"受宠若惊"，"自信心更强了"；又说，"钱教授是位古文大家。他居然也对我们有如此同情的反应，实在使我们声势一振。"尤其重要的是，钱玄同将"选学妖孽"和"桐城谬种"确定为文学革命的对象，击中了当时模仿《文选》所选骈体文或桐城派古文的旧派文人的要害。钱玄同认为："六朝的骈文满纸堆垛词藻，毫无真实的情感，甚至用典故代替实事，删割他人名号，去迁就他的文章对偶，打开《文选》看，这种拙劣恶滥的文章，触目皆是。直至现在，还有一种妄人说，文章应该照这样做。《文选》文章为千古之正宗。这是第一种弄坏白话文的文妖。"可见，钱玄同是从更新文学观念和促使文章发展与时代发展步调一致的角度，反对"选学妖孽、桐城谬种"的。

在文学革命的大旗树立之初，旧文人们采取了漠视不屑的态度，一时间没人出来叫阵论战。因此，新文化人必须采取对策，引蛇出洞。正如鲁迅所言："他们正办《新青年》，然而那时仿佛没人来赞同，而且也还没人来反对，我想，他们许是感到寂寞了。"

于是乎，经过商议，由钱玄同演"黄盖"，刘半农演"周瑜"，二人一唱一和，上演了一幕令守旧人士坐立不安的"苦肉计"。在《新青年》第4卷3号上，钱玄同化名"王敬轩"，站在旧文人立场上，如同作策论一般，罗织了许多有关新文学的罪状，以尖刻叫嚣的笔调，大放厥词地把新文人教训了一通。而刘半农立即回长信一封，借清新简练的笔锋，将王文中的观点驳得体无完肤，并且称旧文人就好比"那既要偷汉，又要请圣旨，竖牌坊的烂污寡妇"，既无气魄，也无意境，却处处掩饰，不许新文人露锋芒。他们的眼光又好似"乡下老妈子，死抱了一件红大布的嫁时棉袄，说它是世界间最美的衣服，却没有见过绫罗锦绣的面"，将旧文人之丑态刻画得入木三分，淋漓尽致。真可谓是嬉笑怒骂，皆成文章。这等文章，措辞激越，议论精警，可以说是招招戳到旧文人痛处，让他们看了，不把他们鼻子气歪才怪呢！

果然，没过多久，旧文人阵中大将林琴南便坐不住了，他在上海《新申报》上写了一篇文言小说《荆生》，咬牙切齿地影射攻击了《新青年》的几位主要人物。其中当然便少不了"形友实敌"的钱玄同。在小说里，林琴南塑造了一个浙江文人金心异，金对钱，心对玄，而异对同，实际上就是暗指钱玄同。在林的笔下，金心异嗜财如命，常常"为伤天害理之言"，并且目光短浅，畏首畏尾，被所谓的"伟丈夫"荆生将军所镇压。可以说，小说里充斥着人身攻击与卫道谬论，透露出林仇视新文化的近似歇斯底里的心理。这也恰好说明封建顽固势力在理论和道义上已是无力还手，只能求助于漫骂和影射攻击，做最后的绝望挣扎，不过是困兽般的哀鸣罢了。

也就是自此之后，新文化派人士无论在气势上，还是在学理上，都已经明显处于压倒性优势，钱玄同和刘半农于此间的努力功不可没。

作为文学革命的声援者和呐喊者，钱玄同并不兼事创作，一生未做过一首新体诗。但是，钱玄同却有很深的文学造诣。早在清末留学时期他就跟章太炎先生合办《教育今语杂志》，用白话文撰写论文。坊间流行的《章太炎的白话文》一书，文章多出自钱玄同手笔。归国后他又在浙江办过《通俗白话报》。第一篇近于白话的论学书，就是钱玄同与陈独秀在《新青年》3卷6号发表的通信。《新青年》杂志从4卷1

号起刊登白话文章，使用标点符号，也是钱玄同宣传、鼓动、争取的结果。此后，钱玄同用白话撰写了大批杂文，其文风慷慨豪放，有如长风穿谷、奔流击石，在思想上和艺术上均有较高建树。

在废弃文言文、采用白话文的运动中，钱玄同则是当之无愧的先行者和最有力的推动者。作为海内知名的文字学家，钱玄同在改革汉字方面居功甚伟。1917年，他在《新青年》上发表《对文学刍议的反应》，激烈反对作文"用典"，倡导不用典的胡适主张"工者偶一用之，未为不可"，但钱玄同走得更远，他说："凡用典者，无论工拙，皆为行文之疵病。"他提出"文学之文，用典已为下乘；若普通应用之文，尤须老老实实讲话，务期老妪能解，如有妄用典故，以表象语代事实者，尤为恶劣。"他还主张改革书写格式，提倡用标点符号，还采用和西方书写方式相同的左起横写的书写习惯，这一主张率先在《新青年》杂志得到应用。著名语言学家黎锦熙在《钱玄同先生传》一文中说："《新青年》用新式标点符号，是从民国七年（1918年）4卷1号起的，这是中国直行汉字而用标点符号排印的第一本书，出版时，许多人一见就哈哈大笑……"蔡元培对这一成就，曾公允地评价说，这结果是出自"玄同提倡白话文的努力"。

当时不少学者都激烈偏执，但像钱玄同这么极端，还真不多见。他自号"疑古玄同"，对过去的大师，常持坚决否定态度。作为古文派大师章太炎的入室弟子，钱玄同受老师影响，有非常高的古文经学造诣，然而他后来也拜今文经学大师崔适为师，并自称"乃始专宗今文"。实事求是地说，对于古文和今文，钱玄同都有背离师门的行为。20世纪20年代初，钱玄同和大学刚毕业的顾颉刚讨论今古文，以《聊斋志异》上的故事举例，说明他们这一代学人治学应该有的态度。书生桑生先后接纳了两名女子，这两个不安分的女人，老是互相攻击，一个说对方是鬼，一个说对方是狐，桑生起初以为她们只是妒忌，说着玩玩，经过一段时间的考验，发现她们果然是鬼是狐，事实证明两个女人说得都对。这个故事正好可以用来面对今古文之争，今文学家说古文经过刘歆伪造，说得是对的；古文学家说今文不符合孔子的意思，也是对的。因此，现代学人今天要做的事情，就是用古文学家的观点来批评今文学家，用今文学家的观点批评古文学家，从相互指责之中，把各自的假面目戳破。

钱玄同的旧学十分了得，像他这样的弟子，做老师的想恨都恨不起来。他提倡废除古文，甚至要废除汉字，不是因为自己不行，而是为了要让后人学起来方便，是纯粹为后人着想。钱玄同能写一手漂亮的隶书和篆字，曾用小篆抄写章太炎的《小学问答》刻印出版，这事遭到了鲁迅的指责，认为像他这样激烈的人，不该这样复古。

钱玄同不仅呼吁提倡白话文，简化汉字，他还提倡世界语，因他的提议，北京大学一度还真的设立了研究世界语的机构。世界语的未来虽然至今还不好说，但世界越来越呈现出需要通用语言的趋势却是不争的事实。从这个角度看，我们可以说，钱玄同绝对是具有超前的世界眼光的大学者。

钱玄同曾说："我所爱的中国是欧化的中国！"这很容易使钱玄同被误认为是一个崇洋媚外的人，但这显然不是事实，否则就不能理解钱玄同晚年的抗日行为。实际上，钱玄同不是当时普通的"全盘西化"论者，他对"欧化"有自己独特的解释："所谓欧化，便是全世界之现代化，非欧洲人所私有，不过欧洲人闻道较早，比我们先走了几步。我们倘不甘'自外生成'，唯拼命去追赶这位大哥，务期在短时间之内赶上。"他认为，只要不三心二意，左顾右盼，就一定能赶上这位大哥，到那时，我们就可以"和他们并辔前驱，笑语徐行"了。从这我们可以看出，钱玄同激烈的反传统行为，其实是对当时祖国的落后和混乱而怒其不争，因爱之深才痛之切的正常反应。

《狂人日记》催生始末

钱玄同在向《新青年》撰稿的同时，也在为该杂志寻求合适、优秀的撰稿人。他自然不会忘记在东京的同窗好友周树人（鲁迅）、周作人两兄弟，认为他们是国内少有的文学人才。钱玄同经常到宣武门外南半截胡同绍兴会馆的补树书屋，劝说周氏兄弟为《新青年》撰稿。周作人很快就有稿子交来，而其兄鲁迅却迟迟没有动手。钱玄同做事是不达目的绝不罢休的，为能约到周家兄弟的稿子，经常不厌其烦拜访他们。他与鲁迅又都十分健谈，常常是下午四五点钟开聊，一直要聊到深夜十一二点方散，中间的晚饭也从未使他们的谈话中断。

一天，钱玄同穿着长衫拎着一只黑色皮包来到绍兴会馆，看到鲁迅正在屋里埋头抄录古碑，便不解地问：

"你抄这些碑有什么用？"

"没有什么用。"

"那么，你抄它有什么意思呢？"

"没有什么意思。"

"我想，你可以做点文章……"

在钱玄同一再催促下，鲁迅终于松口了。"于是我终于答应他也做文章了，这便是最初的一篇《狂人日记》。从此以后，一发而不可收……"（《呐喊·自序》）这件事，周作人在《知堂回想录》中也作了证实："……鲁迅个人，从前那么隐默，现在却动手写起小说来，他明说是由于金心异的劝驾，这也是复辟以后的事情。""这篇《狂人日记》不但是篇白话文，而且是攻击吃人礼教的第一炮，这便是鲁迅、钱玄同所关心的思想革命问题，其重要超过于文学革命了。"

"五四"时期，鲁迅与钱玄同过从甚密，不仅常常一起吃饭喝酒聊天，还经常书信往返。据沈尹默回忆，当年鲁、钱二人在一起高谈阔论，常常占据了说话的中心，别人只有洗耳恭听的份儿，没有插嘴的余地。鲁迅在日本时曾给钱玄同起了个"爬来爬去"的绰号，简称"爬翁"，钱玄同也给鲁迅起了个"猫头鹰"的绰号，可见两人关系非同一般。

　　然而，就是这样一对朋友，后来却因种种原因逐渐疏远了。

　　思想上的分野是他们彼此疏远的主要原因。"五四"以后，钱玄同钻入了当年自己所反对的"故纸堆"中，满足于当文字学家和音韵学家，潜心做学问，当年的战斗激情渐渐消失了。1924年《语丝》创刊，虽然钱玄同、鲁迅、周作人、林语堂等人都是创办人，但同人聚会时鲁迅却很少参加。鲁迅对钱玄同的不满主要是因为"他们已忘记了《新青年》时代的精神而成了学者了"。等到1926年鲁迅南下厦门时，二人关系已经十分疏远。

　　1927年9月12日，钱玄同40岁生日，他的几个朋友胡适、周作人、刘半农等人准备在《语丝》上为他编一本"钱玄同先生成仁专号"，以文人独特的方式为他祝寿，此事几乎弄假成真。这显然属于文人的雅玩。鲁迅认为这种名士作派十分无聊，非常反感，认为在当时情况下很不合时宜，便写了一首《教授杂咏》加以讽刺："作法不自毙，悠然过四十；何妨赌肥头，抵当辩证法。"因为钱玄同身体肥胖，又曾发过"人过四十，便该枪毙"的怪论。鲁迅对钱玄同的不满已经跃然纸上。

　　钱玄同的老友黎锦熙说钱玄同确实署过"疑古玄同"，也印过这样的名片，但钱玄同后来没有承认。关于钱、鲁在孔德学校的偶遇，黎锦熙有一段文字很有意思："钱先生不悦，适有一客来，是钱先生最要好的而鲁迅先生最不喜欢的，因此两人更愣住了。不久鲁迅匆匆离平，

民国岁月
那些文人大师们

064

以后两人就更无说话的机会了。"（黎锦熙《钱玄同先生传》）这多少透露了二人疏远的某些信息。

"钱二疯子"

钱玄同出身于清末一个旧官吏家庭，所受封建礼教颇多颇严。所以，他对三纲五常等旧礼教最痛恨，反对也最坚决，激烈的言论很多，是一个敢于向旧礼教宣战的先锋大将。但是，他自己却是一个极守礼法的人。

钱玄同出生时，父亲已 62 岁，哥哥已 34 岁，父兄对他管教甚严。他少年时父母双亡，一直跟随兄嫂生活，凡事必禀命于兄长。他对兄嫂十分尊敬，每到阴历年必携妻儿一起到哥哥家拜祭祖先。钱玄同到晚年，已 80 高龄的嫂子编著关于清代闺媛诗文，他亲自去复印、校对，并为此书编了一个依"广韵"排列姓名的索引。他对与自己年龄相差无几的侄子们也十分友爱。

钱玄同反对包办婚姻，主张自由恋爱。但他与由哥哥包办的妻子徐琯贞关系非常和谐。妻子身体不好，他关心体贴，照顾周到。旧社会文人狎妓、纳妾都是平常事，钱玄同从不狎妓，说"如此便对学生不起"。有人以他妻子身体不好为由劝他纳妾，他严词拒绝，说："《新青年》主张一夫一妻，岂有自己打自己嘴巴之理。"他还说："三纲像三条麻绳，缠在我们的头上，祖缠父，父缠子，子缠孙，一代代缠下去，缠了两千年。新文化运动起，大呼解放，解放这头上缠的三条麻绳。我们以后绝对不许再把这三条麻绳缠在孩子们头上！可是我们自己头上的麻绳不要解下来，至少新文化运动者不要解下来，再至少我自己就永远不会解下来。"

章太炎是"五四"时期公认的国学大师，影响广远，桃李天下。其间分为门人、弟子和学生三种。据周作人称，1932年章太炎北游时，章门弟子印《章氏丛书续编》，共有14人参加，大约算是章太炎认可的弟子，其中最受章太炎器重的一个是黄侃，另一个便是钱玄同。"弟子中自然当以黄季刚居首，太炎也很看重他，可是说到真是敬爱老师的还须以钱玄同为最，虽然太炎曾经戏封他为翼王，因为他'造过反'，即是反对古文与汉字。"（周作人《琐忆钱玄同》）

　　钱玄同是在日本留学时认识章太炎的。钱玄同1906年赴日留学，当时章太炎流亡日本，在东京创办同盟会机关报，钱玄同在民报社结识章太炎，因为此前就读过章太炎的文章，对章太炎极为佩服，遂对章执弟子礼。据周作人回忆："钱玄同从太炎先生听讲，最初是在东京大成中学的国学讲习所，后来在民报社特别听讲《说文》，有时便留下不走，与太炎'抵足而眠'，彻夜谈论文字问题，结果逼得先生承认写字非用篆字不可。"可见章、钱师生关系十分亲密，第二年在章太炎介绍下钱玄同加入同盟会，不久为反清，给自己取名夏，意"中匡之人也"。

　　人本事大了，难免恃才傲物，章太炎就常常不可一世，他的几位弟子，老实说脾气都不小，搁一起便磕磕碰碰。先是大弟子黄侃和几位闹文学革命的师弟斗气。20世纪30年代初，章太炎带着黄侃到北京讲学，钱玄同对老师毕恭毕敬、小心翼翼，对师兄却根本不买账。有一天，在章太炎住处，黄侃开玩笑地对钱玄同说："二疯，你来前，我告你！你可怜啊！先生也来了，你近来怎么不把音韵学的书好好地读，要弄什么注音字母，什么白话文。"钱玄同顿时翻脸，拍着桌子厉声说："我就是要弄注音字母，要弄白话文，混账！"章太炎闻声赶来，哈哈大笑，排解说不许再争什么注音白话文，都给我念日语字母。章的意思十分明显，想想当年在日本一起学习的同门之谊，有什么好吵的。

钱玄同与黄侃虽同出章门，但志趣并不一致。回国后，钱玄同参加了新文化运动，主张白话文，与黄侃分道扬镳。一次，黄侃在一本杂志上填了一首词《北海怀古》，其中有："故国颓阳，坏宫芳草，秋燕似客谁依？笳咽严城，漏停高阁，何年翠辇重归？"同人认为这首词有点"遗老遗少"的味道，流露出复辟的意思。钱玄同对此有不同看法，为此写了一篇随感录："我知道这位某先生当初做革命党，的确是真心的；但是现在也的确没有变节。不过他的眼界很高，对于一般创造民国的人，总不能满意，常常要讥刺他们。"文章并未点黄侃名，还有替黄侃辨解的意思，黄侃看到后仍大怒不已，骂他们连词都看不通。钱、黄早年关系很好，也互相尊重，在音韵学方面合作也很成功，但"黄侃的脾气比较乖僻，有时说话随便，甚至在课堂上骂街。钱玄同虽然个性也很强，但和黄的性情、思想很不一样，两人'时有违言'（钱玄同语)"。

1926 年，钱玄同因妻子患重病，请假半年，请黄侃来师大国文系任教授。当时系主任是吴承仕先生，吴承仕也是章门弟子。吴、黄二人相处并不融洽，一次黄侃在课堂乱说话，女学生很有意见，吴承仕向他委婉指出了，黄侃与吴承仕遂生冲突，黄侃愤而写了一首诗讽刺，其中二句是"芳湖联蜀党，浙派起钱疯"，钱疯即指钱玄同。当初在日本留学时，黄侃曾戏称钱玄同为"钱二疯子"。黄、吴吵架，居然捎上了钱玄同，这正是黄侃性格乖僻的地方。

据说黄侃去世后，《立报》曾刊登了一篇《黄侃遗事》，上面一则《钱玄同讲义是他一泡尿》，中间有一段文字："黄以国学名海内，亦以骂人名海内，举世文人除章太炎先生，均不在其目中也。名教授钱玄同先生与黄同师章氏，同在北大国文系教书，而黄亦最瞧钱不起，尝于课堂上对学生曰，汝等知钱某一册文字学讲义从何而来？盖由余溲一泡尿得来也。当日钱与余居东京时，时相过从。一日彼至余处，余因小便离室，回则一册笔记不见。余料必钱携去。询之钱不认可。今其讲义，则完全系余笔记中文字，尚能赖乎？是余一尿，大有造于钱某也。"此语北大国文系多知之。

　　周作人曾把这篇文章寄给钱玄同，钱玄同复信说："披翁（按：黄侃在旧同门中，别号为披肩公）轶事颇有趣，我也觉得这不是伪造的，虽然有些不甚符合，总也是事出有因吧。例如他说拙著是撒尿时偷他的笔记所成的，我知道他说过，是我拜了他的门而得到的。夫拜门之与撒尿，盖亦差不多的说法也。"（周作人《钱玄同的复古与反古》）黄侃恃才傲物，性格乖张，他有一句名言"八部书外皆狗屁"，经常"泼妇式骂街，特别是在讲堂上尤其大放厥词"，他"不但是章太炎门下的大弟子，乃是我们的大师兄，他的国学是数一数二的，可是他的脾气乖僻，和他的学问成比例，说起有些事来，着实令人不能恭维"。（周作人《知堂回想录》）

　　1935 年 10 月 8 日，黄侃因纵酒过度死于南京量守庐，时年 50 岁，被认为是国学一大损失，章太炎更是慨叹"天丧我也"！黄侃去世后，钱玄同并未因为二人之间过节而意气用事，仍满怀深情写下一首挽联："小学本师传，更细绎韵纽源流，黾勉求之，于古音独明其真谛。文章宗六代，专致力深思翰藻，如何不淑，吾同门遽丧此隽才。"可谓情真意切，也显示了钱玄同宽以待人的胸襟。

从不判卷的教授

　　钱玄同不仅在经学研究和新文化运动中敢于引领风气，他在历史研究和教书育人方面的标新立异也毫不逊色。

众所周知，20世纪二三十年代，在中国史学领域崛起过一个新派别：古史辨派。该派的代表人物除了顾颉刚和胡适，另外一个重要人物，就是钱玄同。该学派提出"层累地造成的中国古史"的假说，推翻了旧有的由"盘古开天"、"三皇五帝"往下说的旧历史学说体系，取得了空前的成绩。钱玄同毫无疑问是这一学派的肇端者，而这发源于他对古文经学和今文经学两派的超越性思考。顾颉刚明确提及正是钱玄同的启发，才使他走上了疑古的治学道路。他在《古史辨》第一册《自序》中说："十二（1923）年，玄同先生给我一封长信，论经部的辨伪。我和他已经一年多不相通问了，忽然接读这一封痛快淋漓的长信，使我精神上得着一种兴奋。我就抽出一个星期日的整天工夫，写了一通复书……"这封复信，正是顾氏多年来蕴积于心中的关于中国古代史的系统看法。后来以《与钱玄同先生论古史书》发表于胡适主持的《读书杂志》，正式向学术界提出了"层累地造成的中国古史"的学说。可见，这一学说之所以能出现，钱玄同居功甚大。更重要的是，当顾文发表后，钱玄同还给予了大力支持，马上在同一刊物上表态，称该学说"精当绝伦"，由此激发了当时的史学大论战。这一论战的后果是很明显的，至少，它使中国的经、史研究可以跳出先入之见为准传统，而只把经学和史学当成单纯的学术来研究。

钱玄同在教学上极为重视引发学生的思考，而不重视学生的考试等技术问题。钱玄同曾先后在北京大学、北京师范大学、燕京大学等处任教，各校对这位大学者的这一"陋习"虽说无可奈何，但也各有对策。北京大学为此特意刻了一枚木质图章，上书"及格"二字。钱玄同收到考卷后，即直接送到教务室，由教务室统一盖上及格的图章，而后按照各人的名字分别记入学分档案。

北大的宽容态度，使钱先生对自己的做法愈发地得意，竟向外四处推广，及至他到燕京大学兼课时，仍旧照此办理。不料此番他碰了个钉子：学校方面竟将他送上的未判考卷原样退回。钱先生登时也来了脾气，毫不退让，又将考卷原封不动地退了回去。校方很是生气，警告钱先生，如再次拒绝判卷，将按照校纪对他进行惩罚，扣发相当数额的薪金。钱先生对此立即作书一封，言道："判卷恕不能从命，现将薪金全数奉还。"信内附钞票若干。

这场官司的结局究竟如何，我们今天已不得而知，但钱玄同从不判卷的大名，却从此在北京城内四处传开。

钱玄同虽说在判卷方面架子极大，但说到治学求知，钱先生则是虚怀若谷，常常不耻下问，充分体现了一位著名学者严谨的治学风范。

钱玄同在北大讲授的是音韵学。他口才流利，思维敏捷，讲课时滔滔不绝，风趣诙谐，深受学生们的欢迎。但是，在一堂讲授广东音韵的课后，他竟收到了一位广东籍学生李锡予的信，对他的讲授提出了不同意见。

钱玄同认真地阅读了李锡予的来信，认为李讲得有道理。下次上课时，钱先生当众宣读了李的来信，他不仅表扬了李锡予，还坦率地承认，自己不是广东人，对广东音韵确实是不甚了解。同时，他还希望同学们都能独立思考，对他讲课中的不当之处，多多提出批评与纠正。钱玄同作为闻名中外的著名人物，竟能不耻下问，虚心向学生求教。他这种严肃认真的治学态度，深深地赢得了广大师生们的尊敬。

刘半农："教我如何不想她"

刘半农（1891.5.29—1934.7.14），中国近现代史上著名的文学家、语言学家和教育家。名复，原名寿彭，字半农，江苏江阴人。早年参加《新青年》编辑工作，后旅欧留学，获法国国家文学博士学位。1925年回国，任北京大学教授。所作新诗多描写劳动人民的生活和疾苦，语言通俗。他一生著作甚丰，创作了《扬鞭集》、《瓦釜集》、《半农杂文》，编有《初期白话诗稿》，学术著作有《中国文法通论》、《四声实验录》等，另有译著《法国短篇小说集》、《茶花女》等。其中《汉语字声实验录》荣获"康士坦丁语言学专奖"。

中学肄业的北大教授

在常州府学堂毕业前一年，出于对学校保守的教育体制的不满和失望，刘半农做出了一个惊世骇俗的决定，放弃到手的大好前程，毅然从学校退学。

刘半农的退学在家乡引起了一场轩然大波，不仅刘父大为震惊，家乡人也议论纷纷。刘半农决定离开家乡到外地发展。1912 年，刘半农只身前往上海，经朋友介绍，在时事新报和中华书局谋到了一份编辑工作，并业余在《小说月报》、《时事新报》、《中华小说界》和《礼拜六》周刊上发表译作和小说。为了迎合读者口味，他给自己起了几个艳俗的名字，如半侬、寒星、范瑞奴等，而用得最多的笔名就是半侬。由于中文功底好、悟性高，再加上勤奋和才情，刘半农很快成为上海滩文坛上一个十分活跃的小说新秀，拥有了一批读者。5 年时间发表了 40 多篇艳情小说，内容包括言情、警世、侦探、滑稽、社会等等有闲阶级阅读的消遣小说，如《失魂药》、《最后之跳舞》等，他的名字经常出现在《小说月报》、《小说大观》、《礼拜六》等杂志上，受到许多读者的追捧。苏雪林晚年回忆说："半侬的小说我仅拜读过三数篇，只觉得滑稽突梯，令人绝倒。"

经过几年奋斗，刘半农在上海滩声名鹊起，被人称为"江阴才子"、"文坛魁首"，他已经可以靠着每月几十元的稿费维持一家人的生活。而且约他写稿的杂志越来越多，就连赫赫有名的报人和小说家严独鹤都来向他组稿，刘半农终于用一支笔为自己闯出了一片新天地。

1917 年夏，刘半农从上海返回江阴，在家中赋闲中思考着自己未来的人生道路。由于没有固定收入，只好靠变卖家中物品度日，经常穷得揭不开锅，最困难的时候连猫食都无钱购买，妻子不得不经常到娘家去借贷。就在一家人贫困潦倒的时候，忽然接到了一封北京大学蔡元培校长寄来的聘书，正式聘请他担任北京大学预科国文教授。一个连中学都没有毕业的人突然接到全国最高学府的聘书，不仅妻子难以相信，他自己也不敢相信。只有弟弟刘天华相信，他一向佩服哥哥的才华，相信以哥哥的天资早晚会出人头地，做出一番大事，现在机会终于来了。开始刘半农还有些丈二和尚摸不着头脑，怎么也不相信这样一步登天的好事会落到他的头上，想了半天才想到不久前在上海与《新青年》主编陈独秀的一次难忘的会面，现在看来一切都是那次会面时的结果。事实正是如此，那次会面，陈独秀慧眼识珠，不仅看出刘半农身上的锐气，更看出他是一个可造之才，北大正需要这样的人，于是向不拘一格选人才的蔡元培先生作了大力推荐。就这样，一个籍籍无名的连中学都未毕业的乡村青年一个鲤鱼跃龙门，跨入了全国最高学府北京大学。随着一纸聘书，刘半农这个连中学都没有毕业的人，一步跨入了北大这个全国最为显赫的高等学府。同时执教的还有钱玄同、周作人、胡适等人。最初他教授诗歌、小说、文法概论和文典编纂法等。虽然连中学都没有毕业，好在他国学功底并不逊于他人，而且又长于写作，阅读广泛，上课又认真准备，不久就站稳了脚跟，得到了学生的认可。很快人人都知道北大来了一个中学肄业的国文教授刘半农。一个偶然的机会，醉心于通俗小说创作的刘半农在《新青年》杂志上看到胡适的《文学改良刍议》，大受震动，决定与旧文学决裂，投向新文学。1918 年起，刘半农开始向《新青年》杂志投稿，表达自己文学改革的愿望。署名时斟酌再三，觉得自己以前用那种香艳媚俗的笔名"半侬"十分不妥，毅然去掉了偏旁，改为"半农"，以示与过去决裂。1918 年 1 月在《新青年》杂志上发表《应用文之教授》一文时，正式署名"半农"，从此"半农"成了他正式的名字。

北大是新文化运动的发祥地，也是新文化思想的中心，进入北大后，刘半农变成了新文化运动的急先锋。仅在《新青年》杂志上写写文章，他觉得还不过瘾，他希望与复古派守旧派来一次彻底的对决，给他们以迎头痛击。在上海时，他曾进过剧团做过编剧，所以他首先想到了双簧戏，觉得这是一个十分理想的形式。他把自己的想法告诉了好友钱玄同。钱玄同和他一样，也是个大炮筒子性格；曾经骂"桐城巨子"和"选学名家"为"桐城谬种"、"选学妖孽"。由于两人性情相近，在教授圈子里一向过从甚密，无话不谈。刘半农提议两人合演一出"双簧戏"，一个扮演顽固的复古分子，封建文化的守旧者，一个扮演新文化的革命者，以记者身份对他进行逐一驳斥。用这种"双簧戏"的形式把正反两个阵营的观点都亮出来，引起全社会的关注。一开始，钱玄同觉得主意虽不错，但手法有些不入流，不愿参加。但刘半农坚持说，非常时期只有采取非常手段，才能达到目的。经他反复动员，最后钱玄同才同意与他一起演一出"双簧戏"。这出"双簧戏"旗帜鲜明，在文坛引起强烈反响，不仅真的引来了"王敬轩"那样的卫道士，如林琴南等人的发难，更多的却引起了青年学子和进步人士的喝彩。鲁迅对此也持肯定的态度。这一正一反两篇文章同时出现，结果"旧式文人的丑算是出尽，新派则获得压倒性的辉煌胜利"。一些原来还在犹豫的人都开始倾向新文化了，连朱湘和苏雪林都说他们是看了这出"双簧戏"才变成新派的，可见"双簧戏"影响之大。

刘半农导演的这出"双簧戏"已经成为现代文学史上一个富有戏剧性的插曲。关于刘半农对新文化的贡献，苏雪林认为："虽不足与陈、胡方驾，却可与二周并驱。事实上，他对新文学所尽的气力，比之鲁迅兄弟只有多，不会少。"作为新青年的健将刘半农对新文学的贡献是很大的，但这样的评价，就未免过誉了。

发奋读成"国家博士"

刘半农到北大后，自知资历浅，所以十分勤奋，讲课很受学生欢迎，创作也十分活跃，但在北大这个学院派占统治地位的地方，像他这样一个连中学都没有毕业的大学教授依然被一些人视为"下里巴人"，对他能否胜任教学工作常常表示怀疑。一次在《新青年》编委组成人选上，胡适就直接提到了人选的学历问题，这对刘半农无疑是一个很大的刺激。同时，刘半农在上海滩染上的才子气，包括衣着打扮等做派也遭到一些人的诟病。鲁迅后来在《忆刘半农君》中也指出："那些人批评他的为人，是：浅。""但这些背后的批评，大约是很伤了半农的心，他的到法国留学，我疑心大半就为此。"

都说愤怒出诗人，对于刘半农则是发奋读博士。在蔡元培的支持下，刘半农考上了官费赴英留学的资格。1920 年 2 月 7 日携夫人朱惠和女儿小蕙自上海启程，乘坐日本货轮"贺茂丸"赴英留学。

当时伦敦生活费昂贵，一家三口仅靠他一个人的官费生活十分拮据。半年后，又生下一对龙凤胎，刘半农因地取名，把"伦敦"一拆为二，男孩先生名育伦，女孩后生名育敦。家里又多了两张嘴，经济压力更大了，穷得连摇篮都买不起，只好把从国内带去的柳条包拆成两截，做成两个简易的摇篮。穷则思变，听朋友说法国国家图书馆藏书丰富，生活费用也比英国便宜，于是 1921 年 6 月全家迁居法国，转入巴黎大学学习。

巴黎的生活费虽比伦敦便宜，但对一个仅靠官费养活五口之家的人来说也实属不易。在给友人信中，刘半农这样写道："我近来的情形，真是不得了！天天闹的是断炊……留学费也欠了数个月不发……我身间有几个钱时，便买只面包吃吃，没了便算。"穷且益坚，刘半农出国时本来准备研究文学和语言学的，到了国外才知道鱼与熊掌不可兼得，于是忙把文学舍去，专攻语言学。经过一段时间的摸索，决定专攻实验语音学。出国前，刘半农有一个宏大理想，希望从理论上弄清从齐梁以来沈约等人提出的四声原理。此前国人一直知其然不知其所以然。他决心揭开这个千古之谜。巴黎的名胜古迹，他无暇顾及，塞纳河风光他无意欣赏，他几乎把所有的时间都花在了巴黎图书馆里。业余时间，他还得给国内杂志翻译写稿，挣钱养家。他的《扬鞭集》、《瓦釜集》中许多作品都写于这一时期。

实验语音学需要一些记音仪器，记音仪器不仅价贵且不好购买，于是他就自己动手，从废旧市场买来各种材料自己组装。凭着顽强的毅力，他硬是发明了研究语音学必需的仪器音高推算尺和音鼓。法国的博士学位一向要求极严，没有过硬的高水平论文想都别想，所以他一点也不敢马虎。所有的语音实验都一丝不苟，为了用科学的方法测验中国语音的有关数据，光是一篇两百多字的文章，就用了三个月的时间！经过三年的努力，他终于完成了《汉语字音实验录》，首次对四声原理做出了科学的论述：指出决定汉语四声的主要因素是高低。1924 年冬天，刘半农终于通过了巴黎大学的各项预试科目，获得了参加国家博士考试的资格。

1925 年 3 月 17 日是刘半农参加博士学位答辩的日子。这一天，全家人早早地起来了，朱惠给全家准备了丰盛的早餐，又给三个孩子穿上了最漂亮的衣服。赵元任一家和蔡元培夫妇也前来助阵。考场设在阶梯教室，台上坐了一排身穿着深黑色长袍、肩披彩色绶带的巴黎语音学专家。考试分两场，上午口试，接受教授专家的提问；下午做实验示范演示。答辩一共进行了七个小时，最后专家组宣布："刘先生做了一番惊人的科学工作，经过认真的讨论以后，我们一致认为应该授予他国家博士学位！"一位青年教师给刘半农戴上了圆形的博士帽。仪式结束，刘半农从台上走下来时，已经精疲力竭，几乎被人扶着走了出去。

刘半农的博士论文于 1925 年获得康士坦丁·伏而内语言学专奖，因成绩突出，刘半农还被吸收为巴黎语言学会的会员。这是中国人乃

民国岁月
那些文人大师们

至亚洲人第一次获得这种法国国家博士学位，刘半农对此十分自得，经常得意地称自己是"国家博士"。寒窗苦读，总算有了扬眉吐气的一天。

"教我如何不想她"

刘半农从法国学成归国，受到北大热烈欢迎。在蔡元培的关心支持下，成立了中国第一个语音实验室。他制订了一个宏大的计划，决定完成一部《四声新谱》、一部《中国大字典》和一部《中国方言地图》。

1917年刘半农翻译英国戏剧《琴魂》，最早采用女性第三人称代词"她"，以取代过去习惯用的"伊"。1918年8月15日周作人在《新青年》杂志第5卷第3号发表史特林堡的《改革》译文，在《前记》中写道："中国第三人称代名词没有性的区别，很觉不便。半农想造一个'她'字和'他'字并用，这原是极好……"后来刘半农去英国留学，又到法国巴黎大学深造，写了一篇《"她"字问题》，寄回国，1920年8月9日在上海《时事新报》副刊"学灯"上发表，文中说："一、中国文字中，要不要有一个第三位的阴性代词？二、如其要的，我们能不能就用'她'字……除了'她'字外，应当再取一个'他'字（即现在的'它'字），以代无生物。"首创"她"字应是刘半农的功劳。

有趣的是，刘半农还为此写了一首白话诗，题为《教我如何不想她》："天上飘着些微云，地上吹着些微风，啊！微风吹动了我的头发，教我如何不想她？月光恋爱着海洋，海洋恋爱着月光，啊！这般蜜也似的银夜，教我如何不想她？水面落花慢慢流，水底鱼儿慢慢游。啊！燕子你说些什么话？教我如何不想她？枯树在冷风里摇，野火在暮色中烧，啊！西天还有些儿残霞，教我如何不想她？"诗写得缠绵婉约，情丝缕缕，令人心软。赵元任教授把这首诗谱成曲子，由百代唱片公司灌制唱片发行，曾风靡一时。而"她"作为第三人称女性代词，更为人们所接受，由此流传开了。据说某青年读诗听歌后想入非非，以为刘半农肯定是位风流倜傥的才子，总想求见，一次在赵元任教授家中会面，发现刘半农竟是一个老头，大吃一惊，脱口而出："原来他是个老头啊！"惹得大家捧腹大笑。

刘半农也真诙谐，事后还作了一首打油诗："教我如何不想她，请进门来喝杯茶；原来如此一老叟，教我如何再想她！"

1934年6月19日，刘半农带着学生白涤洲、沈仲章等五人，携带大量语音设备利用暑期前往内蒙和山西一带考察方言和民间习俗。原定计划一个月左右，途经包头、呼和浩特、百灵庙、大同、张家口。此行主要任务是完成瑞典地理学会为纪念瑞典考古学家斯文·赫定七十诞辰而征集的论文，同时为他的《四声新谱》和《中国方言地图》补充资料。一路上采访十分顺利，收获颇丰，不料在绥远中学演讲时，被当地一种毒虫咬了一口，不幸感染上回归热，体温一度升到38.5度。就在这种情况下，他还坚持叫来一名学生，亲自记录了他的发音。回到北京后，多方医治无效，于7月14日下午2时病逝于协和医院。时年43岁。

像这样因公殉职的名教授，刘半农差不多要算北大历史上第一人，因此学校破例在其遗体上覆盖了北大三色校旗，以示哀荣。校长蒋梦麟及马幼渔、胡适等北大名教授及全体师生员工几乎都参加了他的葬礼，规格之高据说在北大历史上没有第二人。蔡元培亲自为他撰写了碑铭："朴学隽文，同时并进；朋辈才多，如君实仅；甫及中年，身为学殉；嗣音有人，流风无尽。"这是对刘半农一生忠实的评价。老友赵元任的挽联是："十载凑双簧，无词今后难成曲。数人弱一个，叫我如何不想他！"亦庄亦谐，更令人称绝。

"我写的都是骂人的，你敢登吗"

1905 年，14 岁的刘半农从翰墨林小学毕业，以江阴考生第一名的成绩考取由八县联办的常州府中学堂。同期录取的还有后来蜚声海内外的国学大师钱穆。刘半农天资聪颖，每次考试各科成绩平均都在 90 分以上，深受学监（校长）屠元博的喜爱。一次，刘半农到屠家拜访，偶然结识了屠元博的父亲屠敬山。屠敬山是远近闻名的史学家，交谈中，屠敬山发现这个少年学子才识双全，可堪造就，于是破例将他收为弟子，此事在当地一时传为佳话。枪打出头鸟，出于嫉妒，有人说他好钻营取巧，这让他心里很不是滋味。他没有理睬别人的造谣，决心用实力证明自己。不久机会就来了。一次，知府到学堂视察，临时出了一道命题作文，想考察一下学生的成绩。结果刘半农以第一名的成绩夺得花魁，并得到知府亲自嘉奖。这样一来，连原先嫉妒他的人也心服口服。

刚入常州府中学堂第一年，刘半农每次考试几乎都名列第一，被学校列入"最优等"，一时声名大噪。钱穆晚年回忆说："不三月，寿彭连中三元，同学争以一识刘寿彭为荣。"

就这样，刘半农才子的名声一下子传开了。

刘半农是个典型的江南才子，多才多艺。刘半农去世后，周作人特别撰文回忆说："其一是半农的真。他不装假，肯说话，不投机，不怕骂，一方面却是天真烂漫，对什么人都无恶意。其二是半农的杂学。他的专门是语音学，但他的兴趣很广博，文学美术他都喜欢，作诗，写字，照相，搜书，讲文法，谈音乐。"

刘半农不仅写一手好文章，工诗书，而且还是中国现代早期的一位业余摄影家。这一点知道的人并不多。他最早的摄影活动可以追溯到他从常州府中学退学之后。他从中学退学后，一时没有找到职业，为了生计，就买了一个照相机在家乡给人照相，这要算是江阴历史上第一家照相馆。由于只此一家，生意还不错，多少可以补贴家用。到欧洲留学，是他业余摄影的第二个阶段，真正投入精力从事业余摄影是留学归国后。从法国回来，刘半农加入了北京大学摄影爱好者组织的摄影团体北京光社。这是中国历史上第一个业余摄影团体。刘半农最喜欢照风景照，经常与同人一起切磋技艺，先后参加了四五次摄影展览。

刘半农虽是北大名教授，但却绝不是一个学究。从骨子里，刘半农是一个洒脱达观敢作敢为的人，有几件小事可以证明。

1930 年 5 月，刘半农被教育部任命为北京大学女子学院院长，到任不久，刘半农就针对学生中存在的不良习气，颁布了《禁止女生入公共跳舞场布告》，禁止学生跳舞，同时还禁止女生间互相称 Miss，而要改称姑娘。禁令一出，沸沸扬扬，但他坚持不为所动。

刘半农身为名作家名教授，许多报纸都以能刊登他的作品为荣。一次，老友成舍吾见面时抱怨他很久不给他的报刊写文章。刘半农半开玩笑半认真地说，我写的都是骂人的，你敢登吗？成说，只要你敢写我就敢登。刘半农就真的写了一篇讽刺考试院院长戴季贤的文章《南无阿弥陀佛戴传贤》，文章讽刺戴只念佛不做事。《世界日报》收到就发了，戴看到后大为光火，他不敢拿刘半农出气，只好拿报纸开刀，结果报纸被停刊三天。

刘半农去世前最"出格"的举动，就是采访名妓赛金花。堂堂的北大名教授去采访一个名声不佳的妓女，这样的事情也只有刘半农做得出来。早在几年前，刘半农就从报上了解了有关赛金花的事迹，但众说纷纭，蒙在她身上的迷雾一直让人不辨真假，有人把她说成"民族英雄"，有人认为她就是一个出卖肉体和灵魂的妓女。刘半农觉得她是一个值得研究的传奇人物，应该趁她活着时调查清楚，揭开事情真相。于是，刘半农便带着自己的得意门生商鸿逵前往北平居仁里的"江西魏寓"亲自采访。风烛残年的赛金花没有想到大名鼎鼎的刘半农会来采访她这样的人，非常激动，决定接受采访，公开讲述自己的生平事迹。通过多次采访，结合研究历史，刘半农基本拂去了蒙在她身上的历史迷雾。刘半农采访名妓赛金花的事件再次引起了轰动，赛金花一时又成了社会热门话题。投桃报李，刘半农去世后，赛金花一袭黑衣专门前往追悼，一时传为奇谈。刘半农去世后，《赛金花本事》才由他的学生整理出版。

"我不希望她缠足吃苦头"

刘半农和朱惠是一对理想的又是患难与共的恩爱夫妻。这是一个温馨的家庭，生活于其中的孩子们总是感到无比的快乐和幸福。《教我如何不想她》这首歌词是刘半农受到朱惠的影响而作的，它是从内心迸发出来的歌声，感染力极强。后来这首歌词被赵元任谱了曲，在全国歌唱流行，成了20世纪30年代青年人最爱唱的浪漫歌曲，并受到世界文化界的重视。

刘半农和朱惠都是江阴人，出生在晚清，尽管身上有许多旧社会的印记，可是在儿女们的心目中，他们却是新时代的恩爱夫妻和开明父母。年轻时按照当时的风气，刘半农和朱惠都不能进行公开的社交活动，所以互不相识，要等待父母之命和媒妁之言来撮合。刘半农的母亲和朱惠的母亲都是信佛的，她们常到离刘家不远的一座庵堂去进香拜佛，在那里相见认识，日子久了，建立了友谊。有一次，刘母带了年轻的刘半农，朱母带了年轻的朱惠和她的妹妹同进庵堂，两老相见以后，都非常高兴。刘半农和朱惠虽然是初次相见，但彼此印象都不错。以后次数多了，渐渐熟悉起来，加深了印象。有一天，朱母忽然向刘母提起了这一对青年男女的婚姻，提到她的大女儿，也就是美丽贤惠的朱惠，和青年才俊刘半农相配正是天生一对。最初刘母同意，可是刘父不赞成，理由是两家的门户不相当。实际上刘父嫌朱惠年龄比刘半农大三岁，认为不太理想。可是朱母却非常喜欢年轻的刘半农，觉得他相貌端正，聪明活泼，意欲必成，既然男方以年龄为由推辞，遂提出将她的二女儿许配给刘半农，因为两人年龄相当。这样婚事竟谈成了，双方便订立了婚约。不料订婚不久，朱家二小姐竟然因病去世，婚约关系中断了。过了一段时间，朱母又旧事重提，极力促成她的大女儿与刘半农联姻。为了妥当起见，朱母更进一步征求刘半农本人的意见。事情谈得很顺利，刘半农毫不犹豫地就答应了。这样一来，刘父也就不再坚持己见，男女双方终于订了婚约。

　　根据当时的社会传统，订婚男女并不直接来往接触，以免受社会舆论的非议。可是年轻的刘半农是个性情十分开朗的人，在新时代思潮的影响下，态度与众不同，他敢于打破常规，独自去女方家走动，并认为是理所当然的事。有一次，刘半农去朱母家，进入院子便瞥见年轻的朱惠正倚着井栏边打水。刘半农缓慢地上前想与朱惠说话。不料朱惠惊慌起来，急忙离开井边，回到上房。她跨进门槛时，裙下露出了裹足的红绣鞋，刘半农见了顿生怜悯之情。他回家以后就问刘母为什么女子要缠足。刘母回答说："女孩不缠足如何嫁得出去？"可是刘半农则大不以为然地说："她现在已经是属于刘家的人了，用不着担心嫁不出去，我不希望她缠足吃苦头。"刘半农嘴上这么说，心里就决意要做到。他要求刘母去通知朱母不要让朱惠缠足。朱母听到这样的

民国岁月
那些文人大师们

话，既赞成又担心，答应试试。事实上年轻的朱惠因为缠足痛苦，心有不甘，常独自流泪，早就偷偷地早裹晚拆，以避人耳目。现在听说刘家不要求她缠足，真是高兴。由此朱惠对刘半农的慷慨大方、关心体贴，万分感激。所以婚后两人相亲相爱，朱惠对刘半农的忠贞不渝，是真正的知己相报的表现。

刘半农和朱惠订婚不久，朱惠就被迎回来当养媳妇，侍奉两老。辛亥革命前夕，刘母突然患病，刘半农被叫回家，就在刘母病危期间，依照传统风俗和朱惠结了婚，俗称"冲喜"，以期重病的刘母速愈。此后刘母去世，朱惠就担起了全部的治家责任。辛亥革命爆发以后，学校关闭了。刘半农和二弟一起到清江的军队中去工作，刘半农当文书，他二弟吹军号，兄弟俩开始接触到新时代的革命活动。以后他们发觉革命军队内部情况混乱，思想复杂，心里感到不满而回了家。接着刘半农又和二弟同去上海谋生。当时家里的烧、洗、缝、补等家常事，都靠朱惠独自操持，甚至还要照顾小叔的梳洗。当生活困难时，朱惠还要从外面承接一些零活在家里做，以贴补开支。

刘半农和朱惠婚后过着恩爱愉快的生活，只是因为家务负担很重，朱惠一人独挑，十分辛苦，曾两次怀孕流了产，引起刘父的不满。他听信了卜卦先生的胡说，以为刘半农命中无子，并断定朱惠不能生育，要求刘半农把朱惠休去或者娶妾以传宗接代。刘父甚至进一步施行家长权威，认真地物色了对象，趁刘半农 1913 年夏天从上海回江阴时，想说服他娶妾，可是遭到刘半农的坚决反对。因为在江阴家里不能摆脱掉父亲的重子孙、轻感情的消极影响，刘半农就在母亲的帮助下，把朱惠接到上海居住，开始了独立的小家庭生活。那时刘半农已在上海中华书局担任编辑工作，有稳定的收入可以养家。

1920 年 8 月 9 日，刘半农在上海《时事新报》的《学灯》上，刊发《"她"字问题》，第一次系统阐述用"她"字指代第三人称的阴性。

此时的刘半农已是北京大学教授，在新文化运动中也打了几个漂亮的硬仗，但由于他仅有高中肄业学历，因而一些人对其略有微辞。为此，1920 年 2 月，他携妻带女，到英国伦敦留学。他学习语音学，颇为辛苦，但诗情不辍，1920 年 9 月 4 日，创作了《教我如何不想她》（初标为《情歌》，刊于 1923 年 9 月 16 日北京《晨报·副刊》），第一次在诗中用了"她"字。这首诗颇有民谣之风，读起来朗朗上口，其中"微云"、"微风"、"月光"、"鱼儿"、"燕子"、"暮色"、"残霞"等，入诗即美，予人以"欲寄相思千里月"、"梨花一枝春带雨"的遐想。那么，谁是刘半农的有情人"她"呢？有人说，此诗是献给夫人朱惠的一阕心曲，这或许有些想当然，但正如他的女儿刘小惠所言，它是受其母影响而作的。作为患难夫妻、恩爱夫妻，刘半农的诗句"暗红灯下的蜜吻"，堪为其爱情的鉴证。

赵元任：专精他业的语言大家

赵元任（1892.11.3—1982.25），汉族，字宣仲，又字宜重，江苏武进（今常州）人，生于天津。他是中国现代语言和现代音乐学先驱。赵元任兴趣广泛，乐于求知，勇于创新，涉猎语言、方言、音乐、数学、天文、哲学等诸多领域，而且能够在每一个领域都取得很高的成就。他以融汇古今、贯通中西的广博学识和新颖精湛的学术思想以及严谨科学的研究方法，开始了现代方言学研究领域的全新局面，成为开风气之先的现代语言学大师。

就喜欢琢磨

赵元任自幼就流露出对一切新鲜事物的敏感，也因之有了广泛的兴趣爱好。他凡事都喜欢琢磨，是那种一琢磨起来就忘了世界的人。

少年时，他在语言方面的天赋就逐渐开始崭露头角。赵元任对新的事物有着近乎狂热的追求，正是他对真理的渴求、探索和追求新事物的性格奠定了他卓越的一生。

赵元任6岁时，他的祖父正在做冀州直隶州的知州，那时出现了月全食。大家拿着锅、桶子等器物，乒乒乓乓地打，好把吃月亮的天狗吓倒再把月亮吐出来。当地方官的，穿起官袍一次一次地行礼，外头挂着许多旗子、幔子之类的东西，像过年似的那么热闹。而小赵元任的兴趣却是观看月亮，他发现那月亮好像月牙儿似的，可是又不像平常的月牙儿。那月牙儿越变越小，后来小到应该没了的时候，却出乎自己的预料，反倒变成了个红红的一个大圆盘的月亮。他很想知道为什么是这样，但是那时候没有人能够解答他的疑问。从此他养成了观看天象的习惯，对天文的兴趣成了他一生的嗜好，后来他上大学选修了天文学课程，考试成绩获得了100分。

除了自然现象，赵元任从小还表现出对科学的兴趣，喜欢自己琢磨，自己动手试验。6岁时，有人送给他一个三寸放大镜，他竟完全靠自己琢磨而发现放大、倒影、阳光下聚焦取火的几种功能，并自己用透镜组装了望远镜和显微镜。

童年的赵元任对一切事物都充满了好奇，充满了求知的渴望。童年的他不曾想到，对于方言的兴趣——他自己后来回忆说是为了"好玩儿"，竟会成为他一生的事业。

赵元任的第一位私塾老师陆轲轩反对读书不求甚解，经常讲解课文生字，使学生尽可能多理解，在他的教育下，赵元任养成了好问求解的好习惯。

14岁，赵元任又回到了常州，入读溪山的一家私立学校，开始接触现代科学知识。他开始走出私塾的狭窄圈子，不仅学习了科学知识，系统地学习了英文，还参加了丰富多彩的课余活动。他自己把这一年称为身心发展的转折点。

从 15 岁到 18 岁，赵元任第一次离家到南京的江南高等学堂预科学习。这一时期，他学习勤奋，兴趣也更加广泛，经常自己做科学实验，天文学知识也不断得到丰富，对观察彗星越发有兴趣。他还选修了德文。在南京学习期间，他学会了福州话——年轻的赵元任已经逐渐显露出他的语言天才。凭着中小学时期的勤奋学习和自己的天赋，他 3 年预科未读完，就到北京准备报考清华的留学官费生。为了应付考试，他在考试前自修了拉丁文。1910 年 7 月 21 日，他参加了在北京举行的留美考试。这次考试一共录取了 70 名学生，赵元任以优异的成绩名列第二。

赵元任后来回忆说："心理学家说，一个人的性格在早年便已形成，或许在学习说话之前。我并非心理学者，可是据我记忆，在我第二个 9 年当中，我自己以及围绕我四周的人们，改变得较我一生其他时期都要多。"

留学美国，对赵元任性格的形成及一生的道路选择具有决定性的意义。他的出国是由中国当时特定的社会文化走向（中西文化撞击产生的学习西方的潮流）和他对真理的渴求、探索及追求新事物的性格决定的。

在留学期间，赵元任仍然保持着自己广泛的兴趣，并且集中发展了适合自己的几项，如语言、音乐、天文等。留美 10 年，是他的知识飞速增长的 10 年，更是他的性格开始发生变化并且日趋成熟的 10 年。他敏于创新的性格使他在一些方面做出了前所未有的突破。

到达美国后，赵元任进入康奈尔大学，集中精力学习数学与物理，但他仍然保持了自己广泛的兴趣，尤其喜欢自己琢磨。

由于对中国各地方言颇有兴趣，他与同宿舍的胡明复互相学习方言，并在修完康奈尔需要的语文学分后，又主动从宾州史克兰顿城的国际函授学校学习法文。当时正值世界语运动的初期，赵元任成了"世界语俱乐部"的积极分子。他在学校里选修了戴维森教授的语音学课程，学习了国际音标和比较系统的现代语音学理论知识，这给他后来的方言调查和语言学研究打下了良好的基础。

他对哲学的兴趣也不小。在康奈尔第一年，他的兴趣就从数学转移到哲学。他喜欢罗素，在课外阅读了很多罗素的著作，他在日记里曾说，罗素的《哲学论文集》与他的想法很符合。

他4年的学习成绩极其优异，数学得过两个100分，一个99分，天文学得的也是100分。据说，他这两门功课的成绩是康奈尔大学历史上保持了好几年的平均成绩的最高记录。1914年夏天他以优异的成绩毕业。

赵元任在留美期间的出色表现，不仅得到了学校老师的好评，也深得留美同学羡慕佩服。同在康奈尔大学的胡适，在他的留美日记中有7处关于赵元任的记载，在这些记载中，他提到了赵元任的学习成绩、音乐天分、广泛的兴趣爱好、在语言上的天赋以及他"元任辨音最精细，吾万不能及"的感慨。他对才华横溢的赵元任给予了很高的评价，以后的历史证明这些评价都是很准确的。

语言就是个"好玩儿"

1915年以后，赵元任一直在考虑学成回国做什么，自己最适合做什么的问题。他时常和同学讨论中国语言的问题。他觉得自己也许适合研究中国语言问题，又想到自己一生的工作也许是国际语言、中国语言、中国音乐和认识论家。

在1916年元月的日记中他写道："我大概是个天生的语言学家、

数学家或音乐家。"在他的日记中，他也曾表示"索性做一个语言学家比任何其他都好"。从他的字里行间，不难看出他对自己未来的思考，以及兴趣的偏好。在当时来说，从事语言研究是一种比较清冷的专业，而赵元任却想要向这个领域发展，充分显示出他的不畏艰险、勇于创新的精神。

有一次，赵元任的女儿问他为什么会研究语言学，他幽默地对女儿说，研究语言学是为了"好玩儿"。然而，"好玩儿"的背后寓意深刻。世界上很多大科学家研究某种现象和理论时，他们常常认为是为了好玩。赵元任小时候练习说切口和反切口，是为了"好玩儿"；他擅长"说倒话"，并且常常在公众面前表演"说倒话"，也是为了"好玩儿"！

"好玩儿"意味着有趣味，有兴趣就有意思。赵元任所说的"好玩儿"可以用《最后五分钟（国语罗马字对话戏戏谱）》的序文里的几句话来做注脚。赵元任说，他翻译这个戏，用国语罗马字写出剧本，基于三种"兴趣"——三重"好玩儿"：第一种兴趣是对国语罗马字的兴趣，即宣传（国语罗马字）的兴趣；第二种是对中国语调的兴趣，即研究学术的兴趣；最后一种是对于话剧的兴趣，即艺术的兴趣。

赵元任曾写道："我对于艺术的兴趣仿佛是男人对女人的爱，热就热到出火苗儿的程度。可是热度减了的时候，好像就是离开了伊，也能够过似的；回头又想念伊起来，可是又觉得没有伊，我的生活全没有光彩似的了。"这里说的"兴趣"，从某种意义上来说，就是"好玩儿"。好玩儿，不是功利主义，不是沽名钓誉，更不是哗众取宠，不是一本万利，而是兴趣使然。

赵元任是传统和现代并重的方言学家。他的方言研究继承了中国传统方言学的精华，又开创了以现代语言学方法研究方言的新领域。

赵元任自幼便对各种方言表现出浓厚的兴趣，并显示出超凡的语言能力。他还没满 12 岁就已经会说北京、保定、常熟、常州、苏州等多种方言。不仅如此，在苏州他还跟表哥学会了用反切说话，还学会了用倒转反切说话，就连熟悉反切说话的人也不容易识破听懂。在美国念书以及回国工作期间又跟同学、朋友学会了无锡话、南京话、扬州话、上海话、安徽话、湖南话、湖北话、广州话、福州话等。直至1959 年，在近 60 岁的时候到台湾讲学，又学会了复杂难懂的闽南话。胡适在 1922 年为赵元任作的《国语留声片》序言中写道："他有几种特别天才，一、他是天生的一个方言学者。他除了英、法、德三国语言之外还懂得许多中国方言。他学方言的天才确实很惊异的……二、他又是一个天生的音乐家。他在音乐上的创作，曾经得到美国音乐家的赞赏……我们只知道他有两只特别精细的音乐耳朵能够辨别那极细微的、普通人多不注意的种种发音上的区别；他又有一副最会模仿的发声器官，能够模仿那极困难的、普通人多学不会的种种声音。三、他又是一个科学的语言学者。仅靠天生的才能，是不够用的，那样不过是一个绝顶聪明的'口技家'罢了。然而赵元任依着他的天才的引诱，用他的余力去研究发音的学理；他在这里面的成就是很高深的。因此无论怎么杂乱没有条例的对象，到了他手里，都成了有系统的分类，都成了有线索的变迁。"

1927 年，赵元任开始第一次系统的汉语方言调查。他用了两个月的时间在用吴语说话的地区进行了实地调查，记录了吴语区 33 个地方的方言。他的调查工作十分科学、精细、认真。

1928 年，这次调查的研究成果《现代吴语的研究》由清华学校研究院印发出版。这部巨著的问世在汉语方言研究历史上是具有划时代意义的：它是中国第一部用现代语言学方法研究方言的著作，是现代汉语方言学诞生的标志。在此之前中国没有一部真正意义上的方言学著作，而此后出现的方言学著作，都沿着它开辟的道路前进发展。它奠定了现代汉语方言调查研究的基础，开创了科学化研究汉语方言的新道路。

赵元任全面细致的方言调查研究为中国的现代汉语方言学的创立、建设和发展打下了充分的基础，也为他自己成为博大精深的语言学家做好了充分的准备。赵元任认为，调查记音是语言研究准备工作之首。他说："用表格用录音器做系统的调查工作是一回事，到各处学说各种话当然又是一回事。"

1946 年美国普林斯顿大学建校 200 周年纪念会上，赵元任被授予名誉博士学位。颂语这样称赞他："他是自己国家多种方言的学者和历史学家，他的研究成果帮助西方人能更好地了解中国语言、中国人民的思想和理想。"1970 年，美国俄亥俄州州立大学授予赵元任荣誉博士学位，仪式上介绍他的成就时说："赵教授创造性地和精巧地运用现代语言学方法系统地研究现代和经典的中国语言。"

"中国的舒伯特"

赵元任从前小时候在家里说的是北方话，但是家里人请的教书先生都用南方（常州）音读书。因此，赵元任就得了一种牢不可破的联想：凡是白话都是应该用北方音说，凡是文言都应该用南方音读，好像文言是南方的特性似的。因此，南方（常州）人吟诗的腔调，也成为他的歌曲中民族音调的重要来源。例如《听雨》和《瓶花》前半部分的旋律，都是按照常州人吟诵七绝的音调进行艺术加工的。《听雨》采用仄声韵七绝的吟诗调，而《瓶花》则采用平声韵七绝的吟诗调。赵元任说他所听到的这种吟诗调差不多处处都是一样的。的确，只要是"仄仄平平仄仄平，平平仄仄仄平平……"的七言绝句，不管是

"朱雀桥边野草花，乌衣巷口夕阳斜……"（刘禹锡《乌衣巷》），还是"少小离家老大回，乡音无改鬓毛衰……"（贺知章《回乡偶书》），都可以用《瓶花》第一部分的旋律来唱。

赵元任的早期爱国歌曲《尽力中华》，是利用传统音调推陈出新的很有创造性的一例。这首歌曲唱的是"焰口调"。童年时代的赵元任住在无锡乡下，经常有丧事人家请和尚到家里去"拜忏"三天，"追荐"死者；其中有一天做的法事，白天是"斋王"，晚上是"施食"。施食时搭起高台，老法师和众和尚坐在台上，念念有词，唱着一个小孩子们很喜欢听的曲调，呼唤四方饿鬼"来受甘露味"。这个很好听的曲调就叫"焰口调"——"焰口"是佛经中饿鬼的名称。后来他进了小学，老师教他们唱《尽力中华》，唱到"啊中华，啊中华"时，小赵元任觉得这个曲调似曾相识，感到十分亲切，所以特别爱唱这首歌。令人惊奇的是，这个带有神秘气息的曲调，竟能和"听我们同唱中华"的爱国歌词配合得天衣无缝，丝丝入扣。

在音乐上有绝好听力的说法，赵元任大概就是有绝好听力的人。有一次他到西湖游玩，忽然看见湖上有个木鱼店。这个店开设在湖上，赵元任忽发雅兴，棹了一叶轻舟，到店里去选购。他左敲敲，右敲敲，不一时选了十来个。只见他一手持一根木鱼槌，竟敲出宫、商、角、徵、羽诸般声调。他两手互击，挥洒如意。一曲奏终，竟是当时很流行的一首歌《教我如何不想她》。

赵元任在音乐领域的主要成就表现在音乐作品及音乐理论方面。在大学期间，他就开始创作曲子。"五四"时期，赵元任创作了大量的新音乐作品，他和陈田鹤等人给当时的新诗歌配以新音乐，使音乐作品呈现出全新的面貌，把中国音乐推向了一个新的阶段。赵元任音乐作品中音乐界评价最高的是他在"五四"时期创作的《新诗歌集》，《教我如何不想她》是其中最有代表性的一首。

赵元任试图把民族风格与西洋音乐技巧结合起来，他大胆的探索，为现代音乐的发展做出了贡献。他的音乐创作，得到音乐界的高度评价，萧友梅在介绍赵元任《新诗歌集》时称其是十多年来最有价值的作品，赵元任是中国的舒伯特，说这种舒伯特派的艺术歌曲"替我音乐界开了一个新纪元"。

赵元任提出的建设中国现代音乐的理论，事实已经证明是正确的：简谱、五线谱早已代替了工尺谱；ABCDEFG 也早已代替了五音的说法；和声以及许多西洋音乐的作曲技巧已经在中国民族音乐中广泛运用。西洋音乐与中国音乐的结合，给中国民族音乐走向世界带来了新的希望。

赵元任在音乐方面的活动大部分是业余的，但是由于他的音乐创作紧随时代前进的潮流，反映了"五四"以来一代要科学、要民主、要改革的社会进步人士的思想感情，因此很有影响。赵元任极富创新的性格，在音乐的理论和作品方面也打下了他创新的深刻烙印。

"言有易，言无难！"

我国著名语言学家王力出自于赵元任门下。当时赵元任与梁启超、王国维、陈寅恪并列为清华四大导师。王力在 1926 年夏考入清华国学研究院，同班 32 位同学只有他跟赵元任学习语言学。他对赵元任的音韵学课十分感兴趣。由于受赵元任影响，后来他去法国学习语言学。王力的论文《中国古文法》，梁启超给予很高的评价，并写有"卓越千古，推倒一时"的评语。赵元任却专找王力论文中的毛病。王力的论文中在谈到"反照句"和"纲目句"时，加上了"反照句、纲目句，在西文中罕见"的附言。赵元任看到这个附言后给了如下批语："删附言！未熟通某文，断不可定其无某文法。言有易，言无难！"在赵元任看来，绝对不可以根据看过的部分材料就轻易地下结论。

虽然王力当时采纳了导师的意见，但是对"言有易，言无难"的深刻含义并没有深刻领悟。不久，他又写了一篇题目为《两粤音说》的论文，赵元任把这篇论文推荐发表在《清华学报》上。文中说广州话没有撮口呼。当时赵元任还没调查过广州话，没有把握断定有无，但他仍然记着这件事。1928年赵先生到广州进行了方言调查，发现广州话没有撮口呼的结论是错误的，立刻给在法国学语言学的王力写了一封信，信中以"雪"字为例，证明《两粤音说》的错误。王力至此才真正理解了"言有易，言无难"这六个字的含义，并从此将赵元任的六字批语作为座右铭。

一天晚上，陈寅恪、吴宓与赵元任夫妇闲谈，赵元任忽然问吴宓："雨僧，你怎么老是叫陈寅恪（kè）是陈寅恪（què）？"吴宓非常诧异，反问道："大家都叫他寅恪（què），难道不对吗？"陈寅恪微微一笑："大家都那么念，我也没办法。"赵元任严肃地说；"总要有个标准。这个字就是该念 kè，我是在民国十三年才发现寅恪自己拼写德文，写作 YinkoTshen 的。寅恪是谦谦君子，不好意思纠正别人。但是我是喜欢咬文嚼字的。这个字念错了，以讹传讹，可不得了。"

陈寅恪的"恪"字，的确应该念 kè 而不是 què，只是因为陈寅恪的江西口音比较重，所以不少人都跟着他错了。王国维和赵元任都喜欢音韵学，两人早年都曾熟读《说文解字》。王国维曾说，识字自《说文》始。要成为大学者，没有哪个不用心钻研的，这正是他们能做大学问的基础。

在康奈尔大学研究院毕业前夕，赵元任与同校的中国留学生胡适、胡明复等人筹划成立中国科学社，并创办了《科学》月刊。月刊于1915年1月正式出版，这是中国最早的综合性科技学术刊物。赵元任

在第一卷第一期上发表了一篇论文和音乐作品《和平进行曲》。1915 年
10 月，中国科学社正式成立，任鸿隽任会长，赵元任担任书记。这个
社团后来发展成为组织完善的科学社，当大多数活跃分子毕业归国之
后，科学社迁到上海，一直办到 1950 年。为了出版《科学》会刊，会
员们要用从奖学金中节省钱，来支持这个刊物。有一段时间，赵元任
只能以汤和苹果饼做午餐以节省更多的钱，以致得了营养不良症。

　　1915 年赵元任获得了哈佛大学乔治与马莎·德贝哲学奖学金，到
哈佛大学开始了为期 3 年的攻读哲学博士学位的紧张学习生活。在哈
佛研究院的日子里，赵元任继续研究语言学，他选修了《言语学入
门》，还选修了梵语。这时他养成了一种漫步思考问题的习惯，经常边
走路边思考问题，甚至路遇熟人也看不见，看起来像个心不在焉的教
授，因此获得了 "Prof." 的外号。此外，他还经常到麻省理工学院听
中国朋友讲方言，并向他们学习。

　　1918 年 5 月份，赵元任获得了哈佛谢尔登博士后旅行研究奖学金，
到芝加哥和加州的柏克莱继续深造和研究。后来转移到加州，他的健
康状况开始好转，但是诊断证明他患了胃下垂。这一时期，赵元任在
病理、心理和生理方面时常出现不安与波动。经过反复思考，他决定
回母校——清华教物理。

　　赵元任在大学读书时选修的课程很广泛，并且他学一门，钻一门，
精一门，并不因为是选修课就马虎敷衍。他选修德语课，课外他还通
过函授学习语法。法语函授采用"听——说"的教学方法，作业通过
录音寄给老师听并由老师纠正。他非常欣赏这种教学方法。于是他采
用自己跟读私塾时的方法，大声朗诵和背课文，最后他的考试成绩获
得"优"。

　　1920 年下半年，罗素来华讲学，由于罗素讲学涉及到高等数学、
逻辑学、哲学等多门知识，一般人很难胜任翻译工作，所以学术界名

流蔡元培、丁文江等人都出面与清华学校当时的负责人金邦正交涉，要"借"赵元任担任罗素的翻译。校长同意让他人代课，赵元任得以陪同罗素到各地去讲学。一路上他又学会了几种方言。每到一个地方，他就用当地方言把罗素的话翻译出来，罗素非常满意。赵元任与罗素因此建立了终生的友谊。

1922 年春季开学后，赵元任在哈佛大学开设了中国语言课。他以前曾经开过数学、物理、哲学、心理学等课程，在国外开设中国语言课还是第一次。考虑到通过认识方块汉字来学习中文及语言，自然是一种正规经典式办法，但是需要的时间很长，对于外国人尤其困难。他将自己学习语言时"目见不如耳闻，耳闻不如口读"的方法，贯彻于他教授外国学生学习中国语言的过程中，取得了良好的效果。

新人物的新式婚姻

14 岁那年，赵元任大姑婆告诉他，他就要和一个姓陈的女孩订婚了，他在日记上记载说："婚姻不自由，我至为伤心。"后来这个婚约终于解除，"我和这个女孩订婚 10 多年，最后我终于得到自由。"

1921 年，32 岁的医学博士杨步伟与赵元任结婚。二人别出心裁，先到中山公园格言亭——当年定情的地方照张相，再向有关亲友发了一份结婚通知书，声明概不收礼。下午一个电话把胡适和朱徵请到家中，然后杨步伟亲自掌勺，做了四碟四碗家常菜，并掏出一张自己写的结婚证书，请他们俩做证人、签字。为了合法化，贴了四角钱印花税。

然后，赵元任和杨步伟将格言亭的照片和结婚通知书一起寄给亲友，一共寄了 400 份左右。相片上刻的格言是"阳明格言：知是行之始，行是知之成""丹书之言：敬胜怠者昌，怠胜敬者灭"。寄给亲友的通知书上，他们说："赵元任博士和杨步伟女医士十分恭敬地对朋友们和亲戚们送呈这份临时的通知书，告诉诸位，他们两人在这信未到之先，已经在1921年6月1日下午3点钟，东经120度平均太阳标准时，在北京自主结婚。"并且声明："除了两个例外，贺礼绝对不收，例外一是书信、诗文，或音乐曲谱等，例外二是捐给中国科学社。"在结婚书上定的结婚时间，他们其实是正在邮政局寄发通知书和照片呢。

胡适回忆道：赵元任常到我家来，长谈音韵学和语言罗马化问题，我们在康奈尔读书的时候就常如此。以后我注意到他来的没有那么勤，我们讨论的也没有那么彻底。同时我也注意到他和我的同乡杨步伟（韵卿）姐时常来往。有一天，元任打电话给我，问我明晚是不是有时间来小雅宝胡同四十九号和他及杨小姐，还有另一位朋友朱春国（湘姊朱徵的号）小姐一块吃晚饭。城里那一带并没有餐馆和俱乐部之类用餐的处所，我猜想是怎么一回事。为了有备无患，我带了一本有我注释的《红楼梦》，像礼物一样，精致地包起来。为防我猜错，在外面加包一层普通纸张。那晚，我们在精致小巧住宅里，吃了一顿精致晚餐，共有四样适口小菜，是杨小姐自己烧的。饭后，元任取出手写的一张文件，说要是朱大夫和我愿意签名作证，他和韵卿将极感荣幸。赵元任和杨步伟便这样结了婚。我是送给他俩礼物的第一人。

第二天，《晨报》以特号大字标题《新人物的新式结婚》。后来赵元任问罗素先生，我们的结婚方式是不是太保守，他答称"足够激进"。威斯康星州威廉斯贝夜可思天文台的比斯布罗克教授接到了赵元任的英文通知书，就贴在天文台的布告牌上，让他的同事们看1921年6月1日下午3点钟东经120度平均太阳标准时，发生了何种天文现象。于是赵元任杨步伟的结婚成了一种"天文现象"。

赵元任是一个地道的文人。"天性纯厚，道德风采，有修养，对人和蔼可亲，从不与人争长短，语言风趣"，是谦谦君子。杨步伟言行却具男性的雄风，"天性豪爽而果断，思想灵敏，心直口快，无话不说"。其慷慨正直、热心助人是有口皆碑。

1946年6月1日，乃是赵元任夫妇银婚纪念日（25周年），胡适是赵元任夫妇的证婚人，这天却因故没能亲临祝贺，寄来《贺银婚》一首，"蜜蜜甜甜二十年，人人都说好姻缘。新娘欠我香香礼，记得还时要利钱。"

1961年，在他俩结婚40周年纪念会上，有人将赵元任做学问的求实精神比之《西游记》的唐僧玄奘，说玄奘之所以能成功，应归功于观世音菩萨的保护，杨步伟就是赵元任的观世音菩萨。赵元任一生的成就和贡献，的确也是与杨步伟的帮助和鼓励分不开的。1973年6月，他们伉俪作了一次阔别故土后的首次大陆游。周总理、郭沫若、竺可桢等接见了他们。在受到周恩来长达3小时的亲切接见时，杨步伟竟充当了主要角色。赵元任对周总理诙谐地说："她既是我的内务部长，又是我的外交部长。"

1971年6月1日是赵元任夫妇的金婚纪念日（50周年），二人又各写《金婚诗》一首，押胡适《贺银婚》原来的韵。杨步伟女士写："吵吵争争五十年，人人反说好因缘。元任欠我今生业，颠倒阴阳再团圆。"（意思说：为了老公，我今生没有完成医师的行业；到下一辈子投胎的时候，该我做男人，你做女人，再团圆还我的事业！）赵元任的答词是："阴阳颠倒又团圆，犹似当年蜜蜜甜。男女平权新世纪，同偕造福为人间。"

赵元任号称怕老婆，杨步伟说："夫妇俩争辩起来，要是两人理由不相上下的时候，那总是我赢！"赵元任有自知之明：从来不跟老婆争高低。他不否认自己"惧内"，往往以幽默的语言回答道："与其说怕，不如说爱；爱有多深，怕有多深。"

吴宓：严谨治学，耿介做人

吴宓（1894—1978.1.17），陕西省泾阳县人。字雨僧、雨生，笔名余生，著名文学家。

备课时是个"苦力"

吴宓备课，颇有特色。西南联大南迁之时，文学院在南岳衡山山腰圣经书院旧址上课，一度宿舍紧张。吴宓与钱穆、闻一多、沈有鼎四人合居一室。

时当抗战初起，办学条件简陋，而他从容自若，依然一丝不苟认真备课，让人肃然起敬。钱穆《八十忆双亲师友杂忆》中有文章回忆此事，写道："室中一长桌，入夜，一多自燃一灯置其座位前。时一多方勤读《诗经》、《楚辞》，遇新见解，分撰成篇。一人在灯下默坐撰写。雨生（吴宓）则为预备明日上课抄笔记写纲要，逐条书之，又有合并，有增加，写定则于逐条下加以红笔勾勒。雨生在清华教书至少已逾十年，在此流寓中上课，其严谨不苟有如此。沈有鼎则喃喃自语：'如此良夜，尽可闲谈，各自埋头，所为何来？'雨生加以申斥：'汝喜闲谈，不妨去别室自找谈友。否则早自上床，可勿在此妨碍人。'有鼎只得默然。雨生又言：'限十时熄灯，勿得逾时，妨他人之睡眠。'翌晨，雨生先起，一人独自出门，在室外晨曦微露中，出其昨夜所写各条，反复循诵。俟诸人尽起，始重返室中。余与雨生相交有年，亦时闻他人道其平日之言行，然至是乃始深识其人，诚有卓绝处。非日常相处，则亦不易知也。"

讲课的功夫来自备课的工夫。其实，吴宓从走上讲台那一天开始，备课认真就很有名。去清华之前，吴宓曾在南京东南大学任教三年，讲授《欧洲文学史》等课程，一时声誉鹊起。

1923年，《清华周刊》有文章专述"东南大学学风之美，师饱学而尽职，生好读而勤业"。其中述及吴宓授课：预先写大纲于黑板，待到开讲，则不看书本、笔记，滔滔不绝，井井有条。文章最后大发感慨曰："吴先生亦是清华毕业游美同学，而母校未能罗致其来此，宁非憾事者！"一位教授上课能够做到"……不看书本、笔记，滔滔不绝，井井有条"，可以想见其备课时曾经下过多少功夫。

温源宁在《吴宓先生》里写道："作为老师，除了缺乏感染力之处，吴先生可说是十全十美。他严守时刻，像一座钟，讲课勤勤恳恳，像个苦力。别人有所引证，总是打开书本念原文，他呢，不管引文多么长，老是背诵。无论讲解什么问题，他跟练兵中士一样，讲得有条有理，第一点这样，第二点那样。枯燥，容或有之，但绝非不得要领。有些老师无所不谈，却不发任何议论，吴先生则直抒己见，言之有物；也可能说错了，然而，至少并非虚夸。他概不模棱两可，总是斩钉截铁。换句话说，他不怕直言对自己有什么牵累。在事实根据方面，尤其是见于各种百科全书和参考书的事实，他是无可指摘的，只在解释和鉴赏的问题上你还可以跟他争论。"

什么叫对学生负责，看看吴宓这个"苦力"吧！但他却一以贯之，毫不以为苦。

吴宓这种认真负责的作风不仅表现在自己备课上。刘兆吉《我所知道的吴宓先生》提及一件发生在昆明的"小事"。有一次，"一位青年教师丢了上课用的教科书，问吴宓先生是否有此书想借用一下，没想到引起了吴先生的严厉批评：'教师怎能丢失 textbook（教科书）呢！一定要找到，上课前必须找到！'晚上宿舍已熄灯睡觉了，听到后楼敲门声，听到吴先生高声问：'textbook 找到没有？'也听到不耐烦的回答声：'找到了！吴先生，请放心吧，我已经睡了，就不开门了。'听到吴先生说：'那就好，教师不能丢 textbook，下次再不能丢！'后来听那位青年教师说：'其实当时并未找到，怕得罪吴先生再发神经，撒了个谎。'现在想来，这件小事反映了吴先生对教育事业的认真负责，而且终生不渝。"

吴宓在清华讲《中西诗比较》，写过一个教学说明："本学程选取中西文古今诗及论诗之文若干篇，诵读讲论，比较参证。教师将以其平昔读诗作诗所得之经验及方法，贡献于学生。且教师采取及融贯之功夫，区区一得，亦愿述说，共资讨论，以期造成真确之理想及精美之赏鉴，而解决文学人生切要之问题。本学程不究诗学历史，不事文学考据，惟望每一学生皆好读诗，又喜作诗，终成为完美深厚之人而已。"

赤子之心，尽在斯矣。明白这一点，对于他备课何以如此认真，再做别的什么解释，也许就全是多余的话了。

上课颇有欧美之风

　　吴宓是一个诗人气质很浓的人，在清华上课时，主讲英国浪漫诗人和希腊罗马古典文学，"雨僧先生讲课时也洋溢着热情，有时眉飞色舞。""雨僧先生讲授英诗，提倡背诵。特别是有名的篇章或诗行，他都鼓励学生尽量读熟背诵。"（王岷源《忆念吴雨僧先生》）因此他的课对20多岁的青年学生很有吸引力，很受欢迎。20世纪30年代中叶，清华外文系培养了一批著名学者作家，如钱锺书、曹禺、李健吾、张骏祥、季羡林等。

　　1937年"七七"卢沟桥事变后，抗战全面爆发，清华奉命南迁。11月7日，吴宓与毛子水等清华师生离开北京，经天津、青岛、汉口、长沙，于1938年3月抵达昆明西南联大。在西南联大外文系，吴宓主要讲授世界文学史、欧洲文学史、古代希腊罗马文学史、新人文主义、文学与人生、翻译课、中西诗之比较等。吴宓同时还给研究生上课，主要课程有：雪莱研究、西方文学批评、比较文学等。

　　吴宓精通多种外国语，学贯中西，又没有一般教授的学究味，所以在西南联大时很受学生欢迎。一时兴起，他还会在课堂上朗诵自己的诗作，甚至他写给毛彦文的情诗，课堂气氛是相当活泼轻松的。他的上课风格也很特别，很有些欧美之风，"先生讲课从不照本宣科，而常是漫谈性质的，只指定些参考书，要我们自己阅读，提出看法，并多写读书报告。课上先生有时讲些文人轶事，风趣横生，使我们忍俊不禁。"（茅于美《怀念吴宓导师》）

　　虽然吴宓作风很民主，诗人气质很浓，但治学却十分严谨。"吴宓先生在西南联大讲授'欧洲文学史'时，除继续采用翟孟生这部教科书外，主要根据他自己多年的研究和独到的见解，把这门功课讲得非常生动有趣，娓娓道来，十分吸引学生，每堂课都济济一堂，挤满了本系的和外系的同学。这是当时文学院最'叫座'的课程之一。每次上课书里都夹着许多写得密密麻麻的纸条。吴宓先生记忆惊人，许多文学史大事，甚至作家生卒年代他都脱口而出，毫无差错。吴先生还为翟孟生的《欧洲文学简史》作了许多补充，并修订了某些谬误的地方。他每次上课总带着这本厚书，里面夹了很多写得密密麻麻的端端正正的纸条，或者把纸条贴在空白的地方。每次上课铃声一响，他就走进来了，非常准时。有时，同学未到齐，他早已捧着一包书站在教室门口。他开始讲课时，总是笑眯眯的，先看看同学，有时也点点名。上课主要用英语，有时也说中文，清清楚楚，自然得很，容易理解。"（赵瑞蕻《我是吴宓教授，给我开灯》）

弟子李赋宁也有类似的回忆："先生写汉字，从不写简笔字，字体总是正楷，端庄方正，一丝不苟。这种严谨的学风熏陶了我，使我终生受益匪浅。先生讲课内容充实，条理清楚，从无一句废话。先生对教学极端认真负责，每堂课必早到教室十分钟，擦好黑板，做好上课的准备。先生上课从不缺课，也从不早退。先生每问必答，热情、严肃对待学生的问题，耐心解答，循循善诱，启发学生自己解答问题。先生批改学生的作业更是细心、认真，圈点学生写的好句子和精彩的地方，并写出具体的评语，帮助学生改正错误，不断进步。"（李赋宁《怀念恩师吴宓教授》）

吴宓是一个双重性格的人，这一点许多人都有同感："……先生不善料理家务琐事。但他给我们修改文章时，总常用毛笔蘸红墨水书写，字迹工整。涂改一字，必涂很四方满格，免被误认。他那种治学的严谨与生活的散漫形成了鲜明的对比。"（茅于美《怀念吴宓导师》）"西南联大外文系里有五位老师给我的印象最深……那就是吴宓、叶公超、柳无忌、吴达元和燕人荪这五位先生。其中吴宓先生可说是最有意思、最可爱、最可敬、最生动、最富于感染力和潜移默化力量，也是内心最充满矛盾、最痛苦的一位了。吴先生外表似是古典派，心里面却是个浪漫派；他有时是阿波罗式的，有时是狄俄尼索斯式的；他有时是哈姆雷特型的，有时却是堂吉诃德型的：或者是两种类型、两种风格的有机结合。"（赵瑞蕻《我是吴宓教授，给我开灯》）

鉴于吴宓的突出成就，1942 年 8 月，国民政府教育部聘他为英国文学部聘教授，与陈寅恪（历史）、汤用彤（哲学）同时获得"部聘教授"殊荣，后又被聘为教育部学术审议委员会审议委员。这是对吴宓学术成就的一种肯定。能与他所景仰的陈、汤二人一起获此殊荣，吴宓感到十分光荣，虽然有人建议他拒绝这一荣誉，他还是接受了。

1944 年秋，吴宓离开求学执教近 30 年的清华大学，与系主任陈福田之间的矛盾是他离开的原因之一，据说这多少与钱锺书有关。有一种说法，吴宓与钱锺书的父亲钱基博私交很深，当年吴宓曾让钱锺书在清华旁听一年，还亲自辅导他外语，后钱考入清华。吴对钱锺书十分欣赏，专门写诗称赞钱的才华："才情学识谁兼具？新旧中西子竟通。大器能成由早慧，人谋有补赖天工。源深顾（亭林）赵（瓯北）传家业，气胜苏（东坡）黄（山谷）振国风。悲剧终场吾事了，交期两世许心同。"从中可以看出，吴宓对钱锺书的学识是十分赏识的，钱学成归国时，吴宓与清华说好，拟聘请钱为清华外文系教授，清华当时也基本同意了。可钱到联大时，学校却只肯聘为副教授，年轻气盛的钱锺书自然很是不快，对陈福田和清华更是不满，甚至怪罪吴宓，并发泄到小说《围城》中。吴宓对清华的变卦自然很是不悦，只好劝钱去了湖南兰田师范学校做教授。这件事加深了吴宓与陈福田（系主任）的矛盾，吴宓最终离开清华去了燕京大学，他在清华的生活从此也画上了句号。

"那不是听报告，简直是看演出"

吴宓在外形上并没有什么特别吸引人之处。对他比较熟悉的清华教授温源宁曾对他有比较生动的描写："世上只有一个吴雨生，叫你一见不能忘……但是雨生的脸倒是一种天生禀赋，恢奇的像一幅讽刺画。脑袋形似一颗炸弹，而一样的有爆发性，面是瘦黄，胡须几有随时蔓延全局之势，但是每晨刮得整整齐齐，面容险峻，颧骨高起，两颊瘦削，一对眼睛亮晶晶的像两粒炙光的煤炭——这些都装在一个太长的脖子上及一副像支铜棍那样结实的身材上。"但就是这样一位大名鼎鼎的教授，却是一个爱情至上主义者。"他立论上是人文主义者，雅典主义者，但是性癖上却是彻头彻尾的一个浪漫主义者。"（温源宁《吴宓》）

吴宓幼时，读书刻苦，每餐必由家人送至书房。一晚，家人送饼一个、油泼辣椒一碟，吴宓读书入神，误用饼子蘸墨大啖，连曰："香，香，香。"

吴有即颂成章，过目不忘之才。1955年回安吴老家，于迎祥宫碑前小站片刻，只将碑文口诵一遍，即能一字不漏默写而出。

陈寅恪一到哈佛，就主张大购、多购、全购书籍。正是感于陈氏的购书之多，吴宓才心旌摇动，欲加以仿效。据说他一时头脑冲动，也为了与陈寅恪、俞大维争胜，吴宓竟咬紧牙关，不惜血本花费60美金，当时官费生每月的生活费100美金，他把摆在书店连当地人都不敢问津的《莎士比亚全集》各家注释汇编本共19巨册拖出来，一路喘着粗气扛回宿舍。后来随着抗日战争爆发，吴氏携带此书历尽千山万水，每次搬迁居所，既费力又费钱，同时又无合适的存放之地，竟成为一件劳心耗力的累赘。

吴性刚直，一贯克己守公，从不占人丝毫便宜。

1944 年，他去宝鸡访友，购得三等车票，上车无座位，只好站过道。其时，恰遇妹夫王俊生，该王持有免费乘车证，遂将他带至二等车厢，找一空座，吴不知情，待查票时，列车员说："三等车票，不能坐二等车厢。"王即出示证件，说明身份关系，查票员亦谦笑允准，但吴却生气异常，愤然返回三等车厢，依旧站于过道，直至宝鸡。

吴对《红楼梦》研究，造诣极深，饮誉中外，凡听吴宓红学演讲之人，无不屏息凝神，如醉似痴。末了辄发深叹："那不是听报告，简直是看演出。"

吴一人将林、王、薛、贾演得活灵活现，惟妙惟肖。20 世纪 40 年代，西南古城即刮"吴宓风"，时人赞誉："郭沫若与吴宓的报告，倘能一字不误记录下来，便是第一等绝妙好文。"1947 年，吴宓来西安讲学，知识界奔走相告，盛况空前。

一日，陕西"三青团"一帮政客故作风雅，约请吴讲《红楼梦》，吴素鄙此等人物，遂婉辞拒谢。谁知，这帮人搬出吴父建常先生极力通融。吴宓无奈，便胡诌一通，待其走后，吴父诘之："何故未讲？"吴答："彼等似庙中之神，泥塑木雕，对之若谈红楼，犹对牛马奉琴耳。"

吴宓心善，乐于助人，因此也常受人之骗。他戴的进口手表，被两个无赖以仅值 6 元的小闹钟哄骗而去。又有张姓之人对吴言说，吴一学生因病就医，急需 200 元住院费，吴不疑，即刻凑钱交付。嗣后，此张又来，言称那学生开刀治疗，又急需费用若干，吴此时手头已空，正筹思之际，此骗子以为吴有疑虑，便拿出一封"求援信"，高声朗读，恰逢保姆进来，惊见客人正念白纸一张。（盖此时吴患眼疾，视物不清。）于是保姆唤人，将骗子扭送公安机关。吴对此不胜感慨，又对保姆的精明称赞不已。

李俊清当过蒋经国的英文秘书，他是早期吴宓的学生之一。每每回忆起吴宓，都会不由自主地想起他的狗两进教室的故事。那是一只毛色黄褐的大狗，大耳大眼，非常漂亮。这狗本非他家所养，是他从几个大汉追打下救出来的，正要把它捉去杀了吃。也许是感激李俊清的救命之恩吧，同他特别要好，跟前跟后，上学也去。大狗每次来校，总是卧在教室门外，或在周围空地上跑来跑去，可是也有两次意外。

一次是外文系主任陈福田担任的英文作文课，他照例先在黑板上写出题目，用大约10分钟时间说明重点，就回系办公室，下课时由助教来收学生的作文卷子。那天陈教授讲解完了，正将走出教室，经过李俊清的座位时，忽然听得一声狗叫，原来大狗不知何时溜了进来，趴在主人椅子底下，陈福田走过，踩了它的尾巴。全班同学都停下笔来朝李俊清看，他吓得要命，心想这下完了。没料到洋派十足的陈福田不但没发脾气，反而蹲下去摸摸大狗，连声"Sorry"。

再一次是上吴宓的《中西诗比较》课，原在教室外等候的大狗，竟偷偷溜进教室蹲坐在角落里。吴宓这时正在黑板上抄写诗句，没有注意到这位不速之客，待他写完，转过身来，发现竟有一只狗也在听他讲课，急忙走下讲台，对大狗说："目前我尚不能使顽石点头，不是你该来的时候，你还是先出去吧！"说罢挥一挥手，大狗似乎听懂了吴先生的话，立刻低头垂尾悄悄走出去了，一面走一面看看坐在头排的李俊清，像是犯了大错。

"无情无理无法无天"

吴宓留给后人的是一个严谨的学术大师印象，但他的婚恋却如同一枚坚涩的青果，令后人不敢恭维。

有人说，他是一个地道的"好色之徒"，话虽偏激，却折射出了他在婚恋上不安分的一面。为此，陈寅恪看得颇为透彻，说他本性浪漫，不过为旧礼教道德所"拘系"，感情不得抒发，积久而濒于破裂，因此"犹壶水受热而沸腾，揭盖以出汽，比之任壶炸裂，殊为胜过"。

中国有句古老的名言"媒人跳进花轿里"，意指为人做媒的第三者与当事人中的一个相爱，反倒成了新郎或新娘，上了本不该属于自己的花轿。吴宓的婚恋悲剧便是这句名言的最好注脚。

1918年11月，留学哈佛的吴宓，突然接到清华留美同学陈烈勋的来信，欲将自己的妹妹陈心一介绍给吴宓为妻。信中说陈心一毕业于浙江省女子师范学校，现年24岁，为浙江定海县一位小学教员，心气很高，择婿特别苛严。陈烈勋在信中明确指出，其妹在家中曾多次听他谈及吴宓，后又阅读过《益智杂志》、《清华周刊》中吴宓的诗文，尤其是看到《清华周刊》上吴宓的照片，萌发爱慕之情，愿嫁吴宓，侍奉终身。吴宓接信后，怦然心动，立即回信认可，旋即收拾好行装，迫不及待地赶回了国内。悲剧的帷幕徐徐拉开。

1921年8月，留美归来的吴宓没休息两天，便匆匆赶往杭州，相晤陈心一。然而，这次的相晤极富戏剧性，似乎从一开始便隐示着某种悲剧的意象。到了陈家，吴宓西装革履，意气风发，一副海外学子的风采。陈心一被牵引出来，按吴宓日记的叙述，大家只是默默相对。不曾预想，一会儿工夫，另一位女主角翩然出场。

这便是吴宓人生悲剧中最为关键的另一中心人物——毛彦文。事也凑巧，毛彦文本与陈心一是好友，这天，她神采飞扬地来访，准备别过闺中密友，去北京上学，不想与吴宓不期而遇。除却毛陈二女本是同学这层关系外，毛彦文的未婚夫朱君毅还是吴宓清华读书时的同桌好友。朱君毅长毛彦文4岁，为姑表兄妹，自幼青梅竹马，感情甚笃。但在毛彦文9岁时，由其父做主，把她许配给了方姓朋友之子。毛彦文浙江女子师范学校毕业时，方家怕生变故，催逼完婚，就在方家迎亲的大轿抬至毛家大门之际，不甘命运摆布的毛彦文从后门勇敢地逃离。此前，她和表哥朱君毅早已月下为盟，私订终身了。毛家在方家退婚后，由双方家长做主，毛彦文与朱君毅正式订婚。吴宓作为朱君毅的同桌好友，早在清华读书时，便知道了毛彦文。那时，朱君毅每次读完表妹的情书后，都会让吴宓过目。

吴宓对毛彦文在信中流露出的才情敬佩不已，久而久之，心中便涌动出异样的情愫，碍于同学之谊，他不曾流露，而是深深隐藏在了心底。

吴宓在美留学时，收到陈烈勋欲将其妹说合给他的信时，曾委托朱君毅，让毛彦文打探陈心一的情况，彼此沟通二人的信息。从这个意义上讲，毛彦文实际上是吴宓与陈心一的媒人。这次，突然在陈心一家中不期而遇毛彦文，吴宓本就怀有好感，但见对方活泼雅趣，大方得体，一副新派淑女风范，吴宓顿时在心中暗生出一丝落寞，怎奈毛彦文名花有主，且是挚友之未婚妻。

下午，毛彦文告别他们回了上海。吴宓与陈心一一见如故，在陈父的安排下，双双泛舟西湖，吴宓心中殊为快活。第二天，二人再度早游西湖，其乐融融。吴宓在日记中这样记述道：是日之游，较昨日之游尤乐。家国身世友朋之事，随意所倾，无所不谈……此日之清福，为十余年来所未数得者矣。

13天以后，吴宓和陈心一正式完婚。

随后，吴宓与同学朱君毅双双被南京东南大学聘为教授。事实证明，如此仓促的婚姻对吴宓和陈心一来讲，都是一个悲剧。本来，吴宓当初慎重地委托毛彦文在国内打探陈心一的情况，毛彦文并不因自己与陈心一是同窗好友，而一味溢美夸大。她认为，陈心一人品不错，交友可以，贸然订婚则无必要。吴宓与陈心一见面后，早忘了毛彦文在信中的忠告，好友陈寅恪劝他道："一个男人，学问不如人，很是可耻；大丈夫娶妻不如人，何故难为情？"吴宓遂与陈心一匆匆完婚。

不过，在东南大学，毛彦文真真实实地走入了吴宓的生活中。朱君毅这时候突然变卦，他以近亲结婚有害下一代为由，坚决提出与毛彦文解除婚约。守候 6 年，逃婚只为下嫁表哥的毛彦文始料不及，她万般无奈之下，只得转而求助吴宓夫妇。于是作为一个中间人，吴宓往返于两人之间，极力救火说和。怎奈朱君毅去意已决，坚决不肯与毛彦文缔结白首。结果，朱、毛之合未成，终致解除婚约。

本该救火的吴宓却引火烧身，他居然在朱、毛二人分道扬镳后，不顾有妇之夫的身份，向毛彦文表白了自己的爱意。毛彦文断然拒绝。令她不可容忍的是，撇开媒人身份、友情关系不说，吴宓的举措实在荒唐。他几乎在每次信中，都会不厌其烦地赘述自己从某年某月起，自朱君毅处读到她的信而渐渐萌生爱意，这令毛彦文大为反感，何况她与吴宓的结发之妻陈心一原本就是要好的朋友和同学。

细想起来，这也是吴宓情感旅程中的劫数。当初，两位女主角初次亮相，同时出场。陈心一和毛彦文都是在吴宓生命中占据重要地位的女人，陈是他结发之妻且育有三个女儿，毛则是他至死不渝的情人。

当然，这场悲剧的始作俑者却是吴宓自己。

英国戏剧家萧伯纳曾说过："人生有两大悲剧。一是得到了想得到的东西，一是得不到想得到的东西。"

吴宓为毛彦文所拒后，并不甘心。他索性做得更加离经叛道。陈心一不忍吴宓情感上的叛逆，结婚 7 年后最终仳离。这一石破天惊之举，让世人目瞪口呆。同仁几乎一致谴责，其父更是公开指斥他，"无情无礼无法无天，以维持旧礼教者而倒行逆施。"

毛彦文由默不见经传的人物立时成为了"三人间的中心人物"，她

民国岁月
那些文人大师们

心中叫苦不迭，但面对吴宓的求爱，仍是不愿就范。吴宓毫不气馁。对毛彦文的追逐愈演愈烈，成为了一场爱情的马拉松，中间包含了太多的故事，以至于在 20 世纪 30 年代的上海滩，他们的故事成了小报津津乐道的话题。

吴宓的锲而不舍最终打动了美人芳心。女人的骨子里，总是喜欢被爱的，毛彦文亦不能免俗。可是，两人的爱情未因来之不易而最终瓜熟蒂落。吴宓是一个充满了矛盾的人，保守与浪漫、新派和旧派居然会对立地存在着。当毛彦文心仪于他，准备谈婚论嫁时，吴宓却生出了一丝隐忧，既想和毛彦文成为夫妻，又担心婚后会不和谐，两种截然不同的心情，让吴宓彷徨不已，患得患失。

1931 年 3 月，吴宓赴巴黎进行学术交流。他一反以前温情脉脉的样子，将电报拍到美国，措辞强硬地令毛彦文放弃学业，迅速赶往欧洲，与之完婚，否则各自分手。有人指出，他动辄向毛彦文发出最后通牒，用语十分恶毒。与此同时，据传说他还写信回国，向一位叫贤的女人示爱，同时又与一位金发女郎打得火热。

毛彦文来了巴黎，吴宓又不想结婚了，改为订婚。满腔热情而来的毛彦文大为狼狈，原来是对方费尽心机追求她，现在她松口了，对方又变了卦。毛彦文哭着说："你总该为我想想，我一个 30 多岁的老姑娘，如何是好。难道我们出发点即是错误？"

吴宓不为所动，冷静地说："人时常受时空限制，心情改变，未有自主，无可如何。"对此，吴宓在日记中这样记述：是晚彦虽哭泣，毫不足以动我心，徒使宓对彦憎厌，而更悔此前知人不明，用情失地耳！

好一个"用情失地"。饶有兴味的是，吴宓在此期间，却对小报上炒得沸沸扬扬的鲁迅、许广平之恋陡生艳羡，他说："许广平夫人，乃一能干而细心之女子，善窥鲁迅之喜怒哀乐，而应付如式，即使鲁迅喜悦，亦甘受指挥。云云。呜呼，宓之所需何以异此？而宓之实际更胜过鲁迅多多，乃一生曾无美满之遇合，安得女子为许广平哉？念此悲伤。"

这次巴黎论婚作罢后，吴宓与毛彦文从欧洲归来。毛彦文留在上海，一直在等待吴宓迎娶。1933 年 8 月，吴宓又一次南下，目的是先去杭州，向卢葆华女士求爱，如不成，再去上海，和毛继续讨论是否结婚。友人劝他别老玩爱情游戏，此次南下必须弄个老婆回来。结果又是两头落空，毛觉得他太花心，因此也唱起高调，说她准备做老姑娘，尽力教书积钱，领养个小女孩，"归家与女孩玩笑对话，又善为打扮，推小车步行公园中，以为乐"。天真的吴宓并未察觉出这番话中的潜台词，他大约觉得毛反正是跑不了的，依旧热衷于自己的多角恋爱。毛彦文一气之下，嫁给了熊希龄。吴宓没想到会有这步棋，毛的嫁人，让他觉得自己有一种遭遗弃的感觉，同时也很内疚，认定毛是赌气，自暴自弃，不得已而嫁人。很长时间里，吴宓都没办法确定自己应该扮演什么样的角色。是负情郎，还是被负情的痴心汉，两者都是，又都不是。不管怎么说，毛是他一生最钟爱的女人，只有真正失去了，才感觉到珍贵。毛彦文结婚以后，特别是三年后熊希龄病故，吴宓一直纠缠不休，既是不甘心，同时也是真心忏悔。

1999 年，台湾岛内掀起一股"吴宓热"。已是 102 岁高龄的毛彦文，并未因时光的流逝而冲淡她对吴宓负情的怨恨，她说，自己从未爱过吴宓。倘使吴宓地下有知，不知作何感想？

王国维：钻研学问无穷尽

王国维（1877—1927），字伯隅、静安，号观堂、永观，浙江海宁盐官镇人。清末秀才。中国近现代在文学、美学、史学、哲学、古文字、考古学等各方面成就卓著的学术巨子，国学大师。王国维是中国古典文学的开风气者，中国史学史上将历史学与考古学相结合的开创者。时人誉为"中国近300年来学术的结束人，最近80年来学术的开创者"。梁启超赞其"不独为中国所有而为全世界所有之学人"。

人生如钟表之摆

王国维17岁时曾赴杭州应乡试，却名落孙山。其原因很明显，一是精力没有放在《四书》、《五经》上，而是放在史书和其他的杂书；二是重考据；三是"好谈时务，嗜古籍"；四是"始知世尚有所谓新学者，家贫不能以货供游学，居恒怏怏"——"新学"的影响和憧憬"游学"，从根本上动摇了他的功名思想，也使他自觉地放弃了对"时文"和"帖括"的研习；五是中日甲午战争，中国惨败，清政府被迫同日本签订了丧权辱国的《马关条约》，国人大惊，以康有为为代表的参加北京乡试的各省举子1300多人举行了著名的"公车上书"，请求维新变法。从此开始，觉醒了的读书人举办学堂，成立学会，创办刊物，自觉置身于图强的热潮之中，王国维也不例外，他不愿再呆坐在书斋中的板凳上了。其父王乃誉对此也很支持。其弟回忆说："先君以康梁疏论示先兄，先兄于是弃帖括而不为。"

当法国18世纪风行的自然主义由日本转道进入中国之后，一时间，学海波涛沸腾，而附和此种学说的人，并非完全出于知识的理解，他们对自然主义的根本思想和最终目的并不是完全精通，只想借助其枝枝叶叶的话语，来装扮自己的政治主张，或是借助西洋学说的影响，对中国的政治学说、思想学说进行一番打扮改造。而对西方政治思想中大的方面，对其中的人生哲学、文化精神等等内容，却很少用精力。

而王国维并非其中一员，先后撰写了一批令人耳目一新的论著，翻译介绍了不少西方的哲学、美学、心理学等著作。他用西哲思想和观点分析中国传统文化，思考人生，比较中西文化差异，沉浸于此，如痴似醉。

当时留学欧美的中国人，学习的大都是"海军制造"、"法律"等，却没有学习哲学的。中国思想界无"能动"之力，也未能"受动"。这一情形使王国维陷于极大的痛苦之中，他强烈希望将西方的文化精神、哲学思想引入中国，却不愿意人们把西方的文化精神、哲学思想作为解救中华民族的有力武器。他的思想与他的人生，始终没有离开这个因历史而形成的悲观主义怪圈。

王国维用叔本华的哲学思想去研究中国著名的古典小说《红楼

梦》，1904 年夏天写成《红楼梦评论》。在文中，王国维认为：人生如钟表之摆，在"苦痛"与"倦厌"之间往复。"倦厌"即是一种"苦痛"，去掉"苦痛"，便是"快乐"，而将苦痛转化为快乐的努力亦属一种苦痛。快乐之后，苦痛更深；文化愈进，知识越广，其欲望便会弥多，而对苦痛的感觉则更为敏锐。人生的欲望无法超越生活，生活的性质则是苦痛，所以欲与生活与苦痛三者合而为一了。人的一生就是欲、生活、苦痛的体现。

借评《红楼梦》，王国维指出：人生之追求之最终目的是为"解脱"。"解脱之道存于出世而不存于自杀。出世者，拒绝一切生活之欲者也。彼知生活之无所逃于苦痛，而求人于无生之域。"也正因为受到叔本华悲观主义思想的影响，王国维认为：金钏儿坠井，司棋触墙，尤三姐、潘又安自刎，柳湘莲、芳官入道出家，都并非真正的"解脱"；只有贾宝玉、惜春、紫鹃三人才得到正确的解脱。

王国维天性忧郁悲观，在《静安文集续编·自序》中，他说自己"体质羸弱，性复忧郁，人生之问题日往复于吾前。自是始决定从事于哲学"。叔本华思想中的悲观色彩和天才观与王国维忧郁的性格深深契合，王国维一向自视甚高，以天才自况。他认为一般人的快乐与痛苦，仅仅是生活中的快乐与痛苦；而天才由于能洞见痛苦之根源，因而要承受更为深切的孤独和痛苦。但哲学并不能慰藉他的内心，在《自序二》中，他说："余疲于哲学有日矣。哲学上之说，大都可爱者不可信，可信者不可爱……知其可信而不能爱，觉其可爱而不能信，此近二三年中最大之烦闷，而近日之嗜好所以渐由哲学而移于文学，而欲于其中求直接之慰藉者也。"但他又说："余之性质，欲为哲学家则感情苦多而知力苦寡，欲为诗人则又苦感情寡而理情多。诗歌乎？哲学乎？他日以何者终吾身，所不敢知，抑在二者之间乎？"美学成为解脱人生痛苦之途径，但他智与情兼胜的内在冲突，难以使他找到一种

"动态的平衡"。因此他悲叹人生如"辛苦钱塘江上水，日日西流，日日东趋海"。

王国维35岁后，专力于经史、古文字的考证，就是想远离现实，以期心远地自偏，有词为证："掩卷平生有百端，饱更忧患转冥顽，偶听啼䴗怨春残。坐觉无何消白日，更缘随例弄丹铅，闲愁五分况清欢。""弄丹铅"（即考证之事），能使一个多愁善感之人忘忧吗？这只能使王国维更加忧郁，少有朋友。王国维是个执着于理想之人，他向往一种无功利、纯粹的学问，因此他抨击康有为、魏源、严复以政治或功利为出发点的学术行为，更厌恶以学术求官之行径，心中常有举世皆浊而我独清的遗世独立之感，正如梁启超所言："本可不死，只因既不能屈服社会，亦不能屈服于社会，所以终究要自杀。"

做学问的境界

王国维读书直透纸背，为中华民族文化的繁荣昌盛，为中国学术的发展进步贡献了力量。他是一个伟大的学者，是"新史学的开山"，是一个"很有科学头脑的人"。

王国维在《国学丛刊序》中说："学之义不明于天下久矣。今之言学者有新旧之争，有中西之争，有有用之学与无用之学之争。余正告天下曰：学无新旧也，无中西也，无有用无用也，凡立此名者，均不学之徒即学焉，而未尝知学者也。"

当时的中国，通达、诚笃的旧学家屈指可数，寥寥无几；治西学的人，大都也只是想点缀一下门面。能贯串精、博，作为终身职业，更是屈指可数。

王国维认为：凡学，无论中西，都无用，也都有用。他以近代欧洲为例指出，农工商业的进步，原本根源于物理、化学的勃兴。物理、化学的高深与浅显，与蒸汽、电信有何关系？动植物学与树艺、畜牧有何关系？天文学与航海、计时有何关系？心理、社会学与政治、教育又有何关系？从科学的角度来讲，就是如此状况，何况史学、文学！再从另一个方面言，对宇宙、人生的"深湛幽渺之思，学者有所不避焉，迂远繁琐之讥，学者有所不辞焉。事物无大小、无远近，苟思之，得其真；纪之，得其实。极其会归，皆有利于人类之生存、福祉，己不竟其绪，他人当能竟之；今不获其用，后世当能用之，此非苟且玩愒之徒所与知也，学问之所以为古今中西所崇敬者，实由于此；凡生民之先觉，政治、教育之指导，利用厚生之渊源，管由此出，非徒一国之名誉与光辉而已"。

学无新旧，学无中西，学无有用与无用之说，这便是王国维读书、做学问的原则，他兼收并蓄，如饥似渴地读书，成为一代学问大家。

1907 年 3 月，王国维携新婚继室潘丽正北上，到北京清廷学部任职，并在宣武门内的新帘子胡同租下住宅，安顿了家小。这时，王国维读书、研究的兴趣已由哲学完全转移到了文学。与以前一样，为生计，王国维必须为他人做事，每天短则二三小时，长则三四小时，而用来读书做学问的时间，多则三四小时，少则一二个小时。由于身体原因，他伏案工作不能长久，时间长了，精神就会涣散，注意力便无法集中。在这种情况下，他或者去找朋友聊天，或者是阅读杂书，来松弛神经，换换脑筋。如果没有特别事情，王国维的读书、研究极有规律，一般不会出现间断。一如他在《自序一》中所说，"夫以余境之贫薄，而体之纤弱也，又每日为学时间之寡也，持之以恒，尚能小有所就；况财力、精力之倍于余者，循序而进，其所造岂有量哉！""持之以恒"，不松不弛，不急不躁，"循序而进"，正是王国维读书、研究的又一经验之谈。

成就大事业、大学问，也要循序渐进，需要知识的逐步累积，只有累积至一定程度，才可以出现飞跃，发生质变，而企图走捷径，投机取巧，偷工减料，即使是"第一阶级"，也无法进入。这是王国维做学问的"窍门"。他认为，具有文学天才的人更需要有"莫大之修养"，此"修养"应该包括：一、勤奋；二、广博地读书；三、反复实践；四、修养心性。

　　"三种之阶级"为"三种之境界"，这是他为"做学问"所分的三个层次："第一境——昨夜西风凋碧树，独上高楼，望尽天涯路"，"第二境——衣带渐宽终不悔，为伊消得人憔悴"，"第三境——众里寻他千百度，蓦然回首，那人却在灯火阑珊处"。三种境界相互衔接，依次递进，由量变直至质变。所谓"昨夜西风凋碧树，独上高楼，望尽天涯路"，也就是说，无穷无尽的新知识在向读书人招手，在向读书人呼唤，其频频招手和亲切呼唤，很快得到了读书人的回应，引发了读书人的好奇和兴趣。读书人摩拳擦掌跃跃欲试，心目中充满着许许多多的幻想，也有着各种各样的计划、打算，由于对扑面而来的新知识感觉惊异和挑选终身研攻对象的难于决断，而显示了几分的彷徨和惆怅。这就是第一种境界，也就是起步阶段。

　　研攻对象经过权衡、比较确定下来后，读书人便进入到异常艰苦的修炼阶段，经过反复探求、反复考索，对其对象已有了最深层次的了解。了解越深，爱得越深。这种爱，是自觉自愿的，忠心耿耿的，表里一致的，长久永远的，而且是彻头彻尾的奉献，因此，"衣带渐宽终不悔，为伊消得人憔悴！"于是，由必然王国进入到了自由王国，也便由第二境界深入到了第三境界，亦即最高境界。

　　读书、研究进入到了自由的王国，这就标志着大面积的收获。大面积的收获，是以艰苦拼搏、寒窗苦读作基础的，"众里寻他千百度"，正饱含着此种含意。无数的挫折和失败，却始终没有动摇对既定目标的追求。其毫不松懈的结果，则导致了知识的巨大积累，融会贯通，"蓦然回首，那人却在灯火阑珊处"，好似踏破铁鞋无觅处，得来全不费功夫。此种不经意的发现，建立在辛勤的心血和汗水之上，并非偶然、巧合！它是质的飞跃，是量的发展变化的结果，是通过艰辛的实践而使得"必然"奔向了"自由"！

在从事学术工作20多年的时间里，王国维的绝大部分时间，用在了读书研究之上。他手不释卷，珍惜寸阴，故其阅读的范围十分宽广，远非同时代的一般学者所能比拟。萧艾在《王国维评传》一书中指出，1911年前的王国维，学习的对象绝非叔本华、尼采、康德三家，也绝不限于哲学一门。亚里士多德、莎士比亚、歌德、但丁……他无不熟识。文学上的现实主义、浪漫主义种种流派，他都了解。其他方面，从达尔文的进化论、生存竞争学说，到罗马医学家额伦的著作，他都涉猎，并能引用。可以想见，他对欧洲各种社会思潮，并不陌生。更可以想见，作为戏曲研究者的王国维，对文艺复兴后的人文主义文学，对人文作家莎士比亚的作品，必然有着很大的兴趣，也必然从中受到教益，获得力量。由阅读的范围和时间的利用来看，王国维是一个具有强烈事业心，并且永远不知满足的学者！

王国维读书，不受传统与他人的影响。别人读过了的书他要读；别人没有读过的书，他更要读——"戏曲之体卑于史传"，"后世硕儒，皆鄙弃不复道"，而他独辟蹊径，深入到了被一般学者鄙视乃至正眼不瞧的戏曲之中，苦心孤诣，终于发前人所未发。

王国维读戏曲著作的的确确称得上是"苦心孤诣"。首先，广泛阅读各种资料，之后，作目录的搜集整理和考订，为研究打下基础。目标明确、范围固定后，再更深一层地读书，进而对戏曲史作一些粗略的研究，将阅读得来的体会、收获表达出来，以检查读书的效果，并从中发现读书的欠缺。在初步摸清研究对象、确定研究中心的前提下，

王
国
维
：
钻
研
学
问
无
穷
尽

继续读书，接着将得来的资料分类整理、考订、研究，又从歌舞方面，围绕唐宋元曲读书、梳理资料。这些著作被一一通读，王国维才再进一步，阅读前辈学者有关的论述。

罗振玉所藏金文拓本，至少 2000 通。这 2000 余通拓本，王国维都全部仔细阅读了——长夏酷暑、数九寒天，他却能苦读。这是因为王国维已经选定了奋斗的目标，就像那道行高深的僧人，不为名利所累，不为金钱所动，不为生活所迫，不为世俗所左右。"一箪食，一瓢饮，在陋巷，人不堪其忧，回（按：孔子弟子颜渊）也不改其乐。"艰苦的读书生活，练就了他"衣带渐宽终不悔，为伊消得人憔悴"的百折不挠、坚忍不拔的毅力。

王国维的艰苦卓绝和反复翻检阅读的精神及其细致认真的态度，造就了他在金石研究上举世无双的独特地位。不广博地读书，不研读金石文字，不十分熟悉古代的诸种社会经济制度，就不可能取得坚实深厚的功力，也不可能具有向金石学权威挑战的勇气，更不可能在金石学领域中独领风骚。

"文化神州丧一身"

1927 年的 6 月 2 日，王国维像往常一样，吃完早饭便去了研究院。到校后，他先记起自己忘了把学生们的成绩册带到办公室，于是就让研究院的工友去家中取。此后他遇到研究院办公室秘书侯厚培，便与侯聊起下学期招生安排的话题，他谈了许多自己的设想和建议，过了许久才与侯分手。临别时，王国维向侯厚培提出借三元大洋，但侯正好未带现洋，只能借给他纸币。王国维拿了钱走出校门。在校门口他雇了一辆人力车，要车夫将他拉往离清华园不远的颐和园。到颐和园时，大约是上午十点左右。王国维给了车钱，并嘱车夫在园门口等候，便径直走进颐和园。初夏时节，颐和园青山绿水，郁郁葱葱。不过临近中午，园内游人稀少。王国维来到排云殿西面的鱼藻轩驻足许久，抽完了最后一口烟，然后纵身跳入昆明湖。当时有一园工（又有说是巡警）正距王国维投水处不远，听到落水声后，急忙跑来解救，也不过约一二分钟的时间，可王国维却已断气了。尽管鱼藻轩前的湖水深不过二尺，但湖底满是松软的淤泥，王国维自沉时头先入水，以致口鼻都被泥土塞住，闻声而来的园工们又不懂急救之法，王国维最终因窒息而死。当园工们将王国维从水中救出时，他的内衣还未湿透，如果能及时施以人工呼吸法营救，或许还可有救，可是这却被贻误了。

一代国学大师就这样悄然离去。

时至中午，王国维所雇佣的人力车仍等在颐和园外，家人等他吃饭久久不见人归。下午二时许，家人去学校询问。于是侯厚培到校门口问车夫们，得知载王国维的那辆车去了颐和园，还没有返回。侯厚培立即骑上自行车，前往颐和园找人。此前，王国维的儿子贞明在校门口已打听到情况，赶去颐和园，并于中途遇上那个送他父亲去颐和园的车夫，此时车夫的车上坐着警察，他们正要去学校禀报。因为车夫在颐和园外等候王国维直至下午三点，听说园内有人投水，进园一看，死者正是他要等的那个人。等贞明到了颐和园，证实死者就是他父亲，这时已是下午四点了。

噩耗传到清华园，是日晚九时许，校长、教务长、研究院诸教授、助教及学生约三十余人共乘两辆汽车赶到颐和园，其中有王国维的好友陈寅恪教授和吴宓教授。但此时园门已闭，守兵不允进入，经过再三交涉，才准许校长曹云祥、教务长梅贻琦和守卫处的乌处长入内探视。次日，清华园教职员工、学生及王国维家属众多人又齐赴颐和园。这时王国维的遗体仍停放在鱼藻轩亭内，家人和验尸官从王国维的衣袋中寻出一封遗书，封面上书写着："送西院十八号王贞明先生收。"最后落款时间和签名是："五月初二，父字。"遗书是王国维在死前一天就写下的，临行前装在自己的衣袋内。随后，人们将王国维遗体移送到园西北角门外旧内庭太监下处三间小屋中入殓。当天傍晚七时，王国维的灵柩被送回清华园。这一天到场送行的除王国维家属和清华研究院的学生外，还有清华的教授吴宓、陈寅恪、梅贻琦、陈达，北大的教授马衡，燕大的教授容庚以及梁漱溟等人。

王国维的自沉之举震惊了清华园，更震动了学术界，人们无不为失去这样一位卓有建树的国学大师而感到痛惜。王国维自尽的当日，梁启超已离开了清华，得到噩耗复又奔回清华，亲自参与料理其后事，并为王国维抚恤金一事向学校、外交部力争。他对王国维之死悲叹至极，他对自己的女儿这样评价王国维说："此公治学方法，极新极密，今年仅五十一岁，若再延十年，为中国学界发明，当不可限量。"当时的青年学者顾颉刚感慨地把王国维的死和同年3月康有为的去世相比较，他说：康长素先生逝世，我淡然置之。我在学问上受他的影响不亚于静安先生，我既是佩服他，为什么对于他的死倒不觉得悲伤呢？因为他的学问只起了一个头，没有继续加工。所以学术界上的康有为，36岁就死了。"至于静安先生，确和康氏不同，他是一天比一天进步的。他的大贡献都在35岁以后，到近数年愈做愈邃密了，别人禁不住环境的压迫和诱惑，一齐变了节，唯独他还是不厌不倦地工作，成为中国学术界中唯一的重镇。今年他只有51岁，假如他能有康氏般的寿命，他的造就真不知道可以多么高。"现在他竟"中道而废"，为学术界着想，他的死是一个极重大的损失，说不出代价的牺牲。梁启超和顾颉刚的话反映了学术界对王国维之死的深深遗憾。

6月16日，在北京下斜街全浙会馆举行王国维悼祭大会，人们纷纷送上挽联，梁启超在挽联中特别推崇王国维的学术研究，尤其提到了王国维在甲骨文研究中所做出的突出成就，他写道："其学以通方知类为宗，不仅奇字译鞮，创通龟契；一死明行已有耻之义，莫将凡情恩怨，猜拟鸱雛。"陈寅恪的挽联有着更深一层的感情："敢将私谊哭斯人，文化神州丧一身。越甲未应公独耻，湘累宁与俗同尘。我侪所学关天意，并世相知妒道真。赢得大清乾净水，年年呜咽说灵均。"吴宓则在挽联中表达了自己对王国维自沉的看法："离宫犹是前朝，主辱臣忧，汨罗异代沉屈子；浩劫正逢此日，人亡国瘁，海宇同声哭郑君。"这次悼祭会所收到的数百幅哀挽词联尽诉了人们对王国维的悼念和惋惜之情。此外北京的《国学月报》、《国学论丛》以及天津《大公报》等各地报刊还先后刊出《王静安先生专号》、《王静安先生纪念号》、《王静安先生逝世周年纪念》等专辑，以示纪念。王国维的死在海外学术界也引起了震惊，日本学者在大阪市召开王国维先生追忆会，王国维的日本友人、学者纷纷到会追忆或著文写诗凭吊。1927 年日文杂志《艺文》（十八卷）的八九两期全部用来追忆王国维的学术工作。法国学者伯希和也写有多篇文章，向读者介绍王国维的成就。他在《通报》第 26 期上撰文说：作为王国维的老朋友，我经常提到他的名字，并很多次引用他如此广博而丰富的成果，现代中国从未产生过走得这般前面又涉猎如此丰富的博学者。这一切都表明，王国维以他那巨大的学术成就赢得了人们的普遍尊敬。

王国维死后，家人在他遗物中发现了他死前一日所写的遗书。遗书条理清晰，考虑周密，足见死者绝非仓促寻死。这与王死前几日无异常举止相吻合。但遗书一开头"五十之年，只欠一死。经此世变，义无再辱"十六字，却给生者留下种种疑窦，成为多年来其自沉之因久说纷纭，又难以确论的"谜面"。

对王国维死因，其亲属自始至终讳莫如深。而后世臆测大致又分几种：

一为"殉清"说。王为清朝遗老，更对逊帝溥仪向有国士知遇之感——王国维以秀才身份，被溥仪破大清"南书房行走"需翰林院甲科出身的旧制，召其直入"南书房"——有此思想基础和遗老心态，逢"覆巢"之将再，以自杀而"完节"似乎也是情理之中。所以梁启超以伯夷、叔齐不食周粟而比之，当时的清华的曹云祥和罗振玉、吴宓等均持此说。鲁迅在《谈所谓"大内档案"》一文中，称王"在水里将遗老生活结束"，可见也为此论。但反对此说者认为，王国维与罗振玉、郑孝胥、陈宝琛辈有别，郑等效命清室复辟，不惜委身于日本政客。而王国维却领清华职，心无旁骛，潜心学术。他虽"忠清"，却不充其鹰犬，以至"愚忠"至"殉清"程度。所以当时就有人说："你看他那身边的遗嘱，何尝有一个抬头空格的字？殉节的人岂是这样子的？"

二为"逼债"说。当年溥仪在其《我的前半生》中说：内务府大臣绍英委托王代售宫内字画，事被罗振玉知悉，罗以代卖为名将画取走，并以售画所得抵王国维欠他债务，致使王无法向绍英交待，遂愧而觅死。当时报纸还传，王曾与罗合作做生意亏本，欠罗巨债。罗在女婿（王长子潜明）死后，罗、王已生隙，罗令女居己家为夫守节，逼王每年供其生活费 2000 元。王国维一介书生，债务在身，羞愤交集，便萌生短见。此说经郭沫若先生笔播，几成定论。但从王遗书对后事的安排看和事后其他一些证据表明，王国维生前并无重债足以致其自尽。

三为"惊惧"说。1927 年春，北伐军进逼北方，而冯、阎两军易帜，京师震动。有人认为，王国维自杀是怕自己这个前清遗老落入北伐军手中，蒙受耻辱；王又视脑后辫子为生命，当时传言北伐军入城后将尽诛留有发辫者，所以与其被辱，莫若自我了断。但这种说当时即多有人鄙而不取，以为不合王国维立身处世方式。

四为"谏阻"说。认为王国维投湖与屈原投江相类，是以"尸谏"劝阻溥仪听从罗振玉等人主意，有东渡日本避难打算，并认为王、罗两人最后决裂的原因也缘于此因。

五为"文化殉节"说。与王国维同为清华导师，且精神相通、过从甚密的陈寅恪先是以"殉清"论王之死，后又认为："凡一种文化值衰落之时，为此文化所化之人必感苦痛，其表现此文化之程量愈宏，则其所受之苦痛亦愈甚；迨既达极深之度，殆非出于自杀无以求一己之心安而义尽也。""盖今日之赤县神州值数千年未有之巨劫奇变，劫尽变穷，则此文化精神所凝聚之人安得不与之共命而同尽，此观堂先生所以不得不死，遂为天下后世所极哀而深惜者也。"陈寅恪的诠释在同类者中立即得到共鸣，并在文化界产生重要影响。但陈之观点，与其说是对王国维之死的解释，不如说是他以自己的一种心态来观照王国维的精神。

最后一种观点是"诸因素"。以一遗民绝望于清室的覆亡，以一学者绝望于一种文化的式微，一介书生又生无所据——当王国维徘徊于颐和园长廊，回想起"自沉者能于一刹那间重温其一生之阅历"的箴言，遂"奋身一跃于鱼藻轩前"。也许，这就是王国维自沉之"谜底"。

先后得贤妻

王国维先后结过两次婚。第一次在1896年，当时他20岁，因受甲午战败的刺激，一心想到日本去留学。可是他父亲坚决不同意，说现在首要的是"求度衣食"，至于求学，那是十年后的事情。王国维只好谨遵父命"成家立业"——他结了婚，并且到本城沈家去当塾师。

王国维的新婚妻子姓莫，她家世代经商，家境似乎比王家要好一些。王、莫两家早就定了亲，当王国维14岁便以"海宁四才子"之首名震乡里的时候，他的岳父对这个未来的女婿简直是赞不绝口。老泰山当然不会想到，女儿出嫁之后，女婿却因"家贫不能以资供游学，居恒怏怏"，并且两年后就去上海《时务报》馆打工，从此与他的妻子当了十年的"牛郎织女"。

王国维与这位莫氏夫人的感情非常好，尽管找不到任何直接的文字证据，但我们从他留下的那些温柔缠绵的词中，还是不难看到这位身在他乡的牛郎对家中织女的殷切思念，调寄《清平乐》。

樱桃花底，相见颓云髻。的的银缸无限意，消得和衣浓睡。当时草草西窗，都成别后思量。料得天涯异日，应思今夜凄凉。

王国维在苏州师范教书时经常"填词自娱"，也常在词中表达对妻子的思念，如三迭的《西河》。

垂柳里，兰舟当日曾系。千帆过尽，只伊人不随书至。怪渠道着我侬心，一般思妇游子。

昨宵梦，分明记，几回飞度烟水。西风吹断，伴灯花摇摇欲坠。宵深待到凤凰台，声声啼鴂催起。

锦书宛在怀袖底，人迢迢，紫塞千里。算是不曾相忆。倘有情，早合归来，休寄一纸无聊相思字！

自从王国维22岁离开家乡，此后便奔走东西、辗转南北，回海宁的时候很少。在家待的最长的一次是为亡父"守制"——从1906年8月到1907年4月，总共八个月的时间。当时家乡父老曾联名邀请他出任海宁州劝学所学务总董，他坚决地推辞了。谁知他回到北京才三个月，便得到妻子病危的消息，又匆匆赶回来，十天以后，妻子就去世了。

妻子去世后，王国维徘徊在江边，面对潮涨潮落，他心中一片空虚，眼前却尽是妻子临终的情景，于是写下了《虞美人》。

杜鹃千里啼春晚，故园春心断。海门空阔月皑皑，依旧素车白马夜潮来。

山川城郭都非故，恩怨须臾误。人间孤愤最难平，消得几回潮落又潮生？

夫人莫氏扔下了三个男孩，最大的八岁，最小的才三岁。王国维把孩子们托给继母叶太夫人照料，暂时回到他供职的学部，但他始终打不起精神来。

王国维为妻子写过许多悼亡词。

浣溪纱

漫作年时别泪看，西窗蜡炬尚。不堪重梦十年间。斗柄又垂天直北，客愁坐逼岁将阑。更无人解忆长安。

蝶恋花

落日千山啼杜宇，送得归人，不遣居人住。自是精魂先魄去，凄凉病榻无多语。

往事悠悠容细数：见说他生，又恐他生误。纵使兹盟终不负，那时能记今生否？

谒金门

孤蘂侧，诉尽十年踪迹。残夜人间无气力，绿窗寒恻恻。落叶瑶阶狼藉，高树露华凝碧。露点声疏人语密，旧欢无处觅。

苏幕遮

倦凭栏，低拥髻，丰颊修眉，犹是年时意。昨夜西窗残梦里，一霎幽欢，不似人间世。恨来迟，防醒易，梦里惊疑，何况醒时际。凉月满窗人不寐，香印成灰，总作回肠字！

胡适曾说，读了王国维的词，起先以为他是个风流才子，后来见了他才知道不是那么回事。王国维于词，多是发自肺腑的哀歌。

几个月后，王国维的继母叶太夫人也离开了人世，这回连孩子也没人照管了。亲戚们都劝他再娶，他自己则拿不定主意。最后，由他的岳母莫太夫人做主，为他续定了一门亲事。

王国维的第二任妻子姓潘，是前妻莫氏的远房表亲，据王国维的女儿王东明说是莫氏的表甥女。这位潘氏夫人就像苏东坡的第二任妻子一样，一辈子辛辛苦苦、任劳任怨，为丈夫操持家务、养育孩子，是标准的贤妻良母。除了前妻所生的三个儿子外，潘氏后来又生了三个儿子、五个女儿（其中夭折两个）。王国维一生不问家务，家中事无巨细，全归潘氏料理。从王国维致罗振玉的信中可以看到，潘氏在王家实在是个顶梁柱。有一次她害牙疼，疼得要命，可当孩子们一个接一个地发烧时，她的牙病竟"霍然而愈"！

罗仲安谈到王家事时说："家中遇有纠纷，先生不作左右，袒护潘夫人，人谓其如'金人'。"王国维的女儿王东明女士解释"金人"指王国维沉默不语，只是缄默。

潘氏对前妻生的三个儿子如同己出。王国维50岁自杀时，他的第三子贞明还不到娶亲的年龄，后来贞明的婚事，也是潘氏一手操办的。老二高明曾告诫他的妻子："吾辈弟兄，赖继母抚育成长，费尽心思。汝须尽子妇之德，毋得相慢！"

这个不幸而又坚强的妇人在丈夫死后独自支撑着多子女的家庭，她比王国维多活了将近半个世纪，据陈鸿祥《王国维传》："潘夫人名丽正，1975 年病卒于台北医院。"

陈寅恪："教授的教授"

陈寅恪（1890.7.3—1969.10.7），江西义宁（今修水县）人，中国现代最负盛名的历史学家、古典文学研究家、语言学家。陈寅恪是一位伟大的学者，在他的性格、思想深处只有博大和朴实，以及朴实之下的深邃。他继承了中国"士"的优秀品德：天下兴亡，匹夫有责。陈寅恪自谓不谈政治，却时刻不忘国家大事；研究历史表面看满篇考证，骨子里说的都是兴衰成败；面对强权，他一身傲骨，卓然独立。

一颗真正的"读书种子"

早在柏林苦读期间，陈寅恪就被时人称为真正的"读书种子"。

陈寅恪苦读，巧读；用心读，动笔读。他读书，有圈点，有校勘，有批语，眉批或行间批。梁慧皎《高僧传》（初集）是他批校最多的书，其批校字迹之细小几如毫发之难于辨识。蒋天枢在《陈寅恪读书札记弁言》一文中说："先生生平读书，用思之细，达于无间，常由小以见其大，复由大以归于细；读者倘能由小以见其大，斯得之矣。先生读书，用思绵密，用语雅隽，立言不多而能发人深省。所记，大抵申抒己见，或取新材料补证旧史；或考校异同，与前贤札记之以铺叙例证得出结论者，颇异其趣。将来先生书出，对于未来学术界将有深远影响，可预卜也。"

而陈寅恪所著之书，亦大多取材于平素用力甚勤的笔记，其批校特密者往往成为后来著书的蓝本。

家庭的影响，时局的动荡，陈寅恪和所有关心国家命运的人一样，希望找到一条济时救世、富国强民的道路。1910 年，远在柏林求学的陈寅恪听到日本并吞朝鲜的消息，慨然作诗："惊闻千载箕子地，十年两度遭屠剖"，"兴亡今古郁孤怀，一放悲歌仰天吼。"1911 年，在瑞士的他，从报上得知辛亥革命的消息，立刻就去图书馆借阅《资本论》——要谈革命，首先要注意的便是马克思和共产主义，这在欧洲是理所当然的。读德文版的《资本论》，陈寅恪可能是中国第一人。

在哈佛的岁月里，陈寅恪开始走向性格的成熟与冷静，他也由此走向历史的深邃与文化的博大。在与好友吴宓谈话中，陈寅恪谈到，推重实用，或可使中国实业发达，成为世界之富商，"然若冀中国人以学问美术等之造诣胜人，则决难必也。"

初到美国留学，陈寅恪购书的豪举，让众学子难忘。他主张书要大购、多购、全购。一日，陈寅恪说："我今学习世界史。"遂将英国剑桥大学出版的《剑桥近代史》、《剑桥古代史》、《剑桥中古史》等几十巨册陆续购回，成一全套。在他的带动下，吴宓也买了一套 19 巨册的各家注释汇编本《莎士比亚全集》。

1923 年，赵元任夫妇到柏林，见陈寅恪午饭时总是叫炒腰花。后来在清华，陈寅恪与赵元任同住，赵元任的妻子杨步伟就总是叫厨子做腰花，陈寅恪却一点都不吃。杨步伟觉得很奇怪，就问："你在德国不总是叫腰花吃吗？"陈寅恪告诉杨步伟，那是因为腰花在德国最便宜。在柏林读书时，陈寅恪生活非常清苦，每天一早买少量最便宜的面包，即去图书馆度过一天，常常整日都不正式进餐。

陈寅恪留洋十数年，进入众多高等学府，然而却未怀揣一张高级学位证书回来，他完全是为了读书而读书。哪里有好大学，哪里藏书丰富，他便去哪里拜师、听课和研究。不仅读书本，而且留心观察当地的风土人情，而对大多数人所重视的学位之类，他却淡然视之，不感兴趣。

萧公权曾说："我知道若干中国学者在欧美大学中研读多年，只求学问，不受学位。史学名家陈寅恪是其中最突出的一位。真有学问的人绝不需要硕士、博士头衔去装点门面。不幸的是有些留学生过于重视学位而意图巧取。他们选择学位、院系、课程，以至论文题目，多半是在避难就易。他们得着了学位，但所得的学问却打了折扣。更不幸的是另有一些人在国外混了几年，回国后自称曾经某某大学授予学位。他们凭着假学位做幌子，居然在国内教育办或其他事业中混迹。"

1925 年，清华学校创办国学研究院，已在清华任教的吴宓向梁启超介绍陈寅恪。梁启超便推荐陈任国学研究院导师，当时的校长曹云祥尚未听说过陈寅恪，问梁："陈是哪一国博士？"梁答："他不是博士，也不是硕士。"曹又问："他有没有著作？"梁答："也没有著作。"曹说："既不是博士，又没有著作，这就难了！"梁启超大为生气了，遂答曰："我梁某也没有博士学位，著作算是等身了，但总共还不如陈先生寥寥数百字有价值。好吧，你不请，就让他在国外吧！"接着梁启超介绍了柏林、巴黎等大学几位教授对陈寅恪的推誉，曹云祥听后才决定聘他来校任导师。

一代学界泰斗，学问之大，却没什么傲人的学位文凭，这便是陈寅恪的一大奇特之处。但他的广博学识，却是举世闻名，足以傲人的。

陈寅恪备课极其认真。在备课之前，即与助手说明本学期要讲之问题、内容，然后指定助手读哪些书给他听。他要读的第一本书总是《资治通鉴》，接着是《通典》、《会要》、《六典》、两《唐书》等。备课时他先让助手读《通鉴》哪卷，或何年至何年，且嘱咐读得慢些、清楚些。至一段落，即停下来，沉思冥想，提出一些问题或要注意之处，让助手写在本子上。常常是听完《通鉴》某一段，即叫助手查出两《唐书》、《会要》、《通典》里记载与此有关的资料，再读给他听，然后指出这几种史籍的记载有哪些不同，哪个记载可靠，哪个不对。助手把这些一一笔录。

助手王永兴回忆，"这样读了几天，他就叫我把本子上所写的重复给他说一遍，他总结综合，口授出来由我写下，就形成了讲课稿或者讲课的详细提纲。不只是讲课的主要内容，而且讲课所涉及的史料、与讲课有关的每一条材料，他都做了严谨的校勘与考证。""没有材料，他是从来不讲课的。""讲课之后，他常常问我这样讲学生能接受吗？他常要我征求学生们的意见，然后再修改讲课稿。陈先生讲课精湛，深入浅出，引人入胜，而在这背后的，是他备课的辛勤。他年年开课，年年都是这样备课讲课。"

"教授的教授"

1925年，清华发生了一件对中国学术影响深远的大事：成立了"清华国学研究院"。研究院的宗旨是用现代科学的方法整理国故，培养"以著述为毕生事业"的国学人才。当时的清华是个留美预备学校，留美预备学校来办国学院，这本身就是要吸收西学来建设自己的文化。

新成立的国学研究院有四大导师：第一位是开创用甲骨文研究殷商史的王国维；第二位是戊戌变法的核心人物，著述等身的梁启超；第三位是从哈佛大学回来的著名语言学家赵元任。三位导师性格各异，但都大名鼎鼎。而四大导师中最晚到校的陈寅恪，在当时并不出名。

陈寅恪很幽默。因为四大导师中的梁启超是"南海圣人"康有为的弟子，王国维是末代皇帝的读书顾问，于是陈寅恪就给学生们送了一副对联：

> 南海圣人再传弟子，
> 大清皇帝同学少年。

令师生们惊叹的是陈寅恪的博学。他在课堂上讲授的学问贯通中西，他在课余分析各国文字的演变，竟把葡萄酒原产何地，流传何处的脉络，给学生讲述得一清二楚。他上课时，连清华的教授们也常来听。有人称他为"活字典"，也有人称他是"教授的教授"。

当时，冯友兰先生是大学者，名气比陈寅恪响亮得多，但冯友兰在陈寅恪面前也是毕恭毕敬，以学生自居，这连当时的学生们都能感觉到。

当年的华北学术界分成两派，一派是本国培养的学者，另一派是有留学经历的。本土派认为，洋派不懂国情，你的学问再高，也是隔靴搔痒，解决不了中国问题。留洋派就觉得本土派太迂腐，眼光太狭，不掌握现代化的工具，因而两派互相瞧不起。但不管是哪一派，谁都不敢瞧不起陈寅恪，这在学术界堪称传奇。

发掘、使用原始材料，是陈寅恪的治学原则之一。他恪守乾嘉学者和德国米勒诸学者重视使用第一手资料的传统和经验，强调以原始材料为支点来做研究。他指出做学问不把基本材料弄清楚便急着要论微言大义，所得的结论往往站不在。与陈寅恪学风相近的傅斯年曾提出过一个著名观点：有一分材料说一分话，有十分材料说十分话，没有材料不说话。

1930年，陈寅恪在《陈垣〈敦煌劫余录〉序》一文中，提出了一个著名的观点："一时代之学术，必有其新材料与新问题。取用此材料以研究问题，则为时代之新潮流。治学之士，得预此潮流者，谓之预流。"去浮华、疾虚妄、取信征实、厚积薄发，取用新材料以研究问题，是陈寅恪一贯的优良学风。

陈寅恪长女流求曾回忆，陈寅恪在清华后期，生活紧凑而有规律。"父亲每天出门总是夹着个布包袱，包着书本。晚上照例伏案工作。父亲从不满足自己掌握的治学工具，每逢星期六上午，不分寒暑都进城到东交民巷找一位叫钢和泰的外籍教师，学习梵文。"陈寅恪还不时在家里书房朗诵梵文经典拓片，侄儿封雄幼时曾亲聆"梵音"，并问："叔叔，你念的是什么咒？"引得众人大笑不止。除却学习梵文，陈寅恪还常乘车到大高店军机处看档案，清朝的机密文件都以满文书写，他一本一本看，如遇重要的，就随手翻译出来。

"听他的课，简直是一种享受"

陈寅恪讲课时，秋冬穿着厚袍加马褂，春夏则常穿蓝布长衫。每次上课必携带要引用的书籍，讲佛经文学、禅宗文学课用一块黄包袱布包着，讲其他课程则用黑布包着。一高一下吃力地抱进教室，从不假手助教。不变的只是他的装束，而他的课却总是以新资料印证旧闻，或在常见的史籍中得出新的理解。凡西洋学者对中国史研究有新发现者，逐类引证。所以学生也听得津津有味，备受启发。

陈寅恪课上得很精彩，吴宓也常去听，称其"字字精金美玉"。据1927秋才被研究院录取的第三级学生蓝文征回忆，"陈先生演讲，同学显得程度很不够……上课时，我们常常听不懂，他一写，哦！才知道那是德文，那是俄文，那是梵文，但要问其音，叩其义方始完全了解。研究院主任吴宓风雨不误，一定来听讲，助教来，朱自清来，北大外国教授钢和泰也来，其他大学部的学生教授不来，因为听不懂。"

　　北大知名教授季羡林曾回忆说："就在这个时候，我旁听了寅恪先生的'佛经翻译文学'。参考书用的是《六祖坛经》，我曾到城里一个大庙里去买过此书。寅恪师讲课，同他写文章一样，先把必要的材料写在黑板上，然后再根据材料进行解释、考证、分析、综合，对地名和人名更是特别注意。他的分析细入毫发，如剥蕉叶，愈剥愈细愈剥愈深，不武断，不夸大，不歪曲，不断章取义，他仿佛引导我们走在山阴道上，盘旋曲折，山重水复，柳暗花明，最终豁然开朗，把我们引上阳关大道。读他的文章，听他的课，简直是一种享受，无法比拟的享受。在中外众多学者中，能给我这种享受的，国外只有亨利希·吕德斯，在国内只有陈师一人，他被海内外学人公推为考证大师，是完全应该的，这种学风，同后来滋害流毒的'以论代史'的学风，相差不可以道里计。然而，茫茫士林，难得解人，一些鼓其如簧之舌惑学人的所谓'学者'骄纵跋扈，不禁令人浩叹矣。""寅恪师这种学风，影响了我的一生。"

　　1929年，陈寅恪改任清华学校中文、历史两系合聘教授。他上课，一般在三院一间小教室，除了清华学生，还有很多北大学生从城里花四五十分钟时间坐车也赶来听，有些教授也来旁听。因他常能为人释疑，所以清华园里都奉他为"活字典"、"活辞书"。当时听课学生梁嘉彬见清华"文学方法"及"欧洲中古史"课的教授孔繁也常到讲堂旁听，课下与同学笑曰："寅师为太老师矣。"

　　陈寅恪讲学重内容而不拘形式。上课从不点名，从不小考，大考也是照章而已。他常说，问答式的笔试，不是考察学问的最佳方法。有的学生要求他以写短篇论文代替大考，但陈寅恪又谓："做论文要有新的资料或新的见解，否则亦无益处；最好同学于听讲及研究后，细细想想，到了学期结束，对教师每位提出一二问题，但对学生能否提出适当的问题，也可以知道学生是否曾用过功夫，可以略约分别成绩。当然，同学们大多不敢采取此种方法，因为所提问题如被认为不聪明的话，面子难堪。"

抗战结束，清华恢复。双目失明的陈寅恪为自己的书斋取名为"不见为净之室"。历史系主任雷海宗来看望寅恪，见他体弱多病，双目失明，便劝他暂不要开课了，先休养一段时间，搞搞个人研究。陈寅恪马上回答："我是教书匠，不教书怎么能叫教书匠呢？我要开课，至于个人研究，那是次要的事情。我每个月薪水不少，怎么能光拿钱不干活呢？"

陈寅恪一生都是如此。他的教学又是高水平的，例如他讲授南北朝史、唐史几十次，每次内容都有新的，侧重也并不完全相同。他备课讲课又极为认真，丝毫不苟，一字之误，都不放过。每讲完一次课，他都极为劳累。

陈寅恪用他的生命去做他认为应做之事、平常之事，这就是"怎能不干活"的深刻含义。在1929年5月写的题为"北大学院己巳级史学系毕业生赠言"一诗中，他写道："天赋迂儒'自圣狂'，读书不肯为人忙。平生所学宁堪赠，独此区区是秘方。"

天作之合，情深意笃

陈寅恪对爱情的言论很有趣，他说爱情有五等。

一、情之最上者，世无其人。悬空设想，而甘为之死，如《牡丹亭》之杜丽娘是也。二、与其人交识有素，而未尝共衾枕者次之，如宝、黛等，及中国未嫁之贞女是也。三、又次之，则曾一度枕席，而永久纪念不忘，如司棋与潘又安，及中国之寡妇是也。四、又次之，则为夫妇终身而无外遇者。五、最下者，随处接合，惟欲是图，而无所谓情矣。

陈寅恪与唐篔结合，与之终老，依他的等级分类，不过四等。然则两人感情深厚，经历苦难而不离不弃。陈寅恪并预写挽联："涕泣对牛衣，卅载都成肠断史。废残难豹隐，九泉稍待眼枯人。"此挽联撰后一月余，两人相继辞世。爱情，能到这种境界，怎么也该算是一等了。

陈寅恪发爱情五等论时，是1919年，当时还是未婚年轻人。其时，他与吴宓、梅光迪在哈佛的一次聊天中提及这个论调。当时正是新文化思潮风起云涌之时，三位中国留学生的对话被吴宓记入了日记中。

那天晚上，三人聚在一起从新文化运动谈起，也说到了婚姻自主。陈寅恪列举西方社会上层与下层人士的婚姻，得出的结论是："天下本无自由婚姻一物，而国内竟以此为风气，是一流弊。"基本上来看，他对婚姻自由是持反对态度的。

陈寅恪夫人名唐篔，亦出身世家。其祖唐景菘，为官多年，中法战争时慷慨请缨，因功擢升，后任台湾巡抚。1895年中日战争后中国被迫签订《马关条约》将台湾割让日本，当地爱国人士决定自行抗日，成立"台湾民主国"，推唐景菘为"大总统"。唐致电清廷："台湾臣民，义不臣倭，虽为岛国，永戴圣清。"但清廷仍将台湾交给日本，唐被迫逃回大陆。唐篔自小读书，就读于天津师范、上海体专等，后辗转任教于一些学校。

关于他们的相识，陈寅恪自己有一段记述。

……乃至清华，同事中偶语及：见一女教师壁悬一诗幅，末署"南注生"。寅恪惊曰："此人必灌阳唐公景崧之孙女也。"盖寅恪曾读唐公《请缨日记》，又亲友当马关中日和约割台湾与日本时，多在台佐唐公独立，故其家世，知之尤稔。因冒昧造访。未几，遂定偕老之约。

陆健东在《陈寅恪的最后20年》中为此感叹："俭朴的'惊叹'二字，道尽了很多时候，生命原是为了等候……在这里，我们似乎看到了冥冥之中早有安排的'天作之合'……但真正联结生命之缘的，还是与生俱来的世家流韵。"

从此二人携手共度人生。唐篔不仅是陈寅恪的生活伴侣，更是他的精神依托。很多人觉得私生活对一个陈寅恪式的学者来说无足轻重，似乎了不起的学者可以舍弃一切琐事而专注于学问，其实，对于一个学者尤其是对于一个像陈寅恪这样一生负气半世凄凉又衰残眼枯的人来说，这也许是他平安地活下来的重要条件，一个思想上极端理性化而心灵中极端感情化的人常常不能自我调节情绪，因而心底郁积的情怀往往成为一个解不开的死疙瘩，这时身边的妻子就成了平衡他心理的重要因素。1951年陈寅恪因高血压服安眠药而卧床时写下这样一首诗："刀风解体旧参禅，一榻昏昏任化迁。病起更惊春意尽，绿荫成幕听鸣蝉。"内中尽是伤春兼自伤之意，而唐和诗则为他排解道："排愁却病且参禅，景物将随四序迁。寂寞三春且苦雨，一朝炎夏又闻蝉。"比起陈寅恪诗来多了一分随遇而安。这是唐的过人之处，早年陈寅恪发牢骚云："人间从古伤离别，真信人间不自由。"她便化解道："秋星若解兴亡意，应解人间不自由。"似乎平和得多。晚年陈寅恪怀念燕都旧居不免伤感："数椽卅载空回首，忍话燕云劫后尘。"她又劝慰道："仙家韵事宁能及，何处青山不染尘。"大有退一步天地宽的意味，这种顺其自然的人生态度也许并不是唐的本心，但它或许能时时平息陈寅恪心头始终纠缠的紧张。

而他们的两个女儿用朴实而真情的笔调在他们的身后写道：

> ……母亲不仅是父亲感情笃深的生活伴侣，而且是他志同道合的精神支柱与业务帮手。她在生活上无微不至地体贴与照顾父亲，在父亲失明后当某位助手突然离去时，母亲当即顶替其职，使父亲能照常上课、著述。有不少唱和、吟咏的诗篇，反映出他们的思想共鸣……当他们在"文革"中遭迫害自知不能久存时，父亲预先给母亲写下了挽联："涕泣对牛衣，卅载都成肠断史。废残难豹隐，九泉稍待眼枯人。"如果没有母亲，很难想象体弱、多病、目盲、晚年又膑足，能有如许丰硕的教学与研究成果。

在晚年"体弱、多病、目盲、膑足"的陈寅恪，把《隋唐制度渊源论稿》、《唐代政治史述论稿》、《元白诗笺证稿》以外的旧文，编为《寒柳堂集》、《金明馆丛稿》，并写有 85 万字巨著《柳如是别传》，最后撰《寒柳堂记梦》。他的助手黄萱曾感慨地说："寅师以失明的晚年，不惮辛苦、经之营之，钩稽沉隐，以成此稿（即《柳如是别传》）。其坚毅之精神，真有惊天地、泣鬼神的气概。"在感慨和景仰之后，我们也依稀看到了唐篔平凡而伟大的身影。

钱穆：一代儒宗，最后的大师

钱穆（1895—1990），中国现代历史学家，国学大师，吴越国太祖武肃王钱镠之后。字宾四，笔名公沙、梁隐、与忘、孤云，晚号素书老人、七房桥人，斋号素书堂、素书楼。历任燕京、北京、清华、四川、齐鲁、西南联大等大学教授。1960 年，耶鲁大学把人文学名誉博士学位授予了当代大儒钱穆，他们这样评价说："你是一个古老文化的代表者和监护人，你把东方的智慧带出了樊笼，来充实自由世界。"然而就是这样一位被人称为当代最后一个大儒的人，却没有任何文凭，连中学都没有毕业，完全是靠自学成才的。

"胡先生又考证错了"

钱穆读书常学习古人的治学与为人，及时反省自己。一次读曾国藩家书，曾说自己每读一书必认真从头读到尾。钱穆从此要求每本书都必须认真阅读，不遗一字，读完后再换一本。他从古人身上总结出一条行之有效的经验，便身体力行，规定自己早上读经子，晚上读史，中间读闲书，充分提高读书的效率。钱穆小时候身体一直很弱，每年秋天都生病，祖父、父亲都英年早逝，他一直为自己健康担忧，一次从一本日本书上看到讲究卫生对健康长寿的重要性，便警醒自己，从此每天起居有恒，坚持静坐散步，记日记，以此督促自己。晚年他把自己长寿的秘诀都归功于有规律的生活。

从1912年起，在十年半时间内，钱穆辗转四所学校任教，读书之余完成了第一部学术著作《论语文解》，并陆续在报刊上发表文章，渐渐崭露头角。时为上海圣约翰大学教授的钱基博读到钱穆的一篇文章，大加赏识。1923年，在钱基博推荐下，钱穆转入他兼职的无锡省立第三师范任教，从此两人结下厚谊。钱穆对钱基博的友情一直念念不忘，晚年回忆说："同事逾百人，最敬事者，首推子泉。生平相交，治学之勤，待人之厚，亦首推子泉。"

十年面壁，钱穆终于找到自己的治学门径，专治儒学和史学，自称"其得力最深者莫如宋明儒"。（《宋明理学概述·序》）钱穆之所以选择中国传统文化作为自己研究对象，有着深层的社会原因。当时的国人包括相当一部分知识分子对中国历史文化缺乏信心，对儒家文化更是主张全盘否定。钱穆对此完全有不同的看法，"当我幼年，在前清时代，就听有人说，'中国不亡，是无天理。'在我幼小的心灵里，不禁起了一番反抗之心。"这种反抗之心便成了他后来治学的动力，"莫非因国难之鼓励，爱国之指导。"（《中国文化精神·序》）在无锡三师时，钱穆已经完成《国学概论》，并开始撰写其代表作《先秦诸子系年》。一个偶然的机会，著名学者蒙文通看到他的文章，慕名前来造访，打开"系年"手稿便被吸引了，在回南京的车上迫不及待地读了起来，认为该书"体大精深，乾嘉以来，少有匹矣"。

钱穆是靠自学名世的，通过十年乡教苦读，他探索出一套独特的治学方法和治学门径。他认为中国传统文化的精髓就在儒学。《论语》、《孟子》不仅是儒学正统，也是中国传统文化的结晶。

钱穆虽然自学出身，却从不迷信权威。当时学术界正流行康有为《新学伪经考》的观点，顾颉刚也是康的拥护者。钱穆对此十分怀疑，他没有因为顾颉刚于己有恩就放弃己见，而是力排众议撰写了《刘向歆父子年谱》，用事实证明康有为的观点是错误的。顾颉刚对此毫不介意，不仅将此文在《燕京学报》发表，还推荐他到燕京任教。钱穆称，"此等胸怀，万为余特所欣赏。"钱穆的文章影响极大，一扫"刘歆遍造群经说"，在经学史上另辟了以史治经的新路子，对经学史研究具有划时代的贡献，其观点也逐渐为学术界普遍接受。"北平各大学经学史及经学通论课，原俱主康说，亦即在秋后停开，开大学教学史之先例。"（罗义俊）

钱穆后来到北大任教，胡适起到了关键的作用，但钱穆并不因此而在学术上苟同他，他的许多观点都与胡适不一致，胡适认为孔子早于老子，他却认为老子早于孔子。学生知道他们之间学术观点不一致，故意拿胡适的观点来诘问，他也毫不掩饰，经常在课堂上批判胡适。据他的学生回忆，他常当众说："这一点，胡先生又考证错了！"并指出哪里哪里错了。当时胡适声誉日隆，敢于这样批评他的在北大也仅钱穆一人而已。

一次，商务想请胡适编一本中学国文教材，胡适认为钱穆有多年中学教书经验，希望他与自己合作主编。能与胡适一起编书，是许多人梦寐以求的事，钱穆却婉言谢绝了，认为两人对中国文学观点大相径庭，一起编不合适，最好各人编一本，让读者比较阅读。胡适没想到他会拒绝，气得拂袖而去，从此两人渐行渐远。

1930年，《刘向歆父子年谱》发表，开拓了一条以史治经的新路子，胡适盛赞说："钱谱为一大著作，见解与体例都好。"大公报也称之为"学术界上大快事"。1935 年，经过多年努力，洋洋三十万言的《先秦诸子系年》出版，学术界更是轰动一时，被公认为中国史学界释古派的扛鼎之作和"划时代的巨著"。连一向很少佩服人的国学大家陈寅恪都认为此书"心得极多，至可佩服"。据说当时圈内有一种说法，称光是这部书的自序就足"可以让昔日的北大、清华的任何一位史学研究生细读两天"，而其中任意十行文字都可以"叫世界上随便哪一个有地位的研究汉学的专家，把眼镜戴上了又摘下，摘下又戴上，既惊炫于他的渊博，又赞叹于他的精密"。

　　钱穆治学讲究有大视野，从大处入手，由博而精。"先从大处着手，心胸识趣较可盘旋，庶使活泼不落狭小。"他从自己十年苦读中领悟到，求速成找捷径是做学问的大忌，治学者应该"厚积薄发"。认为"中国学问主通不主专，中国学术界贵通人不贵专家"。（郦家驹《追忆钱宾四师往事数则》）他虽然是治史专家，却披阅广泛，发现学生手中有好书就借来一读。20 世纪 40 年代在西南联大时，钱穆见学生李埏有一本克鲁泡特金的《我的自传》，也颇有兴趣，并据此写了《道家与安那其主义》一文，发表后引起了读者极大兴趣。他主张多读书勤思考，触类旁通，认为中国治学与西方不同，西方学问分门别类，互不相关，中国学问分门不别类。经史子集四部，是治学的四个门径，入门后，触类旁通，最后融而为一。认为"读书当仔细细辨精粗"，"读书当求识书背后之作者"。而且要抱着谦虚的态度，对任何作者都要先存礼敬之心，这样才能有所得。

"一生为故国招魂"

　　"一生为故国招魂"，这是钱穆最得意的弟子余英时在他去世时所作的挽联中的一句话，这句话用来评价钱一生治学的目的最为允当。

钱穆早年从事乡村教育时，就立志要研究中国文化，以唤起国人对传统文化的信心和民族自尊心，他是抱着"路漫漫其修远兮，吾将上下而求索"的精神从事传统文化研究的。可以说，他走的是一条积极济世的治学道路。他自称十年苦读，"莫非因国难之鼓励，爱国之指导"。在《历史与文化论丛》中，他谈到当年治学的目的，就是"要为我们国家民族自觉自强发出些正义的呼声"。他的一生都贯穿了这条红线。

"九·一八"事变后，国人抗日激情高涨，南京政府要求全国高校把中国通史作为必修课。北大教授们在爱国热情鼓舞下，决定编写一部中国通史，以唤醒国人民族意识。考虑到通史量大面广，拟请十五个教授共同讲授。钱穆认为，每人讲一段，中间不易贯通，各人研究也不一样，容易产生矛盾，不如一人从头讲到尾。大家觉得有道理，主张由他与陈寅恪合讲，这样相对轻松一些，他毛遂自荐，认为他一个人完全可以胜任，最后就由他一个人主讲中国通史。这门课1933年开讲，在北大讲了四年，后因日本侵占华北，北大南迁，又在西南联大讲了四年，才陆续讲完，前后一共讲了八年，也是他最有影响的一门课。

讲授中国通史时，正值日军大肆侵华，钱穆上课时时常结合历史与现实串讲，激励学生的爱国之情，上课时每每座无虚席。当时刚迁至西南联大不久，大家因时局失利而情绪低落，在上历史课时，钱穆经常联系中国历史，充满信心地说，统一和光明是中国历史的主流，分裂和黑暗是暂时的，是中国历史的逆流，胜利一定会到来，给师生很大的鼓舞。

当时正值抗战最艰苦的时期，同事陈梦家建议他根据讲义，撰写一本《国史大纲》，振奋民族精神。书生报国唯有笔，钱穆当即接受建议，决定撰写一部新的《国史大纲》，为全民抗战尽自己的一份力量。他把自己关在远离昆明70公里的宜良县岩泉寺里，每天笔耕不辍，用了一年时间才大致完成书稿，并于1940年出版。《国史大纲·引论》中指出，"惟藉过去乃可认识现在，亦惟对现实有真实之认识，乃能对现在有真实之改进。""故欲其国民对国家有浓厚之爱情，必先须使其国民对国家已经之历史有深厚之认识。""此种新通史，其最主要之任务，尤在将国史真态传播于国人之前，使晓然了解于我先民对于国家民族所已尽之责任，而油然生其慨想，奋发爱惜保护之挚意也。"这正是他撰写此书的真实动机与目的。该书出版后广受欢迎，成为大学中最通用的一本历史教科书，也是他书生报国的一个典型事例。

钱穆并不完全是一个躲在象牙塔里的教授。1935年，日本阴谋"华北自治"，10月，有感于爱国之情与民族大义，钱穆与姚从吾、顾颉刚、钱玄同、胡适、孟森等百余名大学教授发起一项抗日活动，联名反对日本干涉中国内政，敦促国民党政府早定抗日大计。鉴于钱穆的抗日态度和学术影响，1942年秋，蒋介石在成都两次召见钱穆，请他到重庆机关讲中国历史，谈宋明理学。作为学人，钱穆对当政者始终保持了一种知识分子的独立精神，一次蒋在报上看到钱穆的一篇讲话，很赏识，又打电话又是写信约他相见，钱穆以距离太远借故推脱了。后来见面时，他甚至当面劝蒋为了全体国人利益于抗战胜利后功成身退。这些都表现了钱穆的书生意气。

1944年10月，应有关部门要求，钱穆专门撰写了一篇《中国历史上青年从军先例》，号召青年从军，在青年学生中产生了积极的影响。

钱穆对国家和传统文化的认识是一贯的，即使到了晚年，他仍然主张国家应该统一。1986年2月，他以92岁高龄发表《丙寅新春看时局》一文，认为"和平统一是国家的出路"，而"历史传统和文化精神的民族性，是中国统一的基础"。显示了其史家之卓识。

当然，作为一个历史学家、学者，钱穆对历史的认识也有其局限的一面。西安事变发生后，国人都十分关心，上课时同学们也请钱穆谈谈他对这件事的看法，钱穆说："张学良、杨虎成的做法是不对的。"（赵捷民《北大教授剪影》）可见他的立场还是站在国民党一边，虽然研究历史，却对这一重大历史事件缺少客观认识。所以学生们开玩笑地说，钱穆是唯心论者。1989 年仲秋，钱穆参加新亚书院 40 周年校庆，与学生座谈时仍然认为"救世界必中国，救中国必儒家"，多少也反映了他的史学观。

"吾乃国文教师，不必识英文"

1930 年，钱穆应聘到燕京大学任教，次年便正式应聘到北大担任教授，从此正式登上大学讲台。

钱穆个子虽小，但十分自信，两眼炯炯有神。平时虽不苟言笑，说话时却十分风趣健谈。在北大当时穿长袍的教授极少，陈寅恪是个坚定的长袍主义者，钱穆对陈寅恪的学问十分佩服，看到陈寅恪穿长袍，他也改穿长袍，这一习惯他后来长期保持着。

钱穆不仅长于著述，也长于上课。在北大，钱穆主要讲中国上古史、中国近三百年学术史、中国通史和中国政治制度史等课，每堂课上两小时。钱穆通常准点进教室，上堂就讲，没有废话，中间也不休息。由于博闻强记，上课时常常旁征博引，把历史与现实结合起来，借古讽今，时出新见，很快声名大振，听课的人越来越多。大约因为在家乡执教太久，乡音不改，上课时始终不脱一口无锡腔，开始学生听了很不习惯，但他的课讲得实在精彩，谁也舍不得离开，时间一久，大家也就熟悉了，反而觉得很有味道。他自己从不觉得无锡话有什么不好，20世纪50年代在新亚学院演讲时，香港学生反映听不太清楚，有人问他要不要提供翻译，意思是译成英语，他很不高兴地反问道，要译成英语吗，中国人怎么会听不懂中国话呢？

钱穆最受学生欢迎的是中国通史，这堂课先后上了八年之久。中国通史课每周两堂，每堂两小时。多安排在下午一点到三点，这时通常是学生最疲倦的时候，他却能把枯燥的历史课讲得生动迷人，成了最吸引人的课，除了北大学生，其他高校学生也慕名前来旁听。人一多不得不从小教室换到大教室，"每一堂将近三百人，坐立皆满。"（《师友杂忆》）有的人一听就是四年。其中有一个姓张的学生从北大一直听到西南联大，总共听了六年之久，可见其吸引人的程度。钱穆也被学生评为北大最叫座的教授之一，有人把他与胡适并提，时称"北胡（适）南钱（穆）"。

北大学术空气自由，学生可任意选听，教授的观点也常常针锋相对，大家自由辩论。钱穆坚持己见，从不隐瞒自己观点。一次讲上古史时，有人告诉他主张疑古的北大名教授钱玄同的公子就在班上，让他讲课时注意一点，别引起麻烦，但他并不回避，仍当众声称"若言疑古，将无可言"。当年在北大有三个教授在学生中十分有名，被人称为"岁寒三友"，"所谓三友，就是指钱穆、汤用彤和蒙文通三位先生。钱先生的高明，汤先生的沉潜，蒙先生的汪洋恣肆，都是了不起的大学问家。"（李埏《昔年从游乐，今日终天之痛》）

钱穆做事特立独行。刚到燕大时，他对学生要求十分严格，批学生试卷时给分十分吝啬，85分以上极少，通常只批80分，大部分在80分以下，一个班总有几个60分以下的。他原以为那几个学生可以通过补考过关，不料燕大规定一次不及格就开除，不许补考，从无例外。听说几个学生因为他批的分数过低将要失学，他立刻找到学校当局，申说理由，要求重批试卷。学校一开始以向无先例加以拒绝，经他力争，终于破例让他重判了试卷，让那几个学生留了下来。此后阅卷，给分也就大方多了。

受美国文化的影响，燕大当年发通知多用英文。有一次钱穆接到一份水电费缴费通知，上面全是英文。当时水电费需按月缴，因他英语不好，接到英文通知很气愤，干脆不缴，年底学校来人问他收到通知没有，他说收到了。来人又问：为何不按月缴费？钱穆愤然回答：吾乃国文教师，不必识英文，何以在中国学校发英文通知？对方一时哑然。

还有一件事也很能见钱穆的性格。胡适对钱一向十分欣赏，有人向他请教先秦诸子的有关问题，胡适便让他们找钱穆，说你们不要找我，钱穆是这方面专家，你们找他。见胡适这样推崇钱穆，大家对钱穆也另眼相看。一次胡适生病，许多人都争先前去拜访，乘机联络感情，钱穆偏偏无动于衷。朋友知道后，对钱穆大加责备，认为他太寡情，辜负了胡适对他一片好意。钱穆不以为然地说，这是两回事，怎能混为一谈？如果他帮助过我，说过我好话我就去看他，那叫我今后怎么做人？钱穆的性格由此可见一斑。

在北大教授中，钱穆除了学问好，人品亦佳，在师生中有口皆碑。他平时不苟言笑，埋头治学，惜时如金，但绝不是一个酸夫子，而是一个很有生活情趣，也很懂生活的人。他毕生有两大爱好，一是昆曲，一是旅游。他在常州中学时受老师影响爱上昆曲，自谓"余自嗜昆曲，移好平剧，兼好各处地方戏，如河南梆子、苏州滩簧、绍兴戏、凤阳花鼓、大鼓书"。因为爱昆曲，由此喜欢上吹箫，终生乐此不疲。长兄好笙与琵琶，他喜欢箫笛，当年在乡教时，兄弟二人课余常常合奏《梅花三弄》，成为早年一大乐事。

钱穆特别欣赏朱子的"出则有山水之兴，居则有卜筑之趣"的生活方式，也自觉实践。他读书治学都尽可能选择环境清幽、景色绝佳的地方。初到北大的一段时间，他借住在朋友汤用彤家。汤家位于南池子边，紧靠太庙，四周广布古柏草坪。在西南联大写《国史大纲》时居住的宜良县岩泉寺山明水秀，更是人间仙境。其后借读的苏州耦园还读我书楼，三面环水，"有池林之胜，幽静怡神"。晚年栖居的台北外双溪素书楼，依山面溪，是台湾有名的风景名胜地。仁者乐山，智者乐水。这话用来形容钱穆再合适不过。钱穆治学之余，每到一处，总要遍访名胜游山玩水。在北大几年，几乎年年出游，"余在北大凡七年，又曾屡次出游"。几乎遍及山东、山西、江西、河南、湖北等周边地区。即使在西南联大那样艰苦的条件下，也照样游兴不减，许多当地人没有去过的地方，他都游到了。在遵义浙大执教时，适逢学生李埏也来任教，于是拉着他一起遍游遵义山水，李埏已精疲力竭了，他仍兴致勃勃。李埏原以为老师这样的人一定终日埋头读书，不想他长日出游，大为感叹："不意先生之好游，乃更为我辈所不及。今日始识先生生活之又一面。"对他的诧异，钱穆自有一番解释："读书当一意在书，游山水当一意在山水。乘兴所至，心无旁及……读书游山，用功皆在一心。"这才是钱穆。

"枯桐欣有凤来仪"

钱穆个人生活并不像治学那样顺遂，一生三次结婚，可谓五味俱全。在此之前，钱穆曾有过一个未婚妻。离钱家十里外后宅镇有一个有名乡村医生姓沈，对书香世家的钱家十分敬佩，主动将自己女儿许配给钱穆。钱穆在南京上中学的暑假，忽得了伤寒症，情况十分危急，一家人无计可施。沈翁听到女婿病重的消息，忙对其他病人说，"我必先至婿家"。经过他多次细心诊治，才把钱穆从死亡线上拉了回来。然而不幸的是，未婚妻不幸因病早夭，这门婚事便结束了。

1917年秋，在长兄的主持下，钱穆第一次结婚。婚后夫妇便住在素书堂东边一间老屋里。1928年，夏秋之交，妻子及新生婴儿相继病逝，长兄归家料理后事，因劳累伤心过度，引起旧病胃病复发，不治身亡。"两月之间，连遭三丧。"钱穆的痛苦是可想而知的。一度"椎心碎骨，几无人趣"。长兄与他感情最厚，他的名字穆便是长兄取的。长兄去世时年仅40岁，遗下妻子及两子两女。长子16岁，跟着钱穆在苏州中学读高一，即后来著名的科学家钱伟长，钱伟长的名字也是钱穆所取。钱穆去世时，钱伟长挽联云："生我者父母，幼我者贤叔，旧事数从头，感念深恩于有尽；从公为老师，在家为尊长，今朝俱往矣，缅怀遗范不胜悲。"

第一任妻子去世后，朋友金松岑到处为他张罗。金松岑曾是《孽海花》一书最先起草人，德高望重，是钱穆最敬佩的前辈和忘年交，曾先后两次为钱穆做红娘。第一次为他介绍的是他的侄女，号称东吴大学校花，两人曾通过几封信，见面后，对方坦言：钱先生做老师很合适，做丈夫却不合适。金松岑又把钱穆推荐给自己的一个女弟子，女弟子回了一信："钱君生肖属羊，彼属虎。羊入虎口，不宜婚配。"虽然媒未做成，钱穆对金松岑还是十分感激，所以第二次结婚时，仍请他做了介绍人，算是圆了他一个红娘梦。

1929年春，钱穆在苏州娶第二任张一贯。张一贯也是一个有文化的人，曾做过小学校长。婚后第二年，钱穆只身到燕大任教，等北大工作稳定后才接妻子到北平团聚。华北告急，钱穆只身随北大南迁，1939年夏钱穆回苏州侍母时，张一贯才携子女自北平回到苏州团聚。一年后钱穆又只身返校，从此辗转大后方各地。他是有名的只顾学问不顾家的人，一心治学，与家人聚少离多。钱穆与张一贯生有三子一女。1949年他只身赴港，从此再也没有回到大陆。

钱穆一生中，对他帮助最大并与他长期相守的是他的第三任妻子胡美琦。胡是他在新亚的学生，两人的婚姻可以算是师生恋。

　　胡美琦是江西人，父亲曾做过江西省主席熊式辉的秘书长。解放前夕，胡美琦从厦大肄业后随全家迁香港，就读新亚学院。仅做了一年钱穆的学生，就随全家迁台湾。

　　两人的姻缘很有传奇色彩。1951年冬，钱穆到台湾为新亚募捐，一次应约在淡江大学惊声堂演讲，演讲刚刚结束，突然新建成的礼堂的顶部发生坍塌，一块水泥正巧砸在钱穆的头上，钱穆被砸得头破血流，当场昏倒，在医院里昏迷了两三天才醒来。当时胡美琦在台中师范图书馆工作，因为与钱有师生关系，每天下午图书馆工作结束便来护侍，晚饭后离开，星期天则陪他到公园散步。随着相互了解的加深，两人渐生感情。1954年胡美琦师范大学毕业后，重回香港，两人经常相见。一次胡美琦胃病复发，久治不愈，为了便于照顾，钱穆向她求婚，胡美琦答应了。1956年1月30日，两人在九龙亚皆老街更生俱乐部举行简单的婚礼。新婚洞房是在九龙钻石山一个贫民窟租的一套两室一厅。虽然条件简陋，钱穆却十分高兴，亲自撰写了一副对联："劲草不为风偃去，枯桐欣有凤来仪。"

刘师培：激烈的少年大师

刘师培（1884—1919.11.20），字申叔，江苏仪征人。他在学术舞台上连创佳绩，甚至与章太炎齐名，并称"二叔"（章太炎字枚叔，刘师培字申叔）。刘师培曾经专心于科举，后来却力倡革命，他35岁的生命非常短暂，但对学术界的贡献却是不容忽视的，有人称他为"少年国学大师"，而他则自称"激烈派第一人"。

激烈派第一人

1903年，19岁的刘师培北上会试，未中，归途中经过上海，结识了蔡元培、章太炎等人。到上海没有几天，就目睹了震惊海内的《苏报》案。《苏报》是当时上海发行量较大的报纸，受新型知识分子的爱国热情的影响，言论激进，邹容的《革命军》就是在这里发表的。由于《苏报》言辞激怒了清朝政府，邹容、章太炎等人被捕，从此刘师培卷进了政治漩涡。

冬天，他和蔡元培创办了一份报纸《俄事警闻》，作为当时"对俄同志会"的宣传机构。第二年改名为《警钟日报》，成为上海滩最著名的革命报纸。没多久，刘师培抛出了一个重型"炮弹"，即刘师培所撰《攘书》。

刘师培早年是一个激烈的革命派。他同章太炎是好朋友，受章太炎影响写《攘书》表示自己的"排满"决心，又写了《黄帝纪年论》、《论激烈的好处》等，宣传"排满革命"的民族文化思想。刘师培手中的精神"武器"便是传统的"攘夷"思想。

《攘书》（1903 年）开首便说，"攘，《说文》云，推也"，"吾"豕韦之系世秉麟经，我生不辰，强房横行，鉴于前言，扶植人极，炎黄有灵，实凭实式。刘师培以"攘夷"为历史使然。刘师培坚持黄帝纪年。他认为，一个民族必须追溯自己的起源，中华民族的祖先是黄帝，应以黄帝纪年。刘师培的思想存着一份爱国热忱，因此他对未来的中国抱着殷切的希望。他说："吾远测中国之前途，逆料中国民族之未来，吾惟有乐观。""则中国之在二十世纪必醒，醒必霸天下。"他还说："中国其既醒乎，则必尽复侵地，北尽西伯利亚，南尽于海。建强大之海军，以复南洋群岛中国固有之殖民地。迁都于陕西，以陆军略欧罗巴，而澳美最后亡。""既醒之后，百艺俱兴，科学极盛，发明日富，今世界极盛之英德美不足与比也。"不过也要看到，在许多的"主义"中，大概民族主义最难把握"度"，每当走过头便可能转向狭隘的一途。

《攘书》把刘师培推到了"排满"革命的最前沿，这也奠定了他在中国近代革命史上的重要地位。他的言论及行动都是激烈的，这一时期刘师培表现出来的"排满"决心与热情无人能及。

刘师培在《警钟日报》上射出的另一个"炮弹"就是《中国民约精义》，即用中学来解释西学的民主观点。

刘师培早年是一个别具特色的民主论者，他注意用中学解释"民主"，想在中西学融会贯通中，求其新解，并能被中国人接受，这应该说也是将西洋学说"中国化"的一种尝试。刘师培在《中国民约精义·序》中说，我国国民知道有"民约"二字的，已经有三年了。卢梭《民约论》为欧洲政学之力作，对中国仅增加一新名词而已，实应大力宣传，以求普及。同时，他又认为"民约"思想，中国自古以来就有发明。故当可从中国经典中寻找出本国"民约"思想精华。由此原因编写了《中国民约精义》，在这本书中他引用《周易》、《尚书》、《诗经》、《春秋左氏传》、《春秋公羊传》、《春秋谷梁传》、《国语》、《周礼》、《礼记》、《论语》等有关君民、君臣关系论述，旁征博引，述及己见，论"民约"思想，证明在中国可以实行"民约"思想。

刘师培的《中国民约精义》对于当时宣传民主思想有着积极的推动作用。

刘师培毫不讳言称自己是"激烈派第一人"，他曾热情地讴歌主张社会革命的卢梭："他说的话都是激烈不过的，那巴黎的革命，就是被他鼓动起来的。"他认为这种激烈的态度是每一个新型的知识分子必备的条件。他指出，一个真正的维新者，除了具有新学知识外，还应具备三个条件：一是讲国学，一是讲民族，一是主激烈。

在言论上他是主激烈的，行动上他也不示弱。1904 年的 11 月，蔡元培、陶成章在原军国民教育会暗杀团的基础上，组建了光复会。该会以暗杀和暴动作为主要反清手段。光复会一成立，刘师培就加入了，而且是最积极的一员。没多久，他就和另一个会员万福华去刺杀王之春。王之春生于 1842 年，曾任浙江、广东的按察使。1898 年他在四川布政使任上疯狂镇压余栋臣起义，被升了官，当上了山西、安徽巡抚。

1902年任广西巡抚时，主张以出让广西矿产权利为条件，"借法款、法兵"镇压广西人民起义。他的这一做法成了国内拒法运动的导火索。清政府第二年就把他解了职。刘师培找这样一个人下手，是为了解心头之恨，并给那些卖国的官员们敲一下警钟。这次刺杀行动以失败而告终，刘师培第一次感受到了干革命并不是件容易事。后来徐锡麟安庆起义的失败再一次证明了暗杀和暴动这种冒险的激进行为，是不足以撼动一个政权的基石的。

紧接着，新的打击又来了。他主笔的《警钟日报》由于反清言辞过于激烈，1905年3月25日清政府突然下令查封，并追究主要负责人的责任，刘师培在通缉之列。从"排满"到革命，从反对"三民主义"到宣传文化民族主义，再到宣扬无政府主义，宣传复辟帝制，等等，刘师培学术道路上遇到了阻碍，使他不能平心静气地去研究国粹学，在仕途上他也是走上了一条狭窄的道路，最终只落得仓皇出逃的命运。

生活的艰辛再加上现实的压迫，动荡不安的社会造就了刘师培善变的性格。

少年国学大师

激烈的"排满革命"言行，尤其是《攘书》和《中国民约精义》发表之后，使刘师培声名鹊起，成为与章太炎、蔡元培齐名的革命党人。

就在《警钟日报》被封的两个月，邓实、黄节等人在上海成立了一个以"研究国学，保存国粹"为宗旨的国学保存会，创办了机关刊物《国粹学报》，"内典道藏旁及东西洋哲学，无不涉猎及之"的刘师培其国学造诣，在所有的保存会会员中无出其右者，就连章太炎有时候也自叹比不上他。

因为待在上海并不顺利，刘师培 1905 年回到老家芜湖。回到老家后，刘师培经常收到章太炎写给他的信，信中章太炎极力劝刘师培应该致力于学术研究以保存国粹。此时，刘师培又想起了章太炎在狱中说的那些话，被这个比他大 15 岁的师友感动了。

刘师培决定研究国粹，从此，在《国粹学报》上出现了刘光汉（刘师培曾用名）这个名字，有人统计过，从《国粹学报》创刊到停刊，共出 82 期，几乎每期都有他的文章，他来上海后，开始著述工作，到民国元年，经历了 7 年，这期间他著述 43 种，而发表在《国粹学报》上的就有 33 种。几乎期期都有，每期上他的文章总是被排在第一篇，篇幅往往很长，32 开本的书，有时竟占全刊的 2/3 还多，别人的文章只是配角。可以这样说，没有刘师培，就没有当时的《国粹学报》，人们读《国粹学报》也就是为了读刘师培的文章。两年后他去了日本，转而研究宣传无政府主义，学报也渐渐失去先前的光彩与魅力。

在短短的两年里，《国粹学报》成就了刘师培。迅速把这个 20 出头的年轻人推上了国学大师的宝座。在当时的革命派的阵营里，能赢得这一称号的除了刘师培就是章太炎了。在他主笔《国粹学报》期间，该报在上层知识分子中间非常有影响。刘师培能够把西方社会学的新理论、新方法引入国学研究中，的确让人耳目一新。该报作为当时国粹思潮中最出色的刊物，对改变知识分子的思想起了很大的推动作用。

"少年国学大师"这一称号并不是靠吹捧来的，而是靠他自己的学识得来的。

后来成为国学大家的钱玄同，非常惊讶刘师培的才气，刘只比自己大 3 岁，却怎么会有这么大的才气！因此他非常想认识刘师培。后来刘师培去日本，钱玄同在章太炎的住所结识了他，他们的友谊也就从此开始了。宋教仁也非常喜欢刘师培的文章，他在日本听说《国粹学报》创刊，马上邮资订阅多年的学报，从此成了一个学报的忠实读者。

当时许多东南文化界的精英都加入了国学保存会，如马叙伦、蔡元培、刘师培、陈去病、朱葆康、马君武、柳亚子、黄宾宏等。当时若说国学造诣最深的人当数刘师培了，虽然革命、仕途遭受了打击，但他发现自己仍被命运青睐，刘师培在著述的同时，还主讲国学保存会办的国学讲习会。国粹思想经刘、章之手已经成为革命派队伍中带有普遍性的思潮了。

刘师培作为"国粹派"的代表人物，他不仅追求中国社会的民主化，而且更关切传统文化的命运，他以复兴中国文化为己任。他倡言的国粹思潮不是独立的思潮，而是民主革命思潮的一部分。

因为思想上的狭隘性以及独特性格的影响，使得刘师培在取得了辉煌的成就后没有继续沿着革命的路子走下去，反而成了复古思想的维护者。

一个人的"革命"

当时的《苏报》案对刘师培触动很大，激发了他投身"排满革命"的勇气和信心，他因此加入了中国教育会，表面上办教育，暗中则鼓吹革命，开始了他的革命生涯。由于他的思想激烈，而且立论独到，言论往往振聋发聩，其激烈的苦命态度和独立寒风的革命立场，表达了一个人对革命的决绝和果断。

刘师培认为日本的吉田松阴、意大利的马志尼都是革命家，要向他们看齐。法国的卢梭、孟德斯鸠虽是说"空话"的，比不上革命实行家，然而他们鼓动革命的作用却功不可没。将这一言论与他的生平联系起来看，可以明了，他所谓的革命矛头是指向清朝政府的。他站在孙中山、章太炎革命派的一边也曾表示出对清政府不共戴天的仇视，并直接参与了一些具体行动，也算得上是一个有言有行的人。

刘师培到日本后，就被日本如火如荼的社会主义运动感染了，从此他对社会主义学说着了迷，他开始接触马克思主义。

利用《天义》半月刊，在热衷无政府主义宣传的同时，刘师培开始组织人手编译《共产党宣言》，很快就译发了恩格斯 1888 年为《共产党宣言》英文版所写的"序言"和《共产党宣言》的第一章和第二章。不久，恩格斯《家庭、私有制及国家的起源》的部分章节也翻译出版了。刘师培在《宣言》的中译本序中，对马克思主义的阶级斗争学说给予了充分的肯定。

刘师培对马克思主义学说的研究与宣传，在当时的留日学生中影响很大。在早稻田大学读政治本科的李大钊正是在他的影响下开始研究马克思主义的。

遗憾的是，刘师培在热烈赞扬马克思主义的同时，在某些问题上又攻击马克思主义。他反对马克思主义的国家学说以及无产阶级专政的理论，他犯了与大多数无政府主义者一样的幼稚病。

到日本以后，刘师培并没有忘记自己革命党人的身份，当年的"激烈派第一人"风采仍在。

刘师培在日本宣传无政府主义时，慢慢地对孙中山倡导的资产阶级民主革命产生了怀疑。1907 年 6 月 4 日日本足尾铜山的矿工大罢工，在其后的一年里日本又发生了 50 多起罢工，这对于来日本探求救国救民真理的刘师培来说又是一个强烈的刺激，他的思想变了，他开始对资本主义世界展开了攻击。他对资产阶级的批判是从伦理角度入手的，他说资本家是道德最腐败的人，刘师培意识到资本家的剥削是造成人民贫困的根源所在，因此他强烈地反对在中国搞资本主义。

19世纪、20世纪之交，中国正经历着一次重大的社会、文化转型。西学东渐，"国粹"式微、思想者们都在焦虑地选择，但难有一个最终的选择。刘师培在日本时，对资本主义制度的批判显得非常有力度，其革命的立场也非常坚定。但在对待中国资产阶级的态度上，他又犯了教条主义的错误，认识不到资本主义在历史上的进步性和在中国的必要性，而强烈要求大革其命。后来，像大多数狂热的无政府主义者那样，性格本来就浮躁又好出风头的刘师培竟然喊出了要"杀尽资本家"的口号，必欲置之死地而后快。

　　正是在这个原则性的问题上，刘师培与孙中山产生了分歧，反对起了孙中山的"三民主义"，与时代主流思想相悖。

　　"三民主义"中第一条就是"民族主义"。"民族主义"就是指"排满"，也叫"驱除鞑虏"。刘师培认为这一条有局限性："排满主义不必以种族革命目标，谓之阶级斗争之革命可也。"这在当时是颇具先进性的。但是他又过分贬低了民族主义。他讥讽民族主义思想是学术谬误，心术险恶，政策偏颇。但是他混淆革命的保皇说法与不易操作的反帝主张，客观上起到了打击革命派、"保护满政府"的作用。因此他受到孙中山等人的反驳。

　　"三民主义"的第二条是"民权主义"。意思是仿照欧洲经验，在中国建立一个资产阶级共和国。刘师培强烈反对这一点。他认为共和国所标榜的民主选举制具有虚伪性和欺骗性。这一点在对资产阶级共和国的认识上，应该说刘师培要比孙中山等人清醒、深刻得多，他指出的问题在中国也很具现实性。尤其是民国建立后的政治状况更印证了刘师培观点的合理性。但是他认为资产阶级民主与专制无异，这一点又过于极端，完全忽视了资产阶级民主的正面价值。

　　"三民主义"的最后一条是"民生主义"，即平均地权。刘师培认为这是向汉武帝的盐铁专营和王莽的改制学习。他说："土地财产国有之说，名曰均财，实则易为政府利用。观于汉武、王莽之所为，则今人欲设政府，又以平均地权愚民者，均汉武、王莽之流也。"

正是他对"三民主义"的强烈反对，导致他与孙中山、同盟会关系十分紧张，他一个人的"革命"也为其政治生涯添上了一笔悲壮的注脚。

"惧内泰斗"

刘师培其貌不扬，娶了个老婆却非常漂亮。她老婆名叫何震。何震原名何班，是江苏仪征何承霖的女儿。刘何两家世代有些交情，刘师培娶何班，可谓是亲上加亲。何班跟着刘师培来到上海后，随即进入爱国女社读书，很快就成为一名激烈的女权主义者。她和刘师培结婚后，改名为"震"，并为显示男女平等起见，将姓氏也改为父母两姓，自署何殷震。

刘师培是吴中才子，但在何震面前却懦弱得一塌糊涂。何震经常对刘师培作"河东狮吼"，刘师培因畏妻如虎，被人戏称为"惧内泰斗"。石之轩写的《黄花赋——共和国前夜风云录》虽然是一本历史小说，但内容并没有脱离史实。在这本书中，对何震作了这样的描述："平日他（刘师培）对何震是又爱又怕，爱是因她美貌，怕是因她泼悍。何震打着'男女平等'的大旗，动辄对刘师培施以训斥惩罚，甚至拳脚耳光。闺房之内，刘师培完全受制于她，时间长了，对她的畏惧早已成为一种习惯，事事以讨她的欢心为目标。何震崇拜英雄，刘师培就极力要做个英雄，何震对他恨铁不成钢，他便处处要装得像块精钢。所以在他身上，思想上的激烈与生活上的懦弱恰好都走了极端。"

刘师培到底怕老婆到什么程度呢？据刘师培的朋友张继回忆，有一天晚上，刘师培慌慌张张地冲进他家，喘息不定的时候，外头突然传来一阵急促的叩门声。只见刘师培面色惨白，哆嗦着说："必是我太太来了，怎么办？我非躲起来不可！"说完就闪电般冲进卧室，并迅速钻到了床底。张继开门后，发现是他的一位朋友，就进卧室叫刘师培出来。刘师培以为张继骗他，无论如何都不肯从床底下钻出来。最后张继无计可施，只好趴下把他从床底硬给拽了出来。

单纯"惧内"也就罢了。除了在思想上紧跟何震外，刘师培还心甘情愿地被戴了一顶"绿帽子"。对于这件事，张鸣的《历史的底稿》一书是这样描述的："废除家庭的高调，原本不过是何震为了名正言顺地红杏出墙，明目张胆地在刘师培眼皮底下，跟情人双入双出，据说刘师培一点脾气都没有。刘师培后来之所以变节，实际上也是何震的情人给牵线搭的桥。"

何震的情人就是她的表弟汪公权。1907年春，刘师培在章太炎的邀请下，带着母亲、妻子和汪公权东渡日本。一开始，章太炎一直与刘师培夫妇同租一处合住，"三人同住一起，亲密得像一家人。但是，不过两个月，就吵得不可开交，章太炎不得不搬到民报社居住。"（杨天石的《晚清史事》）

刘章关系的决裂，就是因为章太炎因一次偶然发现何震与汪公权关系暧昧，他看不惯，就私下告诉了刘师培。结果刘师培的母亲非但不信，反而大骂章太炎居心不良，离间夫妻关系。何震对章太炎自然怀恨在心，经常在刘师培耳边吹枕边风。在母亲和妻子的影响下，刘师培"误解了章太炎的用心，并用行动反诬章太炎与清朝政府暧昧。他指使人伪造了章太炎与锡良电，又在上海《神州日报》伪造《炳麟启事》，意思是说，章太炎对革命没有信心，准备不理世事，精研佛学，出家做和尚。凡近来所进行的种种活动都系子虚乌有。"（赵慎修

民国岁月
那些文人大师们

《刘师培评传》）为了彻底搞臭章太炎，何震还亲自出马，给吴稚晖写了一封揭发章太炎的信。

章太炎在报纸上揭露刘师培夫妇是清政府的侦探。刘师培夫妇采取了更加激烈的反攻。他们先是将章太炎要他们和清政府官员端方等联系筹款赴印度的五封信影印寄给黄兴，接着聘请日本人漆田增男为律师，准备和章太炎打官司，被人劝阻后就跑到章太炎寓所，把他痛打了一顿。接着，便发生了有名的"毒茶案"。有人在茶中下毒，想谋害章太炎。事情败露，调查结果显示，是汪公权投的毒。在这种情况下，刘师培夫妇很难在东京待下去。

刘师培将章太炎通信五封影印寄给黄兴，严重破坏了章太炎的政治形象，也加剧了同盟会内部的矛盾分化。章太炎的威信大受动摇，与同盟会的分歧也越来越深，导致在1910年2月，光复会从同盟会中分裂出来。

刘师培死时年仅36岁，他与何震曾生有一女，不幸夭折，膝下无子无女，又无亲属同住，丧事由陈独秀主持，陈钟凡、杨亮功等学生一起帮助料理后事。"一棺在室，空庭悲风，真是极身后凄凉之惨。"刘师培去世，对于当年激进、好强的何震是一个强烈的打击。据柳亚子《南社纪略》："申叔死后，志剑（何震）神经病发作，曾在北大校门伏地痛哭，后来削发为尼，法名小器，再后来就不知下落，有人说她已经去世了。"

刘文典：亦癫亦狂亦君子

刘文典（1889—1958），字叔雅，原名文聪，笔名刘天民。安徽合肥人，祖籍怀宁县。历任北京大学教授、安徽大学校长、清华大学国文系主任。1938 年到昆明，先后在西南联大、云南大学任教，为九三学社成员。终生从事古籍校勘及古代文学研究和教学。他讲授的课程，从先秦到两汉，从唐、宋、元、明、清到近现代，从希腊、印度、德国到日本，古今中外，无所不包，是名副其实的饱学之士。

"蒋介石一介武夫耳"

1928 年，刘文典出任安徽大学校长（学校设在省府安庆）。是年 11 月 23 日，安徽学界爆发了一场颇具规模的学潮。时恰蒋介石抵安庆，见到此情此景十分恼怒，认为安徽学风不正、学潮嚣张是共产党活动猖獗的反映，决心严惩。29 日下午，蒋介石传唤刘文典。此前，刘文典就曾扬言："我刘叔雅非贩夫走卒，即是高官也不应对我呼之而来，挥之而去。我师承章太炎、刘师培、陈独秀，早年参加同盟会，曾任孙中山秘书，声讨过袁世凯，革命有功。蒋介石一介武夫耳，其奈我何！"

刘文典自视甚高，蒋介石挟北伐之功，更是盛气凌人。两人一见面便展开了唇枪舌剑。因为心里怀有怨气，见到蒋介石时，刘文典戴礼帽着长衫，昂首阔步，跟随侍从飘然直达蒋介石办公室。见蒋介石面带怒容，既不起座，也不让座，冲口即问："你是刘文典吗？"这对刘文典正如火上加油，也冲口而出："字叔雅，文典只是父母长辈叫的，不是随便哪个人叫的。"这更激怒了蒋介石，蒋一拍桌子，怒吼道："无耻文人！你怂恿共党分子闹事，该当何罪？"刘文典也应声反驳蒋介石所言为不实之词，并大声呼喊："宁以义死！不苟幸生！"躬身向蒋碰去，早被侍卫挡住。蒋介石又吼："疯子！疯子！押下去！"

由于见面时，刘文典称蒋介石为"先生"而不称"主席"，引起蒋的不满。蒋要刘交出在学生风潮中闹事的共产党员名单，并惩罚罢课学生。刘当面顶了回去，说："我不知道谁是共产党。你是总司令，就应该带好你的兵。我是大学校长，学校的事由我来管。"说到激烈处，两人互相拍桌大骂，一个骂"你是学阀"，一个骂"你是新军阀"。蒋介石恼羞成怒，当场打了刘文典两记耳光，并给他定了个"治学不严"的罪名，把他送进了监狱。蒋介石还扬言要"解散安大"。

消息传出后，安大师生立即组成"护校代表团"，与安庆多所中学的学生 400 余人，聚集在省府前请愿，要求释放刘文典，收回关押、开除学生的成命。同时，安大教职员代表和皖省各界贤达联名致电教育部长蒋梦麟以及中国公学校长胡适。刘文典夫人张秋华又去南京见蔡元培。所幸，蔡、蒋、胡分别致电蒋介石，历数刘文典为人治学及任《民立报》主笔时宣传革命的功绩，劝蒋恕其一时语言唐突，并"力保其无他"。在强大的社会舆论的重压之下，蒋介石最后放了人，但附前提——迫令刘文典"即日离皖"。

当时学界盛传刘文典的一句名言："大学不是衙门。"那是刘文典对当局迫害进步青年的愤慨。刘在安大曾以一种特别的方式保护了一些进步青年学生。预科学生王某，江西瑞金人。某日国民党安徽省党部通知刘文典说王某是共产党员，要他对其严加监视。因说是"证据确凿"，刘文典遂命令校警丁某到王宿舍进行搜查，还真搜出了"秘密文件"。刘文典于是立即叫人送王某离校。是日夜，便衣特务来校搜捕，扑了个空。学校向当局推诿，最后不了了之。

刘文典离开安大后，于次年初拜访他的老师章太炎，讲述了安大事件始末。章太炎听罢，十分欣赏刘文典的气节，于是抱病挥毫写了一副对联赠之："养生未羡嵇中散，疾恶真推祢正平。"

赠联巧妙借用汉末狂士祢衡击鼓骂曹的典故，揭露了蒋的独裁专横，颂扬了刘不畏强暴、嫉恶如仇的气节。三年后鲁迅先生以佩韦为笔名，作《知难行难》（1931 年 12 月 11 日《十字街头》第一期），文中说："安徽大学校长刘文典教授，因为不称'主席'而关了好多天，好容易才交保出外。"鲁迅在评述刘文典的同时，还幽了胡适一默："老同乡，旧同事，博士当然是知道的，所以'我称他主席'！"

香港的高伯雨说得更为精彩："为什么会时时想到刘文典先生呢？我就是欣赏他有狂态。当 1929 年前后蒋介石不可一世的时候，刘先生一如他的老师章太炎藐视袁世凯那样，对着蒋面前敢'哼'他，是真名士，非胡适之、朱家骅等人所及。"

"只吃鲜桃一口"

　　教学期间，刘文典开的课很多，在北大时达十门之多，主要有文选学、校勘学、先秦诸子研究和庄子研究等。他授课有特色，既注重疑难字句的考订，又不囿于繁琐的训诂，善于旁征博引。他不喜照本宣科，往往结合自己的研究心得，对学生循循诱导。对学生不得要领地乱用参考书，他会诙谐地说："去神庙烧香拜佛，烛光闪闪，烟雾袅袅，神佛真容常常模模糊糊、影影绰绰，只有拨开云雾，才能看清庐山真面目。"文史大家游国恩、王力、张中行、任继愈等都曾沐浴过他的教泽。张中行在《刘叔雅》中津津有味地说："一次是讲木玄虚《海赋》，多从声音的性质和作用方面发挥，当时觉得确是看得深，谈得透。又一次，是泛论不同的韵的不同情调，说五微韵的情调是惆怅，举例，闭着眼睛吟诵'风压轻云贴水飞，乍晴池馆燕争泥。沈郎憔悴不胜衣。'念完，停一会儿，像是仍在回味……对他的见解，同学是尊重的。"

　　刘文典当年在西南联大，上课前先由校役沏一壶茶，外带一根两尺来长的竹制旱烟袋。讲到得意处，他就一边吸旱烟，一边解说文章中的精义，下课铃响也不理会。有一次他是下午的课。结束了一讲的内容之后，学生们都以为他要开讲新课。可这时他却忽然宣布提前下课，新课改在下星期三晚饭后七时半继续上。原来，下个星期三是阴历五月十五日，他是要在皓月下讲《月赋》。

　　"当他解说《海赋》时，不但形容大海的惊涛骇浪，汹涌如山，而且叫我们特别注意到讲义上的文字。留神一看，果然满篇文字多半都是水旁的字，叔雅师说姑不论文章好坏，光是看这一篇许多水旁的字，

就可令人感到波涛澎湃瀚海无涯，宛如置身海上一般。"（宋廷琛《忆刘文典师二三事》）

每逢讲授诗歌，刘文典常常摇头晃脑、浅吟低唱，每到激越处则慷慨悲歌，他不仅自己吟诵，还要求学生模仿。有的同学不遵命，他虽不悦，但也不苛责，只是打比方点拨："诗不吟，怎知其味？欣赏梅先生（兰芳）的戏，如果只是看看听听而不出声吟唱，怎么能体会其韵味呢？"

大名士吴宓对刘文典也很敬重，常把自己的诗作请他润饰，还喜欢听他的课。刘文典也不介意，他讲课时喜欢闭目，讲到自以为独到之处时，会忽然抬头看向坐在后排的吴宓，然后问："吴僧（吴宓）兄以为如何？"每当这时，吴宓照例起来，恭恭敬敬一面点头一面说："高见甚是，高见甚是。"惹得学生们在底下窃笑。

其实，吴宓跟刘文典的关系颇为微妙。

吴宓在西南联大开过《红楼梦》讲座，自认红学家的刘文典对吴的观点不能苟同，就唱"对台戏"。由于听众太多，讲座由小教室迁到室外小广场，刘则秉烛讲授。刘文典身着长衫登台，一女生为他斟茶。他忽然有板有眼地念出了开场白："只——吃——仙——桃——一——口，不——吃——烂——杏——满——筐！仙桃只要一口就行了啊……我讲《红楼梦》嘛，凡是别人说过的，我都不讲；凡是我讲的，别人都没有说过！今天给你们讲四字就够！"接着在身旁小黑板上写了"蓼汀花溆"四个大字，然后大抒己见。

刘文典不仅课上得有特色，著述也颇宏富，除校勘古籍外，还有大量译著。他刚到北大当教授时，年仅 27 岁。当时的文科办公室被称为"卯字号"。里面有两只老"兔子"——己卯年生的陈独秀、朱希祖，三只小"兔子"——辛卯年生的胡适、刘半农和刘文典。北大人才济济，刘文典深感自己学识浅薄，自忖要想在北大立足，没有著述

民国岁月 那些文人大师们

支撑不行。他以古籍校勘为目标，把重点放在了秦汉诸子上。历数年青灯黄卷，1923 年，商务印书馆出版了他的《淮南鸿烈集解》。胡适在所作序中推崇说："叔雅治此书，最精严有法。"那时胡适已倡导白话文，为了表示对这部书的尊重，破例用了文言。该书出版后受到学术界的好评，刘文典的学术地位也大大提升。

"一字之微，征及万卷"是刘文典的治学格言。校勘古籍不仅字字讲究来历，就连校对他也从不假他人之手。在致胡适的信中，刘文典大叹校对的苦经："弟目睹刘绩，庄逵吉辈被王念孙父子骂得太苦，心里十分恐惧，生怕脱去一字，后人说我是妄删；多出一字，后人说我是妄增；错了一字，后人说我是妄改，不说手民弄错而说我之不学，所以非自校不能放心，将来身后虚名，全系于今日之校对也。"他所征引的材料，特别强调"查证原文"，以免以讹传讹灾梨祸枣。他的一位学生李埏，在 20 世纪 40 年代曾向他借阅过一本有关唐三藏取经的书，发现书的天头地脚及两侧空白处都布满了他的批注。注文除中文外，还有日文、梵文、波斯文和英文。"其知识之渊博，治学之严谨，令人叹为观止。"（傅来苏《刘文典先生教学琐忆》）

狂傲有如辜鸿铭

恃才傲物者，古今有之。近代名士中，刘文典当属一个。他的特点就是比以"怪"闻名的刘师培还要怪上三分，所以时人以"才高"、"狂傲"来评价他。在北大教授中，刘文典尤以"狂傲"与辜鸿铭齐名。对于这一点，刘文典并不否认。他曾反省自己："以己之长，轻人之短，学术上骄傲自大，是我的最大毛病。"不过，他又说，"但并不是在任何人面前都骄傲自大。"陈寅恪、胡适当不在此列。但他对业师刘师培却颇有微词，认为他"著述征引的材料，有时只凭记忆"，所以难免失误。

且先看几节他的自述，以及与弟子谈话时对他人的评论。

"前人校释是书，多凭空臆断，好逞新奇，或者所得，亦茫昧无据。"（张德光《庄子补正》跋）"这两位诗人（元遗山、吴梅村）的诗，尤其是吴梅村诗，老实说，比我高不了几分。"（王彦铭《刘文典先生的一堂课》）"弟近来所发见的，在老大哥面前，说句狂话，实在比石臞、伯申贤乔梓的东西坏不了许多，要比起曲园来，竟可说'好些'呢！"（《刘文典全集》）"别人不识的字，我识，别人不懂的篇章，我懂。你们不论来问什么问题，我都会予以解答。"（郭鑫铨《初识刘文典先生》）

据传 20 世纪 30 年代末，在西南联大上课时，他偶然提起跟章太炎学《说文》一事时，顺便说了一句"鲁迅也参加学习"，同时一举手伸出小拇指。新中国成立后，有人揭发他反对鲁迅，刘辩称"那是尊敬他的表示"。伸小拇指是褒是贬，已无从考证。本意如何，唯刘文典自知了。

刘文典的《庄子补正》共 10 卷，于 1939 年出版。由于不肯轻易誉人的陈寅恪也作序赞曰："先生之作，可为天下之慎也。""此书之刊布，盖将一匡当世之学风，而示人以准则。岂仅供治《庄子》者之所必读而已哉？"刘文典由此获"庄子专家"的美誉。每上《庄子》课时，开头第一句总会自负地说："《庄子》嘛，我是不懂的喽，也没有人懂！"言下之意，他如不懂，别人就更不懂了。曾有人问他古今治庄子者的得失，他口出狂言："在中国真正懂得《庄子》的，只有两个人。一个是庄周，还有一个就是刘文典。"学界流传的另一个版本是"有两个半人懂《庄子》"。除庄周、刘文典外，还有"半个"。那"半个"，一说是指日本某学者，一说指冯友兰或马叙伦，因他俩都曾从哲学的角度讲授过老庄。

　　刘文典自称"十二万分"佩服陈寅恪，二人曾在西南联大共事。在昆明时，某日空袭警报响起，师生们争先恐后到处跑，刘忽然想起他"十二万分"佩服的陈身体羸弱，视力不佳，行动更为不便，便匆匆率领几个学生赶赴陈的寓所，一同搀扶陈往城外躲避。同学要搀刘，刘不让，大声叫嚷："保存国粹要紧！保存国粹要紧！"让学生搀扶陈先走。而沈从文碰巧从刘文典身边擦肩而过。刘面露不悦之色，于是他对同行的学生说："陈寅恪跑警报是为了保存国粹，我刘某人跑是为了庄子，你们跑是为了未来，沈从文替谁跑啊？"

　　刘文典看不起文学创作，他认为"文学创作能力不能代替真正的学问"。一次有人问他可知道名噪一时的巴金，他喃喃自语："我没听说过他，我没听说过他。"昔日在西南联大，他也不把朱自清这些"才子"出身的教授放在眼里。刘文典曾言："陈寅恪才是真正的教授，他该拿400元钱，我该拿40块钱，朱自清该拿4块钱。"

　　西南联大青年教师陶光是刘文典的得意门生。因教务繁忙，陶久没去拜见老师。某日，陶拨冗专门拜访。一见面，刘文典就劈头盖脸地把他一顿臭骂，说他是"懒虫"、"没出息"，"把老师的话当耳边风"。陶光被骂得莫名其妙，忍无可忍正要反击时，刘文典一拍桌子，更加大声说："我就靠你成名成家，作为吹牛的本钱，你不理解我的苦心，你忍心叫我绝望吗？"口气由硬变软。陶光听到老师是想把自己当作"吹牛的本钱"后很受感动，几乎破涕为笑。师生的情谊从此更深了。后来刘文典特地请陶光为自己的著作题签。

　　西南联大时，刘文典的学生李埏在向他借的一本《唐三藏法师传》的书页中，发现了一张老师用毛笔画的老鼠，遂要求老师解释。刘文典听后大笑不已，说自己在乡下看书时点香油灯，灯芯上的油会滴在灯盘上。一天深夜他在灯下看书时，见有老鼠爬到灯盘上明目张胆地吃起了盘子上的油。他本想打死它，但转念一想，老鼠是在讨生活，我读书也是为讨生活，何必相残呢？于是随手用毛笔画了一幅老鼠像夹在书中。李埏感慨："先生真有好生之德！"

刘文典在课堂上往往会发惊人之语。一次，学生向他讨教如何写好文章。他信口说："只需注意观世音菩萨就行了"。学生不解。他说："'观'，是要多观察；'世'，是要懂得世故；'音'，是要讲究音韵；'菩萨'，即是要有救苦救难，为广大老百姓服务的菩萨心肠。"

梁启超：革命先驱，国家脊"梁"

梁启超（1873.2.23—1929.1.19），字卓如，号任公，又号饮冰室主人、饮冰子、哀时客、中国之新民、自由斋主人等。广东新会人，中国近代维新派代表人物，资产阶级改良主义者，著名学者。中国近代史上著名的政治活动家、启蒙思想家、资产阶级宣传家、教育家、史学家和文学家。戊戌变法领袖之一。曾倡导文体改良的"诗界革命"和"小说界革命"。

"杀几个一品大员，法即变矣"

1890 年，17 岁的梁启超在同学陈千秋的引荐下拜会了 33 岁的广东南海人康有为。

初次见面，两人竟从早上 8 点聊到晚上 7 点。此前梁启超接受的是传统教育，康有为给他打开了一扇西学的大门，立宪、维新、变法，这是一条全新的道路。梁启超觉得以前学的不过是科举考试的敲门砖，不是真正的学问。于是，他当场拜康有为为师。当时的梁启超已是举人，康有为却只是一名监生。

康有为在广州修建了一所万木草堂，开馆授徒。万木草堂为期一年的学习使梁启超获益匪浅，他后来回忆说："一生学问之得力，皆在此年"。同时，梁启超的学识和辩才，也开始在康有为的诸多弟子中脱颖而出。

可惜，神州虽大，却已容不下一张安静的书桌。

这是一个被内忧外患困扰的国度，平民以不谈国事为戒律，政府贪污腐化无能，对外只希望妥协可以换取短暂的和平，对内则盘算着同洋务运动后兴起的民营企业家争夺财富。

1895 年春天，梁启超跟康有为一同进京参加会试。4 月，《马关条约》签订的消息传来，梁启超和其他举人们愤怒了，在康有为的振臂一呼下，1300 多名举人签名上书，敦促朝廷拒绝和议，着手改革。史称"公车上书"。

这次会试，康有为高中进士，梁启超却榜上无名。出现这样的结果并不奇怪，因为主考官是守旧派代表徐桐，对变法维新深恶痛绝，凡是文章中有离经叛道的，都将摒弃不录。巧合的是，徐桐先看到梁启超的考卷，见通篇都是恣意发挥的今文经学的微言大义，以为是康有为的，当即刷了下来，康有为的考卷却因此侥幸过关。即便如此，副考官李文田还是颇为欣赏梁启超的文采，在文末颇为惋惜地批道："还君明珠双泪垂，恨不相逢未嫁时。"

公车上书如泥牛入海，杳无音讯，康有为决定另辟蹊径宣传维新思想。1895 年 8 月，他创办了《万国公报》，随《京报》发行，赠送给王公大臣阅读。梁启超作为主要撰稿人，撰写了大量介绍西方、宣传变法的文章，用饱含深情的文笔打动了许多上层人士，当康有为发起成立"强学会"时，张之洞、刘坤一等封疆大吏纷纷慷慨解囊，出资赞助。

康梁的活动引起了守旧派的不满，次年 1 月，清廷强行解散了强学会。康有为应汪康年之邀，携梁启超南下上海，筹办《时务报》。《时务报》的精华文章几乎都是出自梁启超之手，他强烈反对自强运动中的技术决定论，由于学习了明治维新的经验，他坚定地认为，为了使中国复兴，政治的改革比技术的输入更为重要。梁启超主张，中国政治改革的关键是彻底改革教育制度，提供中国传统文化和西方政治经验这方面的教育。基于这种思想，当湖南开办时务学堂，黄遵宪推荐他为总教习时，他欣然领命。1897 年秋，他到达长沙。梁启超的名字引发了人们的热情，有多达 4000 名年轻人来到长沙报考参加入学考试，结果只有 40 人被录取。梁启超向学生宣传改革变法的激进思想，他们秘密重印和散发黄宗羲的禁书《明夷待访录》。为学生写的评语中，梁启超直言不讳地提到，在 17 世纪征服中国的过程中清军犯下的屠杀暴行，这在当时无疑犯了大忌。1897 年冬天，德国强占胶州后，梁启超对清廷十分愤慨，他向湖南巡抚陈宝箴提议，如有必要，湖南应宣布脱离北京的中央政府。

在此期间，梁启超还不忘结交权贵，为康有为援引势力。当他去拜会湖广总督张之洞时，正值张的侄儿娶亲，宾客盈门。张之洞听说梁启超前来，当即撇下宾客，大开中门，将他迎进内厅，与之彻夜长谈。

国家命运危在旦夕，康有为回到北京，再次向清廷上书请求变法。和以往的上书不同，他的请求立刻得到了朝廷肯定的答复。1898 年 6 月 11 日，光绪发布上谕，宣布变法。6 月 16 日，康有为被召入宫，"百日维新"拉开帷幕。7 月 3 日，梁启超也受到光绪召见。

可惜，满口的广东方言害苦了梁启超，"孝"被读成"好"，"高"读成"古"，皇帝听不懂他的话，大为扫兴，只赏了他一个小小的六品衔，任印书局编译。

比起康有为与皇上几个小时的长谈，梁启超的这次召见并不成功。从此，梁启超痛下决心学习官话，妻子李惠仙自幼在京城长大，官话十分流利。梁启超流亡日本后，请夫人教他官话，妇唱夫随。

很快，他的官话口语水平大有长进，在社交场合得心应手，不再吃亏了。

轰轰烈烈的戊戌变法开始后，康梁等人根据皇帝授意，发布了不少实行新政的诏书，如设立学堂、奖励发明创造、改革财政等。

但是，变法的制定者们在政治上既不成熟也缺乏手腕，他们徒有激情而未顾及现实。改革官制，废除八股，取消旗人特权等，每一项改革都冲击着庞大的官僚集团的既得利益。维新党行动过于操切，言辞过于激烈，康有为面对一众大臣，竟然说出"杀几个一品大员，法即变矣"的狂言，实在是书生意气。情急之下，他们想到"围园杀后"。本以为看准了袁世凯，可惜，谭嗣同夜访袁世凯并未得到一个明确的答复。袁世凯察觉到风向不对，担心引火烧身，便跑到天津，将康梁等人的计划向直隶总督荣禄和盘托出。事态扩大了，康梁之"罪"已不是同慈禧政见不同，而上升到了"谋反"的程度。震怒之余，慈禧下令逮捕维新人士，"戊戌六君子"喋血菜市口，百日维新以失败告终。

当时，日本首相伊藤博文刚刚结束访华的行程，滞留北京。他对日本驻华大使林权助说："救救梁启超吧！让他逃到日本吧！到了日本，我帮他。梁这个青年对于中国是珍贵的灵魂啊！"在他和林权助的帮助下，梁启超剪掉辫子，换上西服，在领事郑永昌的帮助下，先逃到天津的日本使馆，再化装成猎户的模样，准备离津。25日，俩人在天津车站的月台上行走时，被梁启超的熟人发现并报告了官府，捕手很快追了上来。两人跳进帆船，躲至深夜才敢开船，沿白河朝塘沽方向驶去。

捕手发现动静，又乘蒸汽船追来。眼看蒸汽船越来越近，梁启超绝望了，准备束手就擒。正在此时，停泊在白河上游的日舰大岛丸向帆船驶来。原来，林权助事先打过招呼，让大岛丸在此接应。梁启超终于摆脱了清廷的追捕，登上开往日本的大岛丸。望着苍茫的太平洋，梁启超心事沉重，思绪万端，写下"忍慈割泪出国门，掉头不顾吾其东"的诗句。

梁启超抵日后不久，康有为也在英国人的帮助下，从香港辗转来到日本。师徒相见，犹如重生，热泪盈眶。康有为告诉梁启超，他的老家被清廷查抄，幸好梁宝瑛和李惠仙已携家人逃到了澳门。梁启超立刻给妻子写信，并将近照附在信中。在照片的背面，他写道："衣冠虽异，肝胆不移。见照如见人。"

从共和派转向立宪派

流亡的生活并不平静。除了办《清议报》和《新民丛报》外，在日本内阁大臣犬养毅家，梁启超结识了孙中山。

在以"得君行道"的康有为看来，孙中山倡导暴力反清，大逆不道，自己深受皇恩，断无与他合作的可能。

梁启超却没有丝毫成见，他乐于接受新鲜事物，从善如流，赞成革命，很快便与孙中山打得火热。当时，孙中山的声望无法同梁启超相比，很多东南亚的华侨和日本重臣都是由梁启超介绍给孙中山的。1899年夏，康有为被日本政府驱逐，离开日本去了新加坡。少了老师的掣肘，梁启超同孙中山往来更加频繁。其实，梁启超并非对孙中山笃信不疑。

不久，梁启超联合康有为的 13 位弟子给老师写信说："国事败坏至此，非庶政公开，改造共和政体，不能挽救危局。今上（光绪）贤明，举国共悉，将来革命成功之日，倘民心爱戴，亦可举为总统。吾师春秋已高，大可息影林泉，自娱晚景，启超等自当继往开来，以报师恩。"

康有为接信后，怒不可遏，立即令其离开日本，到檀香山办理保皇会。梁启超表面上听从老师的话，内心却很不满。除了政见不同，经济的原因也很重要。梁启超流亡海外，主要靠办刊、卖文维持生计，生活清苦。而康有为声称有光绪的"衣带诏"，以保皇为名一路大肆敛财，掌握了百万巨款，却并未很好地接济梁启超。

到檀香山组织保皇会后，梁启超对当地华侨说，他组织保皇会，名为保皇，实则革命。此举顿时得罪了改良、革命双方，很多人指责他"挂羊头，卖狗肉"。然而没过多久，梁启超的态度就 180 度大转弯，彻底摒弃了用暴力革命建立共和的主张，转而支持开明专制的国体。

思想的转变源于他 1903 年应美国保皇会之邀游历了一番美国。在这片曾被他称作"世界共和政体之祖国"的土地上，他失望了。他见到鳞次栉比的高楼、兴旺发达的工业，却也见到了世纪之交的怪物——托拉斯，见到了马克·吐温笔下暗箱操作的"黑金政治"，更见到了华侨社会帮派林立、互相残杀的种种丑陋现象。于是，他得出一个结论：共和不适用于中国。信仰崩溃的梁启超写道：呜呼痛哉！吾十年来所醉、所梦、所歌舞之共和，竟绝我耶？吾与君别，吾涕滂沱。

回国后，他冷静地想了想，认识到以中国之大、国情之复杂、民众素质之低下，搞起革命来，一定是多年大乱。而最终收拾动乱的人，

民国岁月
那些文人大师们

一定是有极大能量和权术的独裁者，到底还是专制。梁启超给革命开出的公式是：革命——动乱——专制。给立宪开出的公式是：开明专制——君主立宪——民主立宪。

从此，梁启超走上了坚定的改良主义的道路，利用各种渠道不遗余力地呼吁立宪。

革命党对梁启超的转变极为不满，他们在东京创办了《民报》，第三期就下了战书。一场立宪派同革命派在中国近代思想史上影响深远的论战拉开了帷幕。

革命派说：要自由，就得流血牺牲。

梁启超说：暴力革命得不到共和，只能得到另一个专制。

革命派说：日本、英国搞君主立宪，也要流血。

梁启超说：法国大革命，动乱 80 年，血流成河。其他欧洲 15 国，君主立宪，都和平完成转型。共和当然最好，但鉴于中国现实，只能从立宪做起。

革命派说：既然立宪是过渡，共和是最终目标，为什么把时间耽误在过渡上。

梁启超说：因为渐进改革损失小。

两派你来我往，革命派占据着《民报》，章太炎、胡汉民、汪精卫轮番上阵。立宪派只有梁启超孤身一人，阵地是他 1902 年创办的《新民丛报》。

通过和革命派的论战，梁启超确立了舆论界骄子的地位，并代替康有为成为立宪派新的精神领袖。

同时，在论战过程中，梁启超发明了一种介乎古文与白话文之间的新文体，后世称之为"新民体"。由于百姓和士子都乐于接受，新民体传播很广。用这种读者喜闻乐道的文体，梁启超写下感人至深的《少年中国说》，"少年强则国强，少年独立则国独立"的铿锵之语激荡着那个时代无数年轻人炽热的心灵。

黄遵宪就极为推崇新民体，称赞其"惊心动魄，一字千金，人人笔下所无，却为人人意中所有，虽铁石人亦应感动"。再加上梁启超善用"拿来主义"，直接将日文的汉字词语引入中国，诸如"政治""经济""哲学""民主"等等，极大地丰富了汉语词汇。而这其中，有一个词是梁启超的原创，那就是"中华民族"。

不过，梁启超文采横溢也是一件可惜之事，他写惯了报纸文章、论战文章，只追求打动人。他的一支笔可以惊醒中国长久睡梦的人心，却没有精力写出真正大师级的著作。陈独秀就评价梁启超的著作为"浮光掠影"。

"吾爱孔子，吾尤爱真理"

1914年，梁启超在清华演讲时，引用《易经》里的话，勉励清华学生要做君子，树立"完整人格"："天行健，君子以自强不息；地势坤，君子以厚德载物。"鼓励清华的同学"先从个人、朋友等少数人做起，诚诚恳恳脚踏实地地一步一步去做，一毫也不放松"，这样终会"在社会上造成一种不逐时流的新人"，即使做学问，也要"在学术界造成一种适应新潮的国学"。他的演讲对清华优良学风和校风的养成产生了深远的影响。此后，清华即把"自强不息，厚德载物"八字定为校训。

在清华聆听梁启超演讲的梁实秋回忆说："他穿着肥大的长袍，步履稳健，风神潇洒，顾盼左右，光芒四射，这就是梁任公先生。他走上讲台，打开他的讲稿，眼光向下面一扫，然后是他的极简短的开场白，一共只有两句，头一句是'启超没有什么学问'，眼睛向上一翻，

民国岁月
那些文人大师们

轻轻点一下头，'可是也有一点喽！'这样谦逊同时又这样自负的话是很难得听到的。"

康有为是梁启超的授业恩师，可以这样说，没有康有为的培养，就不会有后来的梁启超；而梁启超更是因为与康有为共同致力于维新变法，被人合称"康梁"。

梁启超拜师康有为，对其性格生成及一生的道路选择都具有一定的影响。富有强烈事业心和美好追求的他，如铁块碰上了磁石。万木草堂打破了传统的"两耳不闻窗外事，一心只读圣贤书"的读书方法，把求知和救国救民、改造社会紧密联系起来。经过万木草堂的学习，梁启超开始把自己的命运与国家的命运紧紧联系起来。

梁启超求学问的欲望极为强烈，平时对康有为虽无成见但却勇于坚持己见。从戊戌政变后流亡日本开始，梁启超与康有为思想上的分歧也越来越大。初到日本梁启超与康有为一道主张"尊皇"，而仅一年光景，梁启超便大肆宣传民权、批奴性、讲自由，甚且鼓吹破坏主义。梁启超的行为引起康有为的不满，只因天各一方，康有为无可奈何。1900 年 7 月，梁启超至新加坡，两人见面，由于学术思想分歧很大，康有为气恼竟至出手殴打。但梁启超仍坚持己见，并作诗"我所思兮在何处，卢孟高文我本师""宁关才大难为用，却悔情多不自持"等句，表达出自己的心志。

但是康有为死后，梁启超甚是悲痛。梁启超痛哭几天，率清华园全体同学在法源寺开吊，自己披麻戴孝，在法源寺守灵三天，每天有人来行礼，他都在孝子位上站着。梁平时喜打麻将，但在康有为死后的三个月内他都不玩。

梁启超自称："吾爱孔子，吾尤爱真理；吾爱先辈，吾尤爱国家；吾爱故人，吾尤爱自由。"所以即使和老师有冲突误会，他也并不退让，而是坚持真理。也正是因为坚持真理，所以他后来坚定地与复辟、祀孔等思想行为进行斗争。

梁启超晚年受聘于清华大学国学研究院，担任导师，教书育人，同时展开对中国文化的深入研究。

梁启超认为，用科学只能发展物质文明，但却难以发展精神文明，尤其是人生问题，更为西洋哲学所缺乏。"从前西洋文明，总不免将理想与实际分为两橛，唯心唯物，各走极端。宗教家偏重来生，唯心派哲学高谈玄妙，离人生问题都是很远。唯物派席卷天下，把高尚的理想又丢掉了。"梁启超说："所以最近提倡的实用哲学、创新哲学，都是要把理想纳到实际里头，图个心物调和。我想我们先秦学术，正是从这条路上发展出来。老、孔、墨三位大圣，虽然学派各殊，'求理想与实用'一致，却是他们共同的归着点。"因此，"国中那些老辈故步自封，说什么西学都是中国所固有，诚然可笑；那沉醉西风的，把中国什么东西都说得一钱不值，好像我们几千年来就像土蛮部落，一无所有，岂不更可笑吗？"

梁启超的过人之处，在于他并非无限抬高中学，贬低西学。在他看来，"要发挥我们的文化，非借他们的文化做途径不可，因为他们研究的方法，实在精密。"他希望青年，"第一步，要人人存一个尊重爱护本国文化的诚意；第二步，要用那西洋人研究学问的方法去研究它，得它的真相；第三步，把自己的文化综合起来，还拿别人的补助它，叫它起一种化合作用，成了一个新文化系统；第四步，把这个新系统往外扩充，人类全体都得着它好处。"这一看法在今天看来也是值得借鉴的。

一纸电报点燃"五四运动"

1918 年 11 月 14 日，北洋政府宣布，全国放假 3 天，北京突然之间旌旗招展，光彩照耀，东交民巷至天安门一带，游人更是摩肩接踵。这一天，人们在庆祝第一次世界大战的结束，中国自鸦片战争以来，第一次成为战胜国，尽管这次胜利的象征意义大于实际意义。12月初，梁启超筹措了10万元经费，挑选了一批各有所长的专家，组成一个民间代表团，赴欧洲参加巴黎和会。

巴黎和会是第一次世界大战后确立世界新秩序的会议，梁启超希望能利用这次机会改善中国的国际地位，特别是收回德国在山东的权益。12月28日，梁启超率丁文江、蒋百里等人，乘坐日本轮船横滨号前往欧洲。一路上，大家打牌、聊天，非常热闹。每天早上8点，每个人都抱着一本书，在甲板上冲着大海高声朗读，45岁的梁启超也开始学英语。

在巴黎，梁启超以中国民间代表的身份会见了美国总统威尔逊，请他帮忙在和会上支持中国收回山东权益，威尔逊答应了。

1919年1月，被中国人寄予了厚望的巴黎和会正式开幕。会上，同为战胜国日本要求继承德国在山东的权益，遭到中方代表顾维钧的严词反对。

顾维钧慷慨陈词，说山东是孔孟之乡，中国的文化圣地，自中国参战以来，与德国订立的所有不平等条约均已废除，不存在日本继承权益的问题。威尔逊也从旁相助，为中国据理力争。

场外，梁启超作为民间代表进行了频繁的游说活动，发挥了出席和会的中国外交代表所起不到的作用。他写下《世界和平与中国》一文，并翻译成多国文字，广为散发，宣传中国的要求，驳斥了日本占据山东的借口："胶州湾德国夺自中国，当然须直接交回中国，日本不能借口有所牺牲有所要求，试问英美助法夺回土地，曾要求报偿耶？"在随后的记者招待会上，梁启超大声疾呼："若有一国要承袭德人在山东侵略主义的遗产，就是世界第二次大战之媒，这个便是和平公敌。"

就在此时，日本代表平静地公开了一份令人震惊的秘密协定。这份签署于前一年的协议规定，日本给段祺瑞政府 2000 万日元的贷款，换取在山东修路、驻军的权利——山东的命运早就注定了。

由于日本早在和会召开前就与协约国务方达成了秘密共识，因此，在和会上，威尔逊成了孤家寡人。并且，日方屡次扬言如不满足其要求，就退出和会。威尔逊担心建立国际联盟的计划破产，便妥协了。直到此时，梁启超才打听到和会条约的内容，而且得知，部分中国代表已准备在条约上签字。他赶紧致电国内好友林长民（林徽因父亲）告知他巴黎的详情，并称：请警告政府及国民严责各全权，万勿署名，以示决心。

林长民 4 月 30 日接到梁启超电报，5 月 1 日就写成《外交警报敬告国民》一文，刊登在《晨报》上。他在文中惊呼：胶州亡矣！山东亡矣！国不国矣！国亡无日，愿合四万万民众誓死图之！

林长民文稿披露的第二天，北京大学的墙报就贴出了 13 院校学生代表召集紧急会议的通告。5 月 4 日下午 1 时，北京大学等 14 个学校的 5000 多名学生走上街头，震惊中外的"五四运动"爆发了。

当时，游行队伍中并没有"打倒帝国主义"之类的口号。相反，为了保住山东，学生还目标明确地去找美国大使馆，请求美国人帮助。因此，"五四运动"的实质是由梁启超的一封电报引发的爱国运动。

相知相惜不相娶

在 1899 年冬天，逃亡日本的梁启超应康有为的邀请，到美国檀香山宣传成立保皇会，组织海外华侨支持光绪皇帝的变法维新。

尽管梁启超很有辩才，是一位宣传变法维新的鼓动家，但是到檀香山之后，他才发现宣传变法维新，不应只是面对美国的华侨，还应得到美国人的支持。可是他不懂英语，这使他一时很犯难。在何氏侨商为他接风的家宴上，他提出了这个问题，请求大家给予帮助。他的话刚一落音，何先生就让侍女唤来自己的宝贝女儿何蕙珍，并介绍给梁启超说："这是小女，从小在美国长大，英文极好，可以给你做翻译。"梁启超十分高兴，就请她坐在自己的身边。何蕙珍也很大方，操着一口标准的国语，更让梁启超听得十分快慰。

第二天，在演讲大会上，很多华侨和美国人出席，梁启超心情振奋，慷慨激昂地讲述了变法维新的见解，以及组建保皇会的意义。何蕙珍小姐为他做翻译，流利晓畅，准确通达，很受听众的喜欢。在口译过程中，何蕙珍对梁启超有了更多的了解。她不仅拥护梁启超的变法维新，更敬慕他的演讲口才和翩翩风度。演讲结束后，何小姐陪同梁启超步出演讲大厅时，她很大方地说："我十分敬慕梁先生的才华，但愿来生我们能走到一起。请先生赐我一张小照，此生足矣！"事后，梁启超赠给何小姐一张小照，而何小姐则将一把亲手编织的小扇，给他做纪念。

梁启超对这位助手印象极好，在美国的日子里，如果没有何小姐给他当翻译，他几乎寸步难行。当时，慈禧降旨，以十万两白银悬赏捉拿梁启超。美国的一家英文报纸发表了一系列文章，攻击梁启超。梁启超对这种攻击几乎是鞭长莫及，只好听之任之。几天后，他听说有家报纸上连续发表了几篇文章回击那家英文报纸的文章。这些文章以犀利尖锐的笔锋、深刻透彻的论辩将那家英文报纸批驳得哑口无言。不久，梁启超得知这些文章是何小姐撰写的，使他从心眼里产生了对何小姐的敬意。接着，他请何小姐帮助他学习英语，何小姐很愉快地当起了他的英文老师。他们之间的接触越来越多，感情的距离也越来越近了。

不久，何蕙珍对才华横溢的梁启超暗生情愫，向他表白了爱慕之情："今生今世，我之心唯有先生……"

　　"我家中已经有妻子了。"梁启超矛盾地拒绝了她。

　　初遭拒绝，何蕙珍不仅没有气馁，反而为梁启超的忠贞感到快慰。事后，为博取梁启超的好感，她动员父亲为康、梁保皇之事捐了一笔款，并托人设宴向梁启超交接捐款事宜。席间，梁启超又一次见到何蕙珍。这次，何蕙珍提出一个让梁启超心惊的要求："我情愿下嫁梁先生做小。"晚上，回到寓所的梁启超心情久久不能平静。他知道，何蕙珍毕业于美国名牌大学，她做出这样的决定，其痴情实在令人感动。他们在事业上，确实可以相互扶持，可是，他和妻子李惠仙这些年来一直相濡以沫，感情深厚，怎能让妻子伤心？为此，他异常苦闷。从工作上考虑，他也很需要这样的助手。经过反复的思想斗争，1900 年 5 月 24 日，梁启超给在日本的妻子李惠仙写了封信，表述了自己的心境。在信中，他介绍了何蕙珍的为人之后，写道："余归寓后，愈益思念蕙珍，由敬重之心，生出爱恋之念来，几乎不能自持……不知惠仙闻此事将笑我乎，抑或恼我乎？"梁启超心想，妻子接信后，定会生出一些醋意来，大骂他一顿，这样，他发热的头脑也好冷静一下。

　　很快，妻子回信了。梁启超打开信后，愣住了，妻子给他寄来了《诗经》中的一首诗《关雎》："窈窕淑女，君子好逑……"竟然乐意成全他的婚事。李惠仙说："我远在日本，不能照顾，先生身边若有个情投意合的何小姐照顾，岂不更好？"

　　梁启超在妻子的宽容面前惭愧万分，便将妻子的信转给何蕙珍。何蕙珍一看，欣喜地笑了，说道："惠仙姐贤德，我就向她学习，我们就做先生身边的娥皇、女英吧。"

　　梁启超却提笔为何蕙珍写了一首诗："一夫一妻世界会，我与浏阳实创之（浏阳指谭嗣同）。尊重公权割私爱，须将身做后人师。"聪慧

民国岁月
那些文人大师们

的何蕙珍马上明白了梁启超的意思，她眼泪汪汪地拿着梁启超赠给她的一张自题诗词的小像，一步三回头地离开了梁启超。"蕙珍是一位多才多情的好女子，可惜……"梁启超叹了一口气，把何蕙珍亲手织的一把小扇寄给妻子，让其代为保管。他在给妻子的信中说："我想得到蕙珍的帮助，驰骋世界，但理想与现实的条件，又万万不能……"

李惠仙读了梁启超的来信，表现得很大度，给他回信时表示这件事要请父亲大人做主。因为她料到公公是不会认可儿子娶个美国华侨做妾的。梁启超接到李惠仙的来信，急忙回信劝阻爱妻不要让父亲知道此事，并表示：对于何蕙珍的关系保证做到"发乎情，止乎理"，今后绝不再谈此事。当然，梁启超当时的处境也不允许他沉溺于儿女私情。他流亡在外，慈禧降旨通缉他，怎能让这位年仅 20 岁的小姐跟着自己受牵连呢！于是他婉辞谢绝了朋友的好意。

不过，这件事也触动了李惠仙，她考虑要设法牵住这头不安分的"小鹿"，于是在 1903 年，就将她的陪嫁侍女王桂荃给梁启超做了妾。

1924 年 9 月，李惠仙因病逝世，梁启超身边少了一个理解、支持他的人，顿感悲痛万分。痴心不改的何蕙珍，听到李惠仙病逝的消息，急忙找到梁启超，一面劝慰其节哀，一面寻机重续前缘。没想到，梁启超以"年迈不想再婚"为由，第三次婉拒了她。何蕙珍心有不甘，多次上门，梁启超都避而不见，万般无奈的何蕙珍只好挥泪告别……

蔡元培：一代宗师开教育先河

蔡元培（1868.1.11—1940.3.5），字鹤卿，又字子民，乳名阿培，浙江绍兴山阴县（今绍兴县）人。革命家、教育家、政治家。中华民国首任教育总长，1916 年至 1927 年任北京大学校长，革新北大，开"学术"与"自由"之风；数度赴德国和法国留学、考察，研究哲学、文学、美学、心理学和文化史，为他致力于改革封建教育奠定思想理论基础。曾任教育总长、北京大学校长、人学院院长、中央研究院院长等职。他为发展中国新文化教育事业做出了重大贡献，堪称"学界泰斗，人世楷模"。

"北京大学的蔡元培时代"

1916 年 9 月 1 日，蔡先生在法国收到北京教育总长来电，说"请

民国岁月
那些文人大师们

我公担任北京大学校长一席，务祈鉴允"。他立即在 10 月 2 日离开欧洲归国。

1916 年 12 月 26 日蔡元培被正式任命为北京大学的校长，1917 年 1 月 4 日蔡元培在北大正式就职，开始了一生最具建树的高教改革。他根据多年在国内办教育的经验与两次游学德、法取得的认识，将二者有机地结合起来，从北大的实践出发，从根本上推行了多方面改革。顾颉刚回忆说："1917 年初，蔡元培先生来北大，逐步使北大发生了巨大的、质的变化"，并"着手采用西方资本主义国家大学的教育方针和制度，来代替北京大学那一套封建主义的腐朽东西"。

在蔡元培任北大校长前，他的许多知心朋友就劝他别去担任此职务，当时的北大太腐朽，如治理不好会毁掉他的名声，但孙中山却认为："北方当有革命思想的传播，像蔡元培这样的老同志，应当去那历代帝王和官僚气氛笼罩下的北京，主持全国性教育。"最终蔡元培还是进了北大。

上任伊始，蔡元培就强调在学校内重学术研究。蔡先生第一次向全校师生演说，即指明："大学学生当以研究学术为天职，不当以大学为升官发财的阶梯。"他要求学生"抱定宗旨，为求学而来，入法科者，非为做官；入商科者，非为致富。宗旨既定，自趋正轨"。他倡导教育救国论，号召学生们踏踏实实地研究学问，不要追求当官。在学校内，他则大力扶植各种学术政治社团，培养学术研究、思想辩论的风气。此外，在学校领导体制、学制及课程上也进行了卓有成效的改革。这些使北大向现代化迈出了最坚实有力的一大步。

为贯彻教育救国方针，蔡元培首先"广延积学与热心的教员，认真教授，以提起学生研究学问的兴趣"。由于旧北大文科顽固守旧者较多，故整顿工作，先从文科入手。他被任命为北大校长后，迅即访晤陈独秀，请其出任文科学长。随即聘任胡适、刘半农、周作人等为教授。他们和原在北大的钱玄同、沈尹默、沈兼士一起，致力于文科的革新，"文学革命，思想自由的风气，遂大流行"。除上述数人外，文科尚有陶孟和、顾孟余、陈大齐、杨荫庆、钱秣陵、杨昌济等教授，也热心于哲学、英文、德文诸门的改革。理科教授，也都是饱学之士。法科方面，虽尚无人讲授比较法之类的课程，但已有马寅初、高一涵等专任的教授。他们绝大多数，都年在 30 岁左右。其中，胡适、刘半农年仅 27 岁，最小的年仅 24 岁。

蔡元培凭借这批英年才俊为骨干，依靠他们带动全校，共同努力把腐朽的"官僚养成所"朝向昌明学术的最高学府推进。蔡元培说："我对于各家学说，依各国大学通例，循思想自由原则，兼容并包。无论何种学派，苟其言之成理，持之有故，尚未达自然淘汰之命运，即使彼此相反，也听他们自由发展。"在兼容并包原则下，对于确有真才实学而学术观点、政治倾向不同的守旧学者，仍延为教授，展其所长，对他们一视同仁，绝不歧视。例如辜鸿铭，留学欧洲多年，辛亥革命后，仍留蓄长辫，表示效忠清室，但他精通英、法、德及希腊语文，于英国文学深有研究，仍请他讲授"英诗"。又如刘师培，曾参与反清革命，后变节为清探，又为袁世凯称帝效力，但刘于国学造诣极深，故仍聘他讲授"中国中古文学史"。

蔡元培还不拘一格选拔与培养人才，24 岁的梁漱溟，中学毕业后自修哲学，蔡元培看到他所撰《究元决疑论》一文，认为是一家之言，即聘为北大讲师，讲授"印度哲学"。和梁同龄的毛泽东，刚毕业于湖南第一师范，到北京襄办留法勤工俭学，急需就业，蔡先生就通知图书馆主任李大钊，让他当上图书馆助理员，得以博览北大藏书，"迅速地朝着马克思主义的方向发展"。对于学术水平低下、教学态度恶劣的原有中、外教员，一律按约解聘。一个被辞退的法国教员向法庭控告，但有合同为凭，他的无理要求全遭驳斥。英国教员克德莱等被黜退后，鼓动英国驻华公使朱尔典亲自到校，要求续聘，也遭拒绝。

北大原是文、理、法、商、工五科并立，没有重点，蔡元培大胆改革北大学制。他根据教育部关于大学专设文、理两科，法、医、农、工、商等科分别成为独立的大学之新规定，对北大各科做了整顿，例如扩充文、理两科专业，工科并入北洋大学、商科并入法科等。

蔡元培认为：大学者，囊括大典网罗众家之学府也。他的"囊括大典"就是大学是包括各种学问的机关，无论何种学派，苟其言之成理，持之有故，尚不达自然淘汰之命运，即使彼此相反，也听他们自由发展。他的这种做法使新思想、新文化冲进北大，在与原来的旧思想、旧文化的较量中壮大，并得以传播。当时的北大成为一批激进的资产阶级民主派活动的舞台，成为新文化运动的中心，思想上各派并存，形成百家争鸣的局面，学术思想空前的繁荣，白话文与文言文、唯物主义与唯心主义等争论不停，在守旧派与革新派的论战中，蔡元培支持革新派，表现了他鲜明的立场。

1917年11月俄国十月革命的胜利，马克思列宁主义传入了中国，社会主义也成了当时世界一股强大的社会思潮，被聘为北大图书馆馆长的李大钊在中国最早接受和传播马克思主义。1920年3月，在蔡元培的支持下，北大又成立了马克思学说研究会，随后马克思主义在全国广泛传播。北大在中国革命的历史上产生了不可磨灭的影响，诚如后来曾担任北大校长的周培源所说："这些均与蔡先生做校长分不开，要是没有蔡先生这样民主，对待革命事业、对待新思想这样竭尽全力支持的校长，那么北大也就不会有这么大的贡献。"著名的哲学家冯友兰说："蔡先生是中国近代的大教育家，这是人们所公认的。我在大字上又加了一个最字，因为一直到现在我还没有看见第二个像蔡先生那样的大教育家。"

蔡元培先生主持北大期间，胡适称之为"北京大学的蔡元培时代"。正如吴玉章所说："蔡先生被任为北京大学校长……罗致进步人士为北大教授，如我党出色人物李大钊同志及主张白话文、大倡文学革命的胡适等，起了新文化运动的革命作用。一时新思潮勃兴，学术思想为之大变，尤其是我半殖民地半封建的国家，受了十月革命的影响。社会主义的思潮，汹涌于一般人士，特别是青年脑筋中，使中国苦闷而没有出路的革命知识分子得到了新生命，获得了新武器，因而就有冲破旧桎梏而创造新文学、新文化的勇气，因而就有反帝反封建轰轰烈烈的五四运动。这就为中国历史开一新纪元。虽然这是时代所产生的必然的结果，而蔡先生领导之功，自不可没。"

"从明天起照常上课"

"五四"运动之前，尽管封建礼教已受到了很大冲击，但"男女授受不亲"、"男女七岁不同席"等旧传统仍根深蒂固。虽然有专为女子设立的高等学校如北京协和女大、南京金陵女大、福州华南女大、北京女高师府等，但是大学男女同校，接受平等教育的事还未曾有过。

蔡元培对这一现实极为不满。1919年3月15日，他在北京青年会作了《贫民院与贫儿教育关系》的讲演，认为：男女社交公开，尊重女权已是世界潮流，"我们国里还能严守从前男女的界限，逆这世界大潮流么？"此次讲演中他产生了试验大学男女同校的想法。

蔡元培在北大期间，学生运动开始萌芽。蔡元培本人并不支持学生运动，从一开始，他就对群众运动的负面作用有清醒的认识，对过度参与政治活动伤害学术研究和大学独立有清醒的认识。

当时的一名北大学生曹建对"五四"时蔡元培的言行有生动的回忆：学生被捕之后，大家聚集在三院礼堂里，束手无策。突然听见脚

民国岁月
那些文人大师们

步声从外面传来，众人仰首张望，原来是蔡元培校长。一些学生害怕受到蔡元培的斥责，另一些学生则欢呼，有些甚至放声大哭。蔡元培从容走上讲台，怡言温词地对大家说："你们今天所做的事情我全知道了。我寄以相当的同情。"还没有说完，全场呼声雷动。蔡元培接着说："我是全校之主，我自当尽营救学生之责。关于善后处理事宜也由我办理，只希望你们听我一句话就好了。"这句话就是"从明天起照常上课"。

蔡元培反复向学生强调："五四"运动，同学唤醒民众救国觉悟，热情可嘉；然而青年救国不可仅凭一时热情，主要应靠学识才力，要"读书不忘救国、救国不忘读书"才行。这次运动同学们不得以牺牲学业为代价，今后应发扬自主精神，蔡元培认为学生应"以研究学问为第一责任"。

蔡元培在《我在北京大学的经历》中写道："我对于学生运动，素有一种成见，以为学生在学校里面，应以求学为第一目的，不应有何等政治的组织。其年有在 20 岁以上者，对于组织有特殊兴趣者，可以个人资格参加政治团体，不必牵涉学校。所以民国七年夏间，北京各校学生，曾为外交问题，结队游行，向总统府请愿。当北大学生出发时，我曾阻止他们，他们一定要参与。我因此引咎辞职，经慰留而罢。"

"五四"运动使蔡元培及北大的学生看到了发动民众的重要性。因此运动后同学们以比从前更大的热情举办平民夜校、星期日演讲会，出版通俗刊物等。蔡元培不仅赞许此举，而且还从学校角度予以财力、物力上的支持。

教育部在一年前给北大公函中即称，"国立大学校为社会视听所系，所有女生旁听办法，务须格外慎重，以免发生弊端。"

欲开女禁的蔡元培公开表示：大学之开女禁问题，则予以为不必有所表示。因教育部所定规程，对于大学学生，本无限于男女之规定，如选举法中之选举权者。且稽诸欧美各国，无不男女并收，故予以为无开女禁与否之问题。即如北京大学明年招生时，倘有程度相适之女学生，尽可报考，如程度及格，亦可录取也。

《中国新报》在1920年元旦的新年号上刊登了这段话。蔡元培实际上已巧妙地绕开教育部的制约，做了破女禁的宣言。

1920年1月18日，北大平民夜校开学，共招男女合班生350人。蔡元培亲临法科礼堂参加开学典礼并发表演说，称这一天是"北京大学准许平民进去的第一日"。他说：从前这个地方是不许人进去的，现在这个地方人人都可以进去。从前马神庙北京大学挂着一块牌，写着"学堂重地，闲人免入"，以为全国最高的学府，只有大学学生同教员可以去，旁人是不能进去的。这种思想，在北京大学附近的人尤其如此。现在这块牌已经没有了。许多旁听生可以堂而皇之地涌入北大课堂听课了，北大呈现出一派自由、开放的现代大学景象。

1920年2月，江苏的女生王兰提出入学请求，因已过考期，遂入校旁听，成为北大第一女学生。随后又有奚浈、查晓园入学旁听，至3月11日，北大《日刊》"本校女生"栏介绍已有9人旁听。1920年秋季，北大则正式招收了9名本科女生。

首开女禁引起了当局的极度不安。1920年4月，教育部致函北大，老调重弹："国立学校为社会视听所系，所有女生旁听办法，务须格外慎重。"为此向蔡元培提出了"告诫"。

"你的事，我一直记着"

1917年1月4日，隆冬的北京，大雪纷飞，一辆四轮马车驶进北大的校门，这时，早有两排工友恭恭敬敬地站在两侧，向这位刚刚被任命为北大校长的蔡元培鞠躬致敬。他缓缓地走下马车，摘下礼帽，向这些工友们鞠躬回礼。在场的人都惊呆了：这在北大是前所未有过的事情。北大是一所等级森严的官办大学，校长是内阁大臣的待遇，从来就不把工友放在眼里。今天的新校长怎么了？

像蔡元培这样地位崇高的人向身份卑微的工友行礼，在当时的北大乃至中国都是罕见的现象。这不是一件小事，蔡元培希望通过这一行为开风气之先，使得这所古板的国立大学焕发生机。以后，他每天进学校时，都要向站在大门旁边的工友们鞠躬致敬。久而久之，这成了他的习惯。他的这一行为，是对北大官气的一个挑战，他以自己的言行树起了一面如何做人的旗帜。

蔡元培将北大当作自己的孩子来看待，北大是他生命的一部分，北大是他的一个辉煌的文化理想。

1927 年 2 月北伐军攻下浙江，蔡元培等从上海到杭州。

这时一般青年要从军从政的，都来见蔡元培，从早到晚络绎不绝，蔡元培一一接见。有求写介绍信的，则有求必应，请在客厅稍坐，立刻就写，毫不推诿。他写信很快，两三分钟就写好一封，而且都是亲笔，从不假手于人。

请他代笔的，只是偶尔有人请他吃饭、讲演，因时间冲突不能去，他在帖子上批个"致谢"二字。而那些请蔡元培写介绍信的也不一定是北大毕业的。

有一天晚上，十点多钟了，有一青年画家求见。身边的人禀告蔡元培说有人想见他，是否请来人明天再来。蔡元培说，请他进来好了。那人带了几张他自己画的人物花卉之类，给他看，请蔡元培为他介绍工作。蔡元培问他能否画宣传品，他说可以。于是蔡元培就替他写信介绍给白崇禧的东路军前敌总指挥总政治主任潘宜之，请求录用。过了几天，蔡元培还问年轻人怎么样了，蔡元培为人写介绍信，不是敷衍了事，而是诚心诚意地关怀青年。

刘开渠是我国著名的雕刻家，曾任中央美院副院长、中国美术馆馆长。他与蔡元培非亲非故，他能学上雕塑，完全靠的是蔡元培的培养。可以这样说，没有蔡元培的帮助，他不仅不能搞上雕塑，很可能连美术这个专业都失掉了。他在北京美术学校学习了十年，毕业后找不到工作，无以为生，在朋友的帮助下，辗转到南京，在大学院谋到了一个职业，当书记员，一天到晚就是抄抄写写，完全丢掉了自己的专业。

有一次在大学院里，他向蔡元培提出了一个要求，希望他能帮助自己到法国去学习雕塑。蔡元培微笑着说："想到法国去学雕塑是好事情，我们中国还没有派过专人去学，我记着这件事。"

刘开渠是1927年11月向蔡元培提出要求的。这月底，林风眠等人由北京来到南京，蔡元培为他们成立了艺术教育委员会。林风眠让刘开渠到委员会作办事员。刘开渠事不多，经常出去画画。林风眠想办个美术学校，找到蔡元培，蔡元培听了非常高兴，他说："西湖是个风景优美的地方，去看看那里有没有房子，如有，就在那里办。"林风眠看好了房子，美术学校很快就办起来了。1928年4月开学，刘开渠任助教。开学典礼上，蔡元培讲了话。刘开渠找了个机会，又向他提起想去法国学雕塑的事，蔡元培笑着说："你的事，我一直记着，有机会就让你去！"

到5月，刘开渠就接到了大学院的委任书，委任为驻外"著作员"，委任书上还清楚写明，月薪八十元。刘开渠喜出望外。蔡元培地位那样高，可他对自己的事一直挂在心上，并能很快给他解决了。刘开渠万分感激。可他马上又想到另外一个困难，到法国去很远，一个穷学生，哪里有钱买船票？刘开渠到南京找到蔡元培，蔡元培又笑一

民国岁月
那些文人大师们

笑说："我已经给你想好了，你先提前支半年的工资，接着再预支半年的工资，是一年的了。我还可以给你写封信给中法联谊会，转请法国轮船公司，票价可以打个折扣，这不就解决了？"蔡元培非常忙，仍然为刘开渠想得如此周到，使刘开渠大为感动。

到了法国，蔡元培有时给刘开渠写信。有一次信里说："我不在大学院了，你的工资我已嘱大学院照寄。"有时，他太忙的话，就让许寿裳（蔡先生好友兼秘书）给他写信。

蔡元培总是这样，你有什么要求，他立刻满足你，体现了他仁厚济困的一面。

"离职风波"

当时北大学费相当低廉，每人每学期仅为十元，不到私立大学的五分之一，且学生还享受补贴，因此办学经费基本靠财政拨款，计每年七十五万元。而那时军阀混战，财税来源无保障，到1922年9月，办学经费已被拖欠五个月，蔡元培联合其他大学校长向政府屡次交涉，并以辞职为威胁，好不容易索来两个半月的经费。

这个时候，为了节约经费，校评议会（与教授会并立的权力机构）成员联合向校长蔡元培提出：学校每年耗费在印刷讲义上的费用高达一万多元，而在购买图书上的开支却捉襟见肘；如果把花在讲义上的这笔钱向学生收取，节约下讲义费来补充图书，对学校、对学生都有好处。

蔡元培对此很有同感，他还考虑到：因为学校将讲义印好下发到学生手中，学生上课就不用功，到考试时再"恶补"讲义内容，成了一大弊端。于是他当即决定：以后收取讲义费充做图书经费；购买讲义与否，由学生自行决定，如上课能认真听讲做笔记，讲义尽可不购。

这个决定应该说还是很厚道，但"讲义要收钱啦"的消息传出，一贯免费享有的东西现在要出钱，顿时在学生中激起了强烈反响。

1922年10月17日下午，为抗议讲义收费，数十名学生闯进会计室，对职员大肆谩骂恫吓；10月18日早晨，又有数十名学生群拥至校长室，要求蔡元培废除讲义费。蔡元培将收费决定详细解释，并说三日内不收费；但学生寸步不让，双方面越谈越僵，而且校长室外走廊上迅速聚集了几百学生，呐喊起哄，局面一片混乱。

蔡元培又急又怒，一下站起身来，捋起袖口，向学生吼道："我跟你们决斗！"然后满脸青筋地步步进逼。包围着他的学生害怕了，步步后退，逐渐散去。蔡元培对这场风潮深感恼火和痛心，他当天就写下辞职呈文离开北大，文中说："……该生等威迫狂号，秩序荡然。此种越轨举动，出于全国最高学府学生，殊可惋惜。废置讲义费事小，而破坏学校纪律之事实大。涓涓之水，将成江河，风气所至，恐使全国学校共受其祸……"

蔡元培辞职后，北大总务长蒋梦麟、庶务部主任沈士远、图书馆主任李大钊、出版部主任李辛白、数学系主任冯祖荀分别刊登启事，宣布"随同蔡校长辞职，即日离校"；北大全体职员也发布《暂时停止职务宣言》，《北京大学日刊》也于当日宣告"自明日起停止出版"。大家都与蔡校长共进退。为了挽留蔡元培，北大召开了教务会议和评议会紧急会议，教育部次长马叙伦也对蔡元培面劝。最后，蔡元培收回辞呈，讲义费则暂缓收取。

三次婚姻苦与乐

蔡元培从小接受的是旧式的文人教育。光绪年间，他先中了举人，

民国岁月 那些文人大师们

后点了翰林。1889 年，也就是中举人的这一年，他奉父母之命媒妁之言，迎娶了第一位夫人王昭。当时的婚礼完全是按照中国传统的旧式结婚礼仪进行的。和大多数人一样，蔡元培在婚礼之前，从未与王昭见过面。

王昭是浙江会稽人，大蔡元培一岁，婚后两人的生活，并非如鼓琴之瑟，相敬如宾。由于王昭素有洁癖，什么都要弄得干干净净，凡坐席、食器、衣巾等都禁止人触摸。每次睡觉前必须要求先脱去外衣，然后脱去衣裙之类，再用毛巾擦拭头发等等，而且王昭花钱也极为节省；而作为丈夫的蔡元培却生性豪放、不拘小节，他非常讨厌王昭的一切繁琐之事，因此两人婚后经常会为一些很琐碎的小事而发生口角。

在最初的几年里，蔡元培似乎难以接受自己的妻子，就更别提爱她了，婚姻的契约只让他义务性地待在妻子身边。就这样一晃过了七个年头，直到王昭为他陆续生下了两个儿子，他们才慢慢找到了夫妻生活的感觉。

王昭是旧社会的妇女，在蔡元培面前，总是恭敬地称他为"老爷"。为此，参与百日维新的蔡元培还时不时地嗔怪她："你以后可不要再叫我什么'老爷'，也不要再称自己什么'奴家'了，听了多别扭啊？"而王昭总是很温顺地说："唉，奴家都叫习惯了，总是改不过来呢。"

1900 年前后，西方民主与科学思潮开始越来越多地渗入古老的中国血脉。这促使身在文化前沿的蔡元培开始对婚姻和家庭进行反思。也正是在这一年，他结合自身经历写出了奠定其后来女权思想基础的《夫妻公约》，详细地说明男女关系分目交、体交与心交，特重心交。所谓心交，指夫妇同心，两情融合。蔡元培决定重新调整与妻子王昭的关系，修复情感裂痕，让大家更和睦地生活在一起。

事实上也是如此，蔡元培与王昭也维持过一段幸福的婚姻，蔡元培还告诉好友："伉俪之爱，视新婚有加焉。"可惜好景不长，由于奔波劳碌，身体虚弱的王昭在这一年因病离开了人世。刚刚尝到婚姻甜头的夫妻自此阴阳两隔。蔡元培悲痛不已，做联哀挽："自由主义君始与闻，而未能免俗，天足将完，鬼车渐破，俄焉属纩，不堪遗恨竟终身。""天足将完，鬼车渐破"，指王夫人理解《公约》后，开始解放缠足，破除鬼神迷信，不料却遽然去世，使蔡先生不胜悼亡之恸。

王昭去世时，蔡元培刚满 32 岁。这时的蔡元培在江浙一带的知识界已颇有名气了，故王昭去世以后，前来给他说亲的人络绎不绝。蔡元培虽与王昭不甚和谐，但故人已去，夫妻之恩却不敢点滴忘怀。为防媒人扰其清净，面对纷至沓来的媒人，他磨浓墨、铺素笺、挥羊毫，写下了一份奇特的征婚启事，张贴于自家的墙壁之上。

第一，是不缠足的（女性），天足；第二，是识字的；第三，是男子不得娶妾，不能娶姨太太；第四，丈夫死了，妻子可以改嫁；第五，意见不合，可以离婚。

"天足、改嫁、离婚"，这些惊世骇俗的字眼竟出自翰林之手。消息传开，一时间闹得沸沸扬扬。他这种离经叛道、混淆纲常的做法无异于在向封建陋俗开战，昔日的媒人们一个个吓得退避三舍。蔡元培的这份"征婚启事"无疑是向社会表示他要为自己做主，求得一个如意自由的婚姻。

1901 年，蔡元培只身离开绍兴，到余杭办学，受友人之邀，去叶君府上做客。在叶君的撮合下，蔡元培结识了黄仲玉，并大胆追求，两人你情我愿，结婚的事情自然提上了日程。蔡元培要结婚的消息不胫而走，一下子忙坏了远近的亲朋好友。但蔡元培与黄仲玉商定，不在婚事上铺张，而且一定要免俗。

1901 年 11 月 22 日，蔡元培与黄仲玉在杭州西子湖畔举行了他一生中的第二次婚礼。这次婚礼中西合璧，蔡元培用红幛缀成"孔子"

二字，代替悬挂三星画轴的传统，并且一扫以往的繁琐仪式，只举行了个小型的演说会来代替闹洞房。

蔡元培的这种做法，实际上就是从"我"做起，以"我"为例，改革社会风气，冲破封建的陋俗，提倡男女平权，打破中国传统在婚姻问题上对妇女的束缚。而且这种做法不仅标志着蔡元培思想上的进步，也反映出当时中国中西文化碰撞下的新思想和新思潮的兴起。

1904年，蔡元培组织成立了反清革命团体"光复会"。1905年，他又加入了孙中山成立的"同盟会"。1907年，已近不惑之年的蔡元培开始了他四年海外留学的生活。其间，他编著了《中国伦理学史》，书中主张男女平等、婚姻自由。蔡元培从最初具有大男子主义思想的翰林学士转变成为寻求妇女平等权利的斗士，他的第二位夫人黄仲玉可谓功不可没。1920年底，蔡元培由北京大学派遣去欧洲考察。在他出发之前，黄仲玉已经有病，但她力劝丈夫如期出发。可就在蔡元培到达瑞士的时候，传来了夫人去世的噩耗。蔡元培悲痛欲绝，含着满腔的泪水，写下了那篇不朽的祭文《祭亡妻黄仲玉》："呜呼仲玉，竟舍我而先逝耶！自汝与我结婚以来，才二十年，累汝以儿女，累汝以家计，累汝以国内、国外之奔走，累汝以贫困，累汝以忧患，使汝善书、善画、善为美术之天才，竟不能无限之发展，而且积劳成疾，以不能尽汝之天年。呜呼，我之负汝何如耶……"

正当蔡元培忍着丧偶的悲痛，孤寂地在欧洲大陆考察教育时，国内的政治局势开始发生变化。1921年蔡元培考察归来，一踏入上海，各界名流纷纷前来拜访，但蔡元培却无心涉入这混乱的政局，并做好再度留洋、潜心治学的打算。此时，昔日故友浙江兴业银行的总经理徐新六致电邀请他赴宴，蔡元培欣然前往。

徐新六设宴，却只有他们两个人。蔡元培觉得甚是奇怪，想这徐先生定有别事。酒过三巡之后，徐新六终于直奔主题。他笑问："黄夫人仙逝之后，威廉（蔡元培的女儿）亦将另有生活，而夫人所留两个公子一定无人照料，不知先生清寂几年之后可有续娶之意？"蔡元培有些惊讶，继而伤感地笑了一下说道，他已至暮年，何谈嫁娶！人生早算是灰冷过了，只盼过一段隐居的生活，远离红尘才好。

徐新六还待再说，蔡元培忙举手拦住说，好意心领，就不劳烦费心了。却不想这徐新六也是个倔强之人。一是他敬重蔡元培的为人，二是同情他的生活清苦，再者，提亲之事乃是受人之托，成人之美亦是善举。几日之后，徐新六再约蔡元培，谈的还是老话题。蔡元培也非常感激徐先生的仁义之心，便应了他的要求，但同时提出了三个条件："第一，本人要具备相当的文化素养；第二，年龄略大；第三，熟谙英语而能成为研究助手者。"

蔡元培心想这下可以把他唬回去了。没想到徐新六一脸灿然地满口答应下来："没问题，没问题，并且我还可以给您增补几个条件：第四是贤惠且极富爱心；第五，相貌可人，亲切，勤勉；第六……"徐新六的这几个条件还没说完，蔡元培一下子就想起了近日一直伺候在身边的自己的女学生周峻，此时他的思绪仿佛又回到无尽的往事之中。周峻虽是自己的学生，却也是个女子，三十好几的人了，一直待字闺中，倒不知她究竟是怎样的心思？看她的眼神形态，对自己颇是有意的，但言语之间从未表露，或恐是羞于启齿吧；儿女们若能得到周峻照料，也算是一种福分；这周小姐不仅聪明贤惠，而且更是才貌双佳之人，且等一等再说吧……想到这里，蔡元培就笑着说："还是算了吧，我已是 54 岁的老人，不能再拖累别人，但我蔡某还是感谢您的这番美意！承蒙关爱呀！"蔡元培的心情非常复杂，但还是欣然接受下来。

自从徐新六做了媒人以后，周峻倒是不再接近蔡元培。婚期正在一天天临近，1923 年 7 月 10 日，蔡元培和周峻最终走进了简朴而新式的婚礼，这也是蔡元培的第三次婚礼。

这次婚礼完全是现代文明式的。当时蔡元培到周峻下榻的宾馆迎接周峻，之后两人一起到苏州留园，拍摄了结婚照片。当时蔡元培西装革履，周峻身披白色婚纱。在婚礼的宴席上，蔡元培还向大家讲述了他和周峻的恋爱经过。

> 忘年新结闺中契，劝学将为海外游。
> 蝶泳鹣飞常互且，相期各自有千秋。

蔡元培就是用这样的文字，记下了他的第三次新婚。

婚后十天，蔡元培携周峻及子女离沪奔赴比利时首都布鲁塞尔，夫人和女儿都进了国立美术学院，而他则开始潜心编写《哲学纲要》。每临黄昏，布鲁塞尔的林间小道上，总能见到一对老夫少妻结伴而游，吟诗赏月。名震海内、叱咤风云的蔡元培，终于过上了恬静祥和的家庭生活。

1940 年 3 月 5 日，也就是周峻 50 岁生日的前两天，蔡元培在香港因病逝世。一代宗师就这样静静地魂息香港。周峻把对蔡元培的一生之爱倾于一尊作品——蔡元培半身像中，其上刻有蔡元培所题之诗：

> 唯卿第一能知我，
> 留取心痕永不磨。

梅贻琦：大学真谛在大师

梅贻琦（1889—1962），字月涵。自 1914 年由美国学成归国，即到清华担任教学和教务长等多种职务。1931 年，梅贻琦出任清华校长，在他的领导下，清华在十年之间从一所颇有名气但无学术地位的学校一跃而跻身于国内名牌大学之列。他的一生仅仅做成了一件事，就是出任清华校长并奠定了清华的校格。

"没人愿意倒霉（梅）"

20 世纪 20 年代末至 30 年代初，清华校长屡屡更迭，任期都很短。很大程度上是由于这些校长往往挟政治势力而来，与清华历来盛行的学术独立于政治潮流之外的自由主义传统相悖，如罗家伦、吴南轩等校长是带着国民党的"政治任务"来改造清华的，乔万选任校长则是阎锡山的势力介入清华的结果。这些校长接连被师生们驱赶，甚至被拒绝进门。对待清华教授治校的"土制度"，他们都有点不太情愿。1930年罗家伦辞职后，清华经历过11个月没有校长的时期，这一时期，由校务会议代理处理校务。鉴于文学院院长与理学院院长相继因事离校，教务长与秘书长又因校长被驱逐而先后辞职，原校务会议实际上处于瘫痪状态，教授会趁机向教育部争取到选择院长、代理教务长与代理秘书长的临时权力。这样，教授会在这种特殊的条件下实际权力骤然扩大，一跃而为全校的最高权力机关。校务会议与评议会的全体成员，均由教授会选举产生，并对其负责，校务会议与评议会就成了教授会的常设机构。教授治校的局面，至此得以形成。

清华校长"虚悬"，各方一时提出了许多人选。最让清华人期盼的，大约还得是与本校有长期关系，深入了解本校校风，并能将其发扬光大的人物。就这样，经过反反复复，一再物色，经教育部部长李书华引荐，梅贻琦终于浮出水面。

梅贻琦举止儒雅，为人谦和，处事有条不紊。更重要的是，在感情上和对教育的基本观点上，他与清华的广大教师是一致的。在校多年任教，并在教务长任上表现出了较强的学术行政能力，使他得到了清华师生的认同。梅贻琦尊重清华"教授治校"的民主传统。他常称自己"无为而治"、"吾从众"，这并不是他没有主见，而是充分尊重教授们的治校意见，他往往在大家热烈的讨论中折中定夺，让大家都能满意。这也就是梅贻琦治校成就卓著的一大秘诀。因此他才能连任校长如此之久，使清华的事业日渐发达。

梅贻琦出任校长的时候，国内情势风雨飘摇，学潮迭起，尤以北大清华为甚。以清华来说，驱逐校长的运动可以说是此起彼伏，但是无论什么时候，清华的学生们的口号都是"反对×××，拥护梅校长"。梅贻琦为人重实干，时人称之为"寡言君子"，有一句话可以作为佐证，他说：为政不在多言，顾力行何如耳。

梅贻琦从 1931 年起担任清华大学校长，在他任校长之前，清华师生赶校长、赶教授是家常便饭，校长在任时间都不长。有人问梅贻琦有何秘诀，梅说："大家倒这个，倒那个，就没有人愿意倒梅（霉）！"

据冯友兰回忆，当时有一个中心的思想，就是大学的主要工作是传授和研究学术，有大师才能成为大学，没有大师就不成为大学。梅贻琦曾说："一个学校，有先生上课，学生听课，这是主要的。为了上课听课，就必须有些教具以及桌椅之类。因此也需要有人管这些方面的事。一个学校的校长就是管这些事的人。"

1940 年 9 月，在昆明的清华师生为梅贻琦服务母校 25 周年举行了一次公祝会。梅贻琦在答辞中有一段很中肯又很有趣的话，形象地说明了他作为校长的地位："清华这几十年的进展，不是而亦不能是某人的缘故。是因为清华有这许多老同事，同心协力地去做，才有今日……现在给诸位说一个比喻，诸位大概也喜欢看京戏，京戏里有一种角色叫'王帽'，他每出场总是王冠整齐，仪仗森严，文武百官，前呼后拥，像煞有介事。其实会看戏的，绝不注意者正中端坐的'王帽'，因为好戏通常是并不由他唱的，他只是因为运气好，搭在一个好班子里，那么人家对这台戏叫好时，他亦觉着'与有荣焉'而已……"作为校长，他认为自己不是什么掌握了多大权力的"官"，而是在学术的传授和研究上负有创造条件、改善条件职责的一人。前后几十年，他的态度始终如一，那就是教育机构要多做些推动教育、推动学术发展的事情，千万不能演变成一个官僚衙门。

1931 年 12 月，梅贻琦正式到校视事。在全校集会上发表就职演说，提出他办学的至理名言：一所大学办得好不好，主要看有没有好教授。"所谓大学者，非谓有大楼之谓也，有大师之谓也"更成为广为流传的名句。他认为好教授不是肯花钱就能请到的，好教授也不只是学问优长的学者。他说："我们的智识，固有赖于教授的指导指点，就是我们的精神修养，亦全赖有教授的 inspiration（灵感）。但是这样的好教授，绝不是一朝一夕所可罗致的。我们只有随时随地留意延揽而已。同时对于在校的教授，我们应该尊敬，这也是招致的一法。"他还说："凡一校精神所在，不仅仅在建筑设备方面之增加，而实在教授之得人。本校得有请好教授之机会，故能多聘好教授来校。这是我们非常可幸的事。从前我曾改易《四书》中两语：'所谓大学者，非谓有大楼之谓也，有大师之谓也。'现在吾还是这样想，因为吾认为教授责任不尽在指导学生如何读书，如何研究学问。凡能领学生做学问的教授，必能指导学生如何做人，因为求学与做人是两相关联的。凡能真诚努力做学问的，他们做人亦必不取巧，不偷懒，不作伪，故其学问事业终有成就。"

梅贻琦理想中的教授，是德才均备的；梅贻琦理解的"教育"，并不是单纯的知识灌输，而是包含知识、情感、意志等因素全面发展的全人格教育。

梅贻琦上任后，将延揽一流师资看作是"努力奔赴第一事"。一方面他充分尊重原教授队伍并充分发挥其作用，另一方面又多方礼聘。据黄延复教授统计，从1932年至1937年，先后聘来校的国内外名师（包括一些当时即已崭露头角的新秀）达百数十人，其中包括不少外籍学者，加上罗家伦校长集中聘请的那一批教授，20世纪30年代清华园内名师荟萃，极一时之盛。

清华的文、理两学院历史悠久，基础很好，而工学院则是后起之秀，这与梅贻琦的大力建设紧密相关。梅贻琦在原有土木工程系的基础上添设机械、电机两系，组成清华工学院，自兼院长。后由顾毓琇任院长。从1934年起，清华与资源委员会合作开设航空讲座，进行航空实验，建立亚洲最大的航空实验风洞等，这是清华航空系的前身，又是旧中国航空的开端。这一时期，为清华以后的工科发展打下了坚实的基础。到 1936 年时，清华工学院的学生已占全校总人数的 1/3。

那时候的风气是工科至上。政府一再明令发展理工，抑制文法，学生们为了出路好，也乐于往工学院挤。梅贻琦虽然花了很大力气建设清华的工学院，但他并不轻视文法。1933 年，他在秋季开学典礼上说："理工为实用学科，固宜重视，但同时文法课程，亦不宜过于偏废。就本校说，最初办理较有成绩的理科之外，文法数科亦并不弱。现在本校工院初创，理工方面固应亟谋发展，但于文法各系也要使它有适当的进展。这一点外人不免忽视。"同年秋，清华开始实行文法学院大一不分院系，工学院大一分院不分系的措施。这种制度旨在加强学生的基础，拓宽学生的视野，避免过早进入专门研究的弊端。学生在这种制度下可以较多地照顾到个人兴趣，转系也不难。这是对清华的通才教育传统一个重大发展。事实证明是合情合理的，清华以后名家辈出，与这种"底子厚，后劲大"的制度息息相关。这一时期，清华还开创了与国外进行学术交流的先河。1933 年，首先与德国约定互派研究生，设置科学讲座等制度，先后约请哈达玛、维纳、华敦德等国外第一流学者来校作长期或短期讲学。

总之，从 1931 年到任至抗日战争全面爆发起，在不到 6 年的时间里，而且是在华北局势动荡不安的情况下，梅贻琦在校政、教学、学术研究、学风、人才等诸多方面擘画精详，成绩卓著，开创了清华历史上的第一个"黄金时代"。

"你看怎样办好"

自 1937 年"七七事变"起，平津各大学不能开学。当时北京大

民国岁月
那些文人大师们

学、清华大学和南开大学三校校长均在南京，决定在长沙设临时大学，由三校校长和教育部派代表组成委员会领导校务，使三校师生先行上课。1938 年 2 月学校迁到昆明，改称西南联合大学。由三校校长任常务委员，校务由常委共同负责。联大设有理、文、法、工、师范五个学院。下分各系，大致仍用三校旧制，稍加合并，如地质、地理、气象合为一系，历史、社会合为一系。联大成立后，三校不再招生。三校学生均为联大学生，联大学生均为三校校友。三校教授由三校自聘，通知联大加聘、排课、发薪。联大这种体制一直维持到抗战胜利的第二年——1946 年，前后共 8 年。

联大成立之初，南开大学校长张伯苓对北大校长蒋梦麟说："我的表你带着。"这是天津俗语"你做我代表"的意思。蒋梦麟对梅贻琦校长说："联大校务还请月涵先生多负责。"三位校长以梅贻琦先生年纪较轻，他毅然担负起这一重任，公正负责，有时教务长或总务长缺员，他就自己暂兼，认真负责，受到尊敬。蒋梦麟常说，在联大我不管就是管。这是实话，从而奠定了三校在联大八年合作的基础。

三校都是著名专家学者荟萃的地方。各校有各校的光荣历史，各校有各校的校风，也各有其不同的经济条件。经过长沙临大 5 个月共赴国难的考验和 3500 里步行入滇的艰苦卓绝锻炼，树立了联大的新气象，人人怀有牺牲个人、维持合作的思想。联大每一个人都是互相尊重，互相关怀，谁也不干涉谁，谁也不打谁的主意。学术上、思想上、政治上、经济上、校风上，莫不如此。后期，外间虽有压力，谣言不时流布，校内始终是团结的。抗战胜利后，还在昆明上课一年，这也是了不起的。在联大 8 年患难的岁月里，梅校长始终与大家艰苦与共，是大家经常提到的。

1941 年 4 月，清华大学在昆明拓东路联大工学院举行 30 周年校庆，张伯苓校长自重庆告诉南开办事处的黄子坚说，清华和南开是

"通家之好"，于是黄子坚在会上大作"通家"的解释，指出清华的梅校长是南开第一班的高材生。接着，冯友兰上台说要是叙起"通家之好"来，北大和清华的通家关系也不落后，北大文学院院长（指胡适）是清华人，我是清华文学院院长，出身北大，此外还有其他很多人。两人发言之后，会场异常活跃，纷纷举出三校出身人物相互支援的情形。但是几乎所有的人都感到联大的三校团结，远远超过了三校通家关系之上。

在联大成立前，三校就有过协作。除了互相兼课和学术上协作之外，行政上也有协作。那时大学都是单独招生，考生一般要投考几个大学，异常疲劳。就在 1937 年暑假，清华和北大共同宣布联合招考新生，共同出题，共同考试，分别录取。试场设在故宫，考试桌椅都已运进去，社会上传为"殿试"，后因卢沟桥炮响被冲垮了。这是校际协作的先声。

抗战期间，物价上涨，供应短缺，联大同人生活极为清苦。梅校长在常委会建议一定要保证全校师生不断粮，按月每户需有一石六斗米的实物，租车派人到邻近各县购运，这份工作是份非常艰苦和危险的。幸而不久得到在行政部门工作的三校校友的支援，一直维持到抗战胜利。这又是一桩大协作。

在昆明生活极端困难的时候，清华大学利用工学院暂时不需用的设备设立清华服务社，从事生产，用它的盈余补助清华同人生活。这事本与外校无关。梅校长顾念北大、南开同人同在贫困，年终送给大家相当于一个月工资的馈赠。

梅校长在工作中对事有主张，对人有礼貌。遇到问题，总是先问旁人："你看怎样办好？"当得到回答，如果是同意，就会说，我看就这样办吧！如不同意，就会说再考虑考虑。他从无疾言愠色，所以大家愿意和他讨论。

　　1939 年 10 月，吴文藻、谢冰心两位先生为了躲避空袭，移住呈贡小山上，他们伉俪都是"朋友第一"的人，一次约梅校长、杨振声和郑天挺，还有其他几位到呈贡作了三天短期休假。1941 年 5 月，梅贻琦和罗常培到叙永联大分校和李庄北大文科研究分所看望，并参观武大、川大。归程中饱尝抗战后方轰炸、水灾和旅途中意想不到的困扰，耽搁了三个月。途中罗有一次大发雷霆，虽然不是大事，但若处理不好，彼此易发生隔阂，不但影响友谊，也会波及一些方面的关系。梅先生等罗发完火，慢条斯理地说："我倒想过跟你一起（发火），但那也无济于事啊。"语词神情与诚恳的态度，使得罗的气全消了。

　　梅贻琦先生不喜多说话，但偶一发言，总是简单扼要、条理分明，而且风趣。他谈过 1900 年八国联军侵入天津时市民的情况，也谈过京剧演员的表演艺术，也谈过满族服装和健康的关系。这些都是在他专业以外不常接触的事物，反映出他对社会观察的精细和敏锐。

　　在昆明梅贻琦先生住在西仓坡清华办事处楼上左厢，和梅祖彦（梅贻琦之子）同屋。一晚有同事接他出去开会，正好没有电。临出，梅先生把煤油灯移在外屋桌上，将灯芯捻到极小，并把火柴盒放在灯旁，怕灯灭了祖彦回来找不到。从这一小事看出他对下一代多么关心，做事多么细致有条理。

　　梅校长喜欢饮绍兴酒，但很有节制。偶尔过量，就用右肘支着头，倚在桌边，闭目养一下神，然后再饮，从来不醉。朋友们都称赞他的酒德，这正是他的修养的表现。

　　当时，昆明是与国外交通的唯一通道，许多朋友经过总要到联大看看。梅校长有时也要用家庭便饭招待。记得每当聚餐快要终了的时候，梅夫人——韩咏华女士总是笑吟吟地亲捧一大盘甜食进来，上面有鲜艳的花纹环绕四个红字——"一定胜利"，殷勤地说："请再尝尝得胜糕，我们一定胜利。"这时大家一齐站起来致谢，齐称"一定胜利！一定胜利"。这正是联大师生当时一致的信念，也是联大事业的象征。

"把 12 用 2 除一下"

清华当时有一个规定，就是如果某个学生部分学分不及格，那么就得退学。有一年，一个四年级的学生选修了 12 个学分，竟然有 6 个学分不及格，按照规定，他应该接受退学的处分，但他想通融一下，保留学籍，就跟班主任软磨硬泡。班主任当然做不了主，他就找到主管部门；主管部门也做不了主，他就直接去找校长梅贻琦。梅贻琦平素给人的感觉十分谦和、好说话，该生想，只要好好和梅校长说一下，梅校长应该能答应留下他的。他进校长办公室时，梅贻琦正忙着写材料，于是站在那里先是检讨一番，然后就求梅校长网开一面。梅贻琦一直没有抬头，听他讲完了，对他说："你自己把 12 用 2 除一下，看看你有多少分不及格了。"那位同学碰了一鼻子灰，只好悻悻离去，接受了退学的处分。

梅贻琦不但对别的学生坚持原则，就是对待自己的亲属，也丝毫不客气。他的侄子梅祖武曾经报考清华大学，但成绩不够，梅贻琦没有动用自己的权力为侄子走后门，侄子无奈地去了北洋大学；几年后，他的小女儿梅祖芬也报考清华大学，成绩同样不合格，梅贻琦依然坚持原则，梅祖芬去了燕京大学。

1937 年抗战全面爆发后，北大、清华、南开 3 所大学迁到长沙，组成长沙临时大学，次年又南迁至昆明，组成西南联合大学。当时的云南省政府主席是龙云，作为权高位重的封疆大吏，龙云对西南联大在人力、物力、财力等各方面给予了很大支持，做校长的梅贻琦很是

民国岁月
那些文人大师们

感激。龙云的孩子当时报考了联大附中，但没有考上，他就想找梅贻琦走走后门，让梅贻琦关照一下破格录取。有一天，他特地登门拜访梅贻琦，请求梅贻琦对孩子给予关照。梅贻琦没有马上表态，而是留龙云在家里吃饭，并请联大教务长潘光旦作陪。在酒席上，梅贻琦请潘光旦派老师晚上为龙主席的孩子辅导功课，以便孩子明年再考，并言明老师的家教费由龙云出。龙云一看梅贻琦这样坚持原则，也不好再说什么，就爽快地答应了。

在清华的历任校长中，梅贻琦是最受尊敬的一位。清华学生经常驱逐校长，但梅贻琦从来没被驱逐过，而且学生经常在集会上高喊"拥护梅校长"的口号。之所以能构建如此完美的人格平台，是由于他拥有着崇高的人格操守，而不徇私情、坚持原则的意识，则是其人格操守的一种体现。

梅贻琦特别廉洁，使用公款非常节省。刘宜庆《绝代风流》一书介绍：抗战之初，梅贻琦刚到昆明，就退掉司机，将个人使用的小汽车拿来公用。他外出有公务，近则步行，远则搭蒋梦麟或别人的车。1941年7月，梅贻琦、郑天挺、罗常培在成都准备转重庆回昆明，梅贻琦联系到了飞机票，此时恰好又有个乘邮政汽车的机会，想到乘邮政汽车可以给公家节约200多元，梅贻琦毫不犹豫地退掉了飞机票。

梅贻琦非常鄙夷化公为私的行为，宁可委屈自己，也决不占公家半点便宜。20世纪30年代初，梅贻琦刚出任清华大学校长，就主动放弃前任校长享受的免交电话费、免费雇家庭帮工、免费拉两吨煤等几项"特权"。1939年以后，昆明物价飞涨，师生基本生活极难维持，梅贻琦向国民政府教育部申请了一些补助金，有给老师的，有给学生的。梅贻琦的4个子女都在联大读书，他却不让妻子领取补助金。其实，梅贻琦一家也过得非常清苦，他一个月的工资只能维持一家人半个月的生活，妻子不得不做些糕点寄卖以补家用。1942年，美国驻华大使特别助理费正清来昆明，拜访联大的金岳霖、张奚若、钱端升等人，梅贻琦请其吃饭，本来完全可以用公款报销，他却为费正清举办家宴，一顿饭花了不下 1000 元，而他当时的月薪不足 600 元。1962 年，梅贻琦在台湾去世，旁边的人打开他病中一直携带的一个箱子，里面全是清华基金的数目，一笔一笔，分毫不爽。

"青年人要能忍耐，回去教书"

早年在敬业学堂念书时，梅贻琦的成绩就非常优秀。1909 年，他以第六名的优异成绩，考取第一批庚款留学生赴美国深造，专攻电机专业。1915 年梅贻琦学成归来，应周寄梅校长的聘请，到清华学校物理系任教。半年后，他利用假期回天津看望张伯苓，表示对教书没有兴趣，想换一个工作。张伯苓听了以后有些生气，带着教训的口气说："你才教了半年书就不愿意干了，怎么知道没有兴趣？青年人要能忍耐，回去教书！"没想到这短短几句话，不仅决定了梅贻琦一生的命运，也对清华的前途产生了至关重要的影响。这时梅贻琦 26 岁，张伯苓 49 岁。

随后，梅贻琦便遵照老师的指示，又回到清华园继续教书。1925 年，清华增设大学部，梅贻琦担任物理系首席教授。第二年 4 月，他被全体教授推选为教务长。1928 年南京国民政府成立后，清华正式改为国立大学，罗家伦出任校长。1930 年中原大战之后，由于局势动荡不定，致使清华大学校长连续换人。直到 1931 年梅贻琦担任校长之后，才改变这种局面，并开创了清华大学的黄金时代。

梅贻琦对清华大学的贡献早已有口皆碑，但是这则张伯苓当年对他的教训故事却鲜为人知。因此直到 1982 年，也就是梅先生逝世 20

民国岁月 那些文人大师们

年以后，梅夫人才把这件事公之于众。

抗战初期的一天，清华大学校长梅贻琦一行来到冰心家。闲谈中，冰心当场创作了一首宝塔诗。这是女诗人一生创作的唯一一首谐趣诗。诗曰：

马

香丁

羽毛纱

样样都差

傻姑爷到家

说起真是笑话

教育原来在清华

梅校长看罢不知何意。冰心作了解释。原来，这是冰心丈夫吴文藻先生的笑话集锦。"马"是说小孩子们把点心萨其马简称为"马"，一次，冰心让吴文藻上街买萨其马，吴文藻到点心铺里说要买"马"，结果闹了笑话。"香丁"是指有一天冰心在树下观赏丁香花，吴文藻从书房来到丁香树下，应酬性地问妻子："这是什么花？"冰心答："丁香花。"吴文藻点头说："噢，是香丁花。"惹得众人大笑。"羽毛纱"是说一次，冰心让吴文藻为岳父买件双丝葛的夹袍面子，吴文藻到了布店说要买多羽毛纱。店员听不懂，电话打到冰心家里，才知道吴文藻又闹了个大笑话。"傻姑爷"因此得名。最后一句则是冰心同梅校长开了玩笑——吴文藻这个书呆子是清华大学培养出来的。

梅校长一听也笑得前仰后合。最后校长先生以进为退，当场续诗两句。梅校长的诗是这样的：

马

香丁

羽毛纱

样样都差

傻姑爷到家

说起真是笑话

教育原来在清华

冰心女士眼力不佳

书呆子怎配得交际花

　　到了1942年，校长梅贻琦家里有时也连青菜汤都喝不起了，只能用辣椒拌饭吃。这天，云南省主席龙云的夫人顾映秋心血来潮，向梅贻琦夫人韩咏华提出，要到她家尝尝梅夫人的拿手菜。这时梅贻琦早已囊中空空，为准备那顿饭，韩咏华把孩子们小时候穿的衣服，以及亲友们送给孩子的玩具和工艺品都从箱底翻出来，在大西门摆了个小地摊，亲自在那里叫卖。这些旧物一个星期才卖完，夫妇两人如愿以偿地请省主席夫人光顾寒舍，吃了一顿在顾映秋看来很简单的便饭。

　　韩咏华想找份工作，但作为当时中国第一校长的梅贻琦，不肯利用职权为妻子谋利。教务长潘光旦的夫人给她出了个主意："咏华，你做的米糕，我们家大人孩子都喜欢吃。我看你不如到大西门卖米糕算了。"袁复礼教授的夫人也点头赞成。韩咏华沉默了半晌说："如果不是为了抗战，我们何苦受这份罪。这糕叫定胜糕，这是个吉祥的名字。我们再在糕上写点字吧。"梅夫人的定胜糕是跟一位上海老太太学的。这种糕点七成大米，三成糯米，再加上白糖、豆沙，用一个银锭状的木模，把调配好的米粉装进去，蒸几分钟即可。

　　三人真的做起了卖米糕的生意。袁复礼夫人总有办法搞到当时紧

民国岁月 那些文人大师们

俏的廉价碎米，由潘光旦夫人把碎米磨成米粉，把赤豆做成豆沙，再由梅贻琦夫人亲手调制蒸熟，用红糖浆写上"一定胜利"四个字。最初她们做的米糕由西南联大总务处一位姓赵的庶务介绍，到城南的冠生园寄卖。后来为了多赚点钱，夫人们便自己提着篮子到街上去叫卖。定胜糕在昆明街头销路很好。开始的时候，韩咏华不愿别人知道她是西南联大校长的夫人，每次上街都摘掉眼镜，脱下旗袍，换上从农民手里买来的蓝布装。可白皙的皮肤，鼻梁两侧深陷下去的眼镜凹印，还有那明显带有北方口音的昆明话，都瞒不了人。久而久之，不仅联大校园里的人，而且昆明街市上的市民，都知道了这位走街串巷卖米糕的女人正是大学校长的夫人。而定胜糕的名称也就此传开了。

蒋梦麟：开辟现代大学之路

蒋梦麟（1886—1964），中国近现代著名的教育家。1886年生，幼年在私塾读书，12岁进入绍兴中西学堂，开始学习外语和科学知识。后在家乡参加科举考试，中秀才。1908年8月赴美留学。次年2月入加州大学，先习农学，后转学教育，1912年于加州大学毕业。随后赴纽约哥伦比亚大学研究院，师从杜威，攻读哲学和教育学。1917岁3月，蒋梦麟获得哲学及教育学博士学位后即回国。1919年初，蒋梦麟被聘为北京大学教育系教授。自1919年至1945年，蒋梦麟在北大工作了20余年。1964年病逝于台北。

北大"功狗"

在"五四"运动后期的工人阶级成为运动主力的"六三"运动中，

蒋梦麟与志同道合的胡适、汤尔和（当时的医专校长）一道竭力支持北大学生的挽留蔡校长（民国政府要撤免他）运动，鼓动蔡元培回北京复任北大校长。在强大的压力之下，民国政府大总统徐世昌不得不签署大总统令表示"挽蔡"。蔡元培则表示，只要民国政府答应不处罚学生，便可以回校。可民国政府随即食言，并没有改变镇压学生运动的方针。于是，蔡元培复电民国政府拒绝返校复职。学生运动由此愈发猛烈。在强大的"挽蔡"压力下，民国政府不得不改弦易辙，民国政府国务院、教育部先后致电蔡元培，请他速回北大主持校务。可蔡元培在离开北大前，曾信誓旦旦地表示过不再回北大，必须给他留下一个回旋的时机。经过各方斡旋，由汤尔和提出一个折中方案，即蔡元培在回北大之前，由蔡元培在绍兴中西学堂任职时的得意弟子蒋梦麟暂时去代理北大。在这样的情势下，蒋梦麟开始了他与北大前后近20年的关系。当时蒋梦麟年仅33岁。

当各方议定由蒋梦麟代理北大校长后，蒋梦麟经过一番慎重考虑后接受了，于是，他提出两点意见要求蔡元培同意：一是只代表蔡先生个人，而非代表北大校长；二是仅为蔡先生的督印者。当时尽管蒋梦麟只有33岁，却颇具谦谦君子之风。蔡元培对蒋梦麟提出的这两点都同意了，还交代蒋梦麟说："前段日子，各界代表来杭州（蔡元培离开北大后南下于上海、杭州之间）每天都有几起，迄未答谢，你到北京后，可代我向社会各界致谢，说明我已有回北大的决心，对大学责任，我愿意继续担负完全责任。"之后蒋梦麟起程前往北京，临行前向蔡元培告辞，蔡元培又语重心长地对他说："从今以后，须负极大之责任，使大学为全国文化之中心，立千百年之大计。"蒋梦麟颔首称是。

蒋梦麟这一去北大，是他人生的一重大拐点。

就这样民国政府教育部批准蔡元培的请求，同意由蒋梦麟代理北大校长的职务。蒋梦麟初来乍到，凭什么才能在北大站得住脚？何况当初在他答应众人之劝代理北大之时，也并非所有教员都持欢迎态度的。在当时，门户之见、地域之见还是存在的。蒋梦麟对此倒是有心理准备的，头脑从未发过热、膨胀过。在全体学生欢迎大会结束后召开的教职员会上，蒋梦麟谦虚地说："我只是蔡先生派来代捺印子的，一切请各位主持。"他这么一说，反对者也不便于再指责什么了。于是，在校评议会上通过了聘他做教授，担任总务长的决议。看起来蒋梦麟不惊不险地在北大被认可了，可棘手的事情还在后面。一方面被警厅拘押的学生还有一部分没放出来，一方面国会中还有人在觊觎北大校长一职。面对校内外的纷扰，尤其是民国政府官僚政客与旧势力的干扰，蒋梦麟本着《诗经·邶风·雄雉》所云"不忮不求，何用不臧"（意思是"不去害人不贪吝，走到哪儿都得成"）之精神，在胡适、汤尔和、马叙伦等一班朋友的帮助下，四处奔波，终于使所有在押学生得以无条件释放，暑期结束后，新学期顺利招得新生 400 名。蒋梦麟总算在北大初步站稳了脚跟。

暴风雨过去了，霁日重现，新的学期开始了。蔡元培在各方一再督促之下，于是年 9 月 20 日到校，蒋梦麟向恩师蔡元培交了一份满意的答卷。蔡元培在北大任校长十年半，而实际在校办事不过五年半。凡蔡元培不在校，不论是他赴欧美考察，还是因政府腐败愤而辞职，总是由总务长蒋梦麟代理校务。除了三次代行校长职务外，蒋梦麟长期以总务长的身份，将主要精力用在协助蔡元培进行北大的体制改革上，成为蔡元培治理北大的得力助手。在蔡元培的主导下，蒋梦麟与胡适、陈独秀等人通力合作，共同把北大引上了现代大学的轨道。

在中国新文化运动史上，北大是无法抹去的一个名词，这固然与蔡元培密不可分。然而，倘若没有蒋梦麟、胡适、傅斯年等人，只怕北大在中国教育史上也要逊色不少。但对蔡元培与胡适这两位先生的办事水平，傅斯年曾批评说，真是不敢恭维。而认为自己的办事能力超过胡适，蒋梦麟的办事能力超过蔡元培。有一次傅斯年对胡适说："论办事能力，你不如我，论学问，我不如你，我是你的一条狗；蒋梦麟学问不如蔡孑民先生，但办事能力比蔡先生高明，蒋先生是蔡先生的一条狗。"以后，蒋梦麟也说自己是蔡先生的一条"狗"，"蔡先生是北大'功人'，我是蔡先生的一条狗。"只不过蒋梦麟是条"功狗"。事实也确实如此，在不少人的心目中，都认为蒋梦麟是北大自由派中最有办事能力的人。蔡元培也认可此说，在北大，学校的发展、部门的设置是请蒋梦麟君通盘计划的。

由于有傅斯年与蒋梦麟的这么一说一和，于是，蒋梦麟就落了个"功狗"校长之戏称。

说起"功狗"，这是有典故的。话说刘邦做了皇帝后，大封功臣，那些出身草莽、没有什么文化，却在刀光剑影中出生入死、提着脑袋南征北战，为刘邦打下若大江山的伙伴虽说个个封侯拜将，然而名列功臣第一的却是一个文人——在后方协助刘邦的萧何！这一下炸锅了，群情激奋。萧何凭什么名列功臣第一？刘邦对他手下这批开国武将说了一段颇有见地的话，他说："猎狗只有追擒野兽的功能，而猎人却能指挥猎狗。你们只不过是擒杀野兽有功的猎狗（功狗），只有萧何才称得上是猎人（功人）。"这就是蒋梦麟讲的"功狗"一词的由来。

1930 年 12 月，代校长蒋梦麟接任北大校长。蒋梦麟到校视察后，随即提出"教授治学，学生求学，职员治事，校长治校"的办学方针。根据这个方针北大公布了《国立北京大学组织大纲》，规定北大的职志是"研究高深学术，养成专门人才，陶融健全品格"。重建文、理、法三学院，实行学院制，各设院长一名。院长由校长就教授中聘任。改原评议会为校务会议，人员组成与职权同原评议会，必要时可延聘专家列席，所以，校务会实际上是教授会。原行政会议、教务会议仍旧保留，职权不变。推行学分制，要求毕业生撰写论文并授予学位，追求高等教育的正规化。蒋梦麟接任北大校长后，推行的仍是他当年协助蔡元培时制定的那一套管理模式，只不过突出了他那美国式的"十六字"管理方针和办事原则而已。

一个学校教学质量的好坏除了管理就看师资队伍的质量了。蒋梦麟一面将流失的教授请回来，一面延揽大批留学生来校任教，充实师资。他对文学院院长胡适以及理学院院长周炳琳、法学院院长刘树杞说："辞退旧人，我去做；选聘新人，你们去做。"蒋梦麟用人继承了蔡元培不拘一格的好传统，挑选教师只看学术上的贡献。如钱穆没有高学历，国学水平却很高，蒋梦麟毫不犹豫地将其请到北大当教授。犹如当年蔡元培延请梁漱溟。在蒋梦麟的诚挚待人下，20世纪30年代的北大聚集了一大批学有专长、业有专攻的专家、教授，北大成为人才荟萃之地，这就保证了北大的整体教学水平。

为了促使教学科研的健全发展，对蔡元培执掌北大时期形成的"囊括大典，网罗众家，思想自由，兼容并包"的传统，蒋梦麟坚持不变。在"大度包容"的方针下，自由主义传统得以延续下来。他对全校同仁宣告："我们当继续不断地向'容'字一方面努力。'宰相肚里好撑船'，本校'肚'里要驶飞艇才好。"

蒋梦麟以自己的渊博学识和精明干练，在那段艰苦岁月里，克服重重困难，小心翼翼地把握着北大之舵，竭智尽能，把希望之舟平稳渡过惊涛骇浪，二十年如一日，终使北大的教学与科研水平稳步提升，达到了北大历史上的最高峰，为当时北平国立八校之首。到抗战前北大已跻身世界一流大学。对此，蒋梦麟十分谦逊地说："我在北大工作二十几年，主持校政十七年，但知谨守蔡校长余绪，把学术自由的风气，维持不堕。"又说："我自到北大后，始终得到适之、孟真的全力帮助，方才有北大的发展。"

"郭子仪第二"

在蒋梦麟的教育理念中，青年学生一般不应该介入现实政治，现实政治是成年人的事情，青年学生的根本目标是将自己培养、造就成有知识、有能力的有用之才，以供国家驱使。只有当现实政治实在惨不忍睹，成年人太不负责任的时候，青年学生利用自己的热情，出而唤醒民众，昭示天下，达成此目标即应返回教室，无论如何都不应该荒废学业，放弃其自身的职责。

至于成年人的责任，蒋梦麟在当北大校长那些年里，从来未敢放弃，并以北平文化界领袖的身份冲锋在前，以致引起日本军方的关注，并将之列入应予逮捕的黑名单。1935 年 11 月 29 日下午，日本宪兵径直来到北大校长室，"邀请"蒋梦麟到日本驻防军司令部"解释"其反对日本的事情。蒋梦麟本着"临难毋苟免"的古训，答应在一个小时之内就去。

当蒋梦麟将这件事告诉家里的时候，有朋友劝他不要去日本军营，让日本人到北大来逮捕好了。但是，他们敢吗？然而考虑再三，蒋梦麟依然决定单独前往，在天黑以前抵达设在东交民巷的日军司令部。

蒋梦麟独自前往，显然出乎日军的预料。日军大佐说："我们司令请你到这里来，希望知道你为什么要进行大规模的反日宣传？"边说边递给蒋梦麟一支香烟。

"你说什么？我进行反日宣传？绝无其事！"蒋梦麟一边回答，一边接过日本人的香烟。

"那么，你有没有在那个反对自治运动的宣言上签字？"

"是的。我是签了字的。那是我们中国的内政问题，与反日运动毫无关系。"

"你写过一本攻击日本的书?"

"拿这本书出来给我看看!"

"那么,你是日本的朋友吗?"

"这话不一定对。我是日本人民的朋友,但是也是日本军国主义的敌人,正像我是中国军国主义的敌人一样。"

"呃,你知道,关东军对这件事有点小误会。你愿不愿意到大连去与板垣将军谈谈?"这时电话响了,大佐接了电话以后转身对蒋梦麟说:"已经给你准备了专车。你愿意今晚去大连吗?"

"我不去。"

"不要怕。日本宪兵是要陪你去的,他们可以保护你。"

听闻此言,蒋梦麟正色道:"我不是怕。如果我真的怕,我也不会单独到这里来了。如果你们要强迫我去,那就请便吧——我已经在你们掌握之中了。不过,我劝你们不要强迫我。如果全世界人士,包括东京在内,知道日本军队绑架了北京大学校长,那你们可就要成为笑柄了。"

这位日本大佐听到这句话脸色立即变了,好像蒋梦麟忽然成了一个棘手的问题。"你不要怕呀!"他心不在焉地说。

"怕吗?不,不。中国圣人说过,要我们临难毋苟免。我相信你也一定知道这句话。你是相信武士道的。武士道决不会损害一个毫无能力的人。"蒋梦麟抽着烟,很平静地对日本人说。

电话又响了,这位日本大佐再度转身对蒋梦麟说:"好了。蒋校长,司令要我谢谢你这次光临。你或许愿意改天再去大连——你愿意什么时候去都行。谢谢你。再见。"

对于这件事,罗家伦后来评价说,蒋梦麟是郭子仪第二,大有英雄精神。

七七事变爆发的时候，蒋梦麟正在南方，旋赴庐山参加蒋介石召开的谈话会，为全面抗战建言献策。7月底，北平沦陷，北大也成为日本的军营。根据国民政府的指示，相继沦陷的平津各高校陆续内迁，北大与清华、南开组建联合大学，先设长沙，后移昆明，是为抗战时期闻名国内外的西南联合大学。

西南联大由三个著名大学组建，蒋梦麟与清华校长梅贻琦、南开校长张伯苓为三常委，共同负责联大的日常事务，殚精竭虑，克服重重困难，为民族复兴、为建立新的国家保留了难得的读书种子，谱写了中国近代教育史上最辉煌的一页。

由于西南联大的三个学校都是名校，有着各自不同的传统、优长之处及学风，以学校的历史及校长的资历而论，蒋梦麟应该居于领导地位。但他为了三校的团结，为了中华民族的整体利益，坚决主张不设校长，实行常委负责制，共同主持校务。大政方针实行合议制，推请梅贻琦为主席，实际主持学校的一切日常行政事务，而蒋梦麟主要负责对外，校内的事务基本不管。蒋梦麟就此常说：在联大，我不管就是管。

"家是我痛苦的深渊"

1936年，时任北京大学校长的蒋梦麟迎娶陶曾谷女士，在北平举办婚礼，邀请胡适做证婚人。可是胡适的妻子江冬秀因为蒋梦麟为娶陶曾谷遗弃原配，不赞成胡适为两人证婚，把大门一关，就是不让他出去。原来，蒋梦麟为继娶陶曾谷而与原配离异，在江冬秀看来，蒋梦麟道德上是有愧的。胡适只能跳窗"脱逃"，成其美事。

蒋陶联姻最大的压力还不在蒋梦麟与原配离异，而是他迎娶的陶曾谷是其莫逆之交兼同事高仁山的遗孀。高仁山先后执教北京大学、北京师范大学，并在北京大学创立教育系。1928 年，高仁山被奉系军阀杀害于天桥刑场。高仁山死后，蒋梦麟对其妻陶曾谷照顾备至。尽管蒋梦麟使君有妇，但陶曾谷的处境令他同情，长期的照顾和相处，感情慢慢发生了变化，两人互生爱意，坠入爱河。婚礼上，蒋梦麟答谢宾客时表示：“我一生最敬爱高仁山兄，所以我愿意继续他的志愿去从事教育。因为爱高兄，所以我更爱他爱过的人，且更加倍地爱她，这样才对得起亡友。”

1958 年，蒋梦麟的夫人陶曾谷在台湾因病去世。陶曾谷卧床时，陶曾谷的一位表亲常去照应病人。陶女士曾经对她说：“孟邻（蒋梦麟）的身体很好，而且太重情感了，我死了以后，他一定会受不住的；而且，我不忍心他受长期的寂寞；所以，我希望你能够帮他找一个合适的对象，陪伴他……”由于陶女士临终前的嘱咐，使蒋梦麟的续弦问题，变成了那位太太无时或忘的“责任”。

因夫人去世后，蒋梦麟非常落寞，也就接受了妻子表亲的安排。据报道这位女士在陶女士逝世一年以后，就开始为蒋梦麟提亲说媒，但都没有使他动心。直到 1960 年在圆山饭店的一次宴会中，通过这个媒人介绍，他认识了徐贤乐，情形就不一样了。

徐贤乐认识蒋梦麟时，虽已年过半百，但风韵犹存。蒋梦麟对于徐贤乐可以说是一见钟情，而在一开始时，徐贤乐觉得蒋梦麟年纪太大，而且恐怕性格不合。但蒋梦麟托由媒人向她致意，表达自己意思：他觉得徐女士的家庭身世很好，而且品貌双全，一切都太理想了。蒋梦麟在写给徐女士的第一封情书里面就有：“在我见过的一些女士中，你是最使我心动的人……”认识三四个月之后，蒋梦麟对徐贤乐已难舍难分了，有次为了一点事闹了个小别扭，两人数日不见，蒋梦麟就寝食难安，于是用一张横幅一尺的日本绘画金边绉纹水色纸，以中小楷写了一首艳词相赠。两情不可不谓绸缪，因此不久就互相论及婚嫁。

这事在他们亲友中有"赞成"与"反对"两派，而在北大同学会的师友中，几乎都是不赞成，就连胡适也持反对意见。当时胡适在因病住院，还在调养身体之际，提笔给好友蒋梦麟写了一封长信，在信中，胡适表达了自己的意见，絮絮叨叨，说徐贤乐爱财，她向你要20万，你虽给了8万，也最好悬崖勒马。又以50年的友谊和蒋与陶证婚人的身份对其进行劝说，要他与陈诚（当时陈诚也是持反对意见者）郑重地谈一谈。据《胡适之先生晚年谈话录》书中说，陈诚曾告诉蒋梦麟说："我的太太接到蒋夫人——第一夫人宋美龄的电话，她坚决反对你跟这位徐小姐结婚，我的太太也反对，都要我转告于你。如果你一定要和她结婚，那么我们以后不能见面了，至少，你的夫人我们是不能见面了。"

胡适将信交给蒋梦麟时，蒋梦麟直接问他是支持还是反对，胡适说反对，蒋梦麟直接告诉他："那我就不看了。"遂将胡适的这封信撕碎掷于废纸篓中，后蒋梦麟秘书拾获细心拼合，始恢复原状，并得以保存。

蒋梦麟不顾各方反对，坚持要与徐贤乐再婚。他在7月间给陈诚写了一封长信，除申述自己"非立即结婚不可"的理由外，还极力为徐贤乐辩护。

因反对的人多势众，蒋梦麟不便举行公开婚礼，而改采家庭式秘密婚礼，于是在1961年7月18日在台北市临沂街陈能家中举行。陈能的太太是徐贤乐的亲侄女。婚礼极为简单，由端木恺律师证婚，郑曼青、居浩然分任双方介绍人，双方在结婚证书上用了印，婚礼就算完成了。时年蒋梦麟75岁，而徐贤乐也已54岁了。由于婚礼仓促，以至于很多人来不及准备礼物。

次日各报争相报导，蒋梦麟在接受某报的访问时说："一个人健全的生活，理智、情感、意志三者，必须适当平衡，缺其一，即失其平衡。果尔，则无论为学或办事，其动力便受削弱。我自陶曾谷女士去世以后，感情即无所寄托，故不得不求一对象，以保持我多年奋斗的精神。我相信徐女士，就是我适当的对象。"报纸并引用了徐贤乐的"有感蒋梦麟的款款深情，并陶醉于这位老教育家的灵毓才气"的话语，他们"希望新妇徐女士是一个'贤内助'，使蒋博士享受室家之'乐'，则过去一番小小波折，便成为愉快的回忆了。"

而在蒋、徐结婚之后没几天（7 月 26 日），蒋梦麟就专程去看望胡适，胡适也向他道贺。蒋梦麟告诉胡适，他的新婚夫人很好，隔几天还要将她带来看望胡适，他还对胡适说："人家说她看上我的钱，其实她的钱比我的多。"

在二人结婚一年多后，他们的婚姻亮起红灯。1962 年 12 月，蒋梦麟不慎失足折骨入院。徐贤乐趁蒋生病住院之际，将蒋之财物悄悄归之自己名下……待蒋发现，盛怒之下，修书一封，欲与离婚。徐女士当然不从，公开撰文，说他们爱情尚存，不过是蒋先生受了别人的蛊惑才一时糊涂。从此蒋梦麟避不见面，一切透过律师打笔仗、打官司。蒋梦麟的起诉状中称，徐贤乐"貌善心险、凌辱女儿、需索敛聚、嫌老恶贫、咆哮辱骂、饱受虐待"，不堪同居。他也首度证实了当初胡适的质疑，指徐贤乐在蜜月期间就不断追问他个人财产，还作成笔记；他的保险受益人与美国财产也都改登记徐贤乐为受益人；以及趁他在病榻上，徐贤乐迅速过户财产等种种做法，都让人无法接受。他还说徐贤乐经常大惊小怪、借故吵闹，不准他吊唁亡妻，还要求女儿搬离；而且竟以费用难筹为由，要求他尽快出院；她曾私自向农复会官员借支，同时为配住宿舍问题，在农复会与幕僚争吵，让他无地自容。凡此种种让他决定诉请离婚，并索回 53 万元存款。面对蒋梦麟的诉状，徐贤乐气愤地表示，诉状内容都是扭曲的。调解过程中，徐贤乐一度直闯农复会办公室找蒋梦麟，吓得蒋梦麟连忙从后门楼梯避开；徐贤乐见状高呼，见丈夫是合法的权利，她已受到蒋梦麟的侮辱与痛苦，这是"仰仗官职、欺凌弱女"。蒋梦麟自认实在惹不起徐贤乐，随后避居石门水库；徐贤乐一度又以送冬衣为由，要求碰面，蒋梦麟还是躲起来。

就这样吵吵闹闹约一年后，双方在1964年1月24日协议离婚，陶希圣当证人，赡养费为徐贤乐主张的50万元，农复会房舍、股票均需交还，但徐贤乐已经提走的20多万现金则不予计较。尽管已身无长物，由于蒋梦麟只求签字止讼，还是由友人代签支票偿还赡养费，前后总计花费77万元，终于结束两年六个月的夫妻关系。

蒋梦麟对记者说："（从结婚）到现在一年多，我失望了，我受到人生所不能忍的痛苦；家是我痛苦的深渊，我深深地后悔没有接受故友胡适之先生的忠告，才犯下错误。我愧对故友，也应该有向故友认错的勇气，更要拿出勇气来纠正错误。"同时，蒋梦麟竟不怕难堪，把胡适1961年6月18日写给他的那封长信公开发表。

面对沸沸扬扬的社会舆论，蒋梦麟十分坦然："这是我个人的私事，我发现错误便应该改正，所谓'人作孽，不可赦'，我愿面对事实，接受不幸的后果。"解除婚约后，蒋梦麟又精神焕发，专心投入到石门水库的建设中去。

附：胡适致蒋梦麟的长信部分。

……这十天里，我听到许多爱护你，关切你的朋友的话，我才知道你的续弦消息真已引起了满城风雨……这些话大致是这样：某女士（按：指徐贤乐）已开口向你要二十万元，你只给了八万；其中六万是买订婚戒指，两万是做衣裳。这是某女士自己告诉人的，她觉得很委屈，很不满意。关心你幸福的朋友来向我说，要我出大力劝你"悬崖勒马"，忍痛牺牲已付出的大款，或可保全剩余的一点积蓄，否则你的余年绝不会有精神上的快乐，也许还有很大的痛苦……

昨今两天（十七、十八）之中，我又听到五六位真心关切你的人的报告……这些朋友说：这位小姐在对待孟邻先生的手法，完全是她从前对待前夫某将军（按：指杨杰将军）的手法，也是她在这十七八年对待许多男朋友的手法：在谈婚姻之前，先要大款子，先要求全部财产管理权。孟邻先生太忠厚了，太入迷了，绝不是能够应付她的人。将来孟邻先生必至于一文不名，六亲不上门；必至于日夜吵闹，使孟邻先生公事私事都不能办！

她的前夫某将军是何等厉害的人！他结婚只七个月之后，只好出绝大代价取得离婚！这些朋友说：适之先生八天之前不说话，是对不住老朋友，今天怕已太晚了。

我也知道太晚了，但我昨夜细想过，今天又细想过：我对我的五十年老友有最后忠告的责任。我是你和曾谷（按：陶曾谷，蒋梦麟的第二任夫人）的证婚人，是你一家大小的朋友，我不能不写这封信……

梁漱溟：永远剔透的良知

梁漱溟（1893.10.18—1988.6.23），原名焕鼎，蒙古族人，著名的思想家、哲学家、教育家、社会活动家、爱国民主人士，主要研究人生问题和社会问题，现代新儒家的早期代表人物之一，有"中国最后一位儒家"之称。

"特务们，你们还有第三颗子弹吗"

梁漱溟初到北大便毫不掩饰他的率直，他在开讲"印度哲学"的第一天就对听课的学生说："我此来除替释迦、孔子发挥外，更不做旁的事。"讲台下的学生大多是"打倒孔家店"的热烈拥护者，这一时期同在北大的保守派代表人辜鸿铭就吃了学生的许多苦头，在当时的北大，可是人才济济，梁漱溟在当时还是个无名人士，即使辞退他也不会有人感到新鲜，但是他却在北大一教就是7年，他讲的孔子课特别火，学生们都争着来听他是如何为孔子、释迦做辩护的。

他在北大唱得最惊人的反调是在"五四"学潮时，学生们群情激愤，同仇敌忾，梁漱溟在《国民公报》上发表了自己的看法："我的意思很平常。我愿意学生事件付法庭办理，愿意检查厅提起公诉，审厅去审理判罪，学生遵判服罪。"他还指出人太多检查不尽学生"尽可——自首"。他的理由是，"在道理上讲，打伤人是现行犯"，"纵然曹、章罪大恶极，在罪名未成立时，他仍有他的自由。"梁漱溟是基于对法制社会的向往才这样说的。学生们却不能原谅他，于是写了许多匿名信警告他小心些。

他的率性而言招来的后果也的确让人惊心动魄。1946年李公朴、闻一多血案发生后，作为民盟的核心人物，梁漱溟在集会上公开宣言："特务们，你们还有第三颗子弹吗？我在这里等着它！"

梁漱溟民国初年曾在同盟会同仁创办的《民国报》当过编辑，做过外勤记者；他常用的笔名有寿民、瘦民等。有一次，该报总编辑孙浚明为梁写了一幅扇面，上款题"漱溟"二字，梁看后认为孙浚明代拟的笔名很好，甚合心意。从此梁便以"漱溟"为名。

1906年，梁漱溟考入北京顺天中学，他的各门功课自学进度皆超过老师的课堂教授进度。他阅读了大量的课外读物，国文作文成绩经常名列前茅。梁漱溟喜欢作翻案文章，从不落俗套，深得国文教员的赏识，他的作文曾得到"语不惊人死不休"的批语。

蔡元培聘请梁漱溟任北大教师时，他只有24岁，北大的学生有些比他的年龄还大，梁漱溟过去多次报考北大但却没有考取，最后他考入了直隶公立法政专门学校，他只是一位中专毕业生。

1916年上海的《东方杂志》上连载了梁漱溟撰写的一篇文章《究元决疑论》，文章以近世西洋学说阐述印度佛家理论，这篇文章发表后

民国岁月
那些文人大师们

很快便引起蔡元培的高度重视，蔡元培与当时的文科学长陈独秀商议决定聘请梁漱溟来校任教，梁漱溟对此却感到十分恐慌。他对蔡元培说："我只不过初涉佛典，于此外的印度哲学实无所知。"蔡元培当即反问道："那么你知道有谁能教印度哲学呢？"梁漱溟说不知道，蔡元培接着说："我们亦没有寻到真能教印度哲学的人。横竖彼此都差不多，还是你来吧！"

年纪轻轻的梁漱溟于是便登上了这所全国最高学府的讲台。报刊上很是热闹了一番。一是因为梁漱溟年轻，只有 24 岁；二是因为既没上过大学，更没留过洋，学问全靠自己钻研；三是因为蔡元培用人不拘一格，体现兼容并包之量。梁漱溟没有辜负蔡校长的信任，在中国最高学府的讲坛上一站就是 7 年。

梁漱溟讲课从来都不拘一格，有时他带学生进一所破旧房屋里，以房屋改造引导学生就东西方人处世哲学的差异发表议论；有时又将学生引到街市上一个卖零散啤酒的去处，让学生看着那以各种姿态自得其乐地喝酒的人们，让他们进行一场东西方人不同价值观的分析辩论。

1919 年，梁漱溟的著作《印度哲学概论》由商务印书馆出版，在学术界引起了强烈的反响。同在北大哲学系，梁漱溟讲授"印度哲学概论"，胡适讲授"中国哲学史"，马叙伦讲授"老庄哲学"，三驾马车，各行其道，成为未名湖畔人们津津乐道的一大景观。

梁漱溟 1921 年又出版《东西文化及其哲学》，他在书中公开宣言："世界人类的未来，将是中国文化的复兴。"该书八年中重印了八版，堪称首次倡导东西方文化比较研究的学术经典。国学大师梁启超读罢此书，亲自登门拜访，与他切磋学问。诺贝尔文学奖得主印度诗人泰戈尔来华访问时，说自己早就知道梁漱溟的大名，并说"很愿意听梁漱溟谈谈儒家道理"。泰戈尔称赞他是中国的"新儒家"。后来，"新儒家"成了中国学术界的一个重要学派，以梁漱溟、冯友兰、熊十力等著名学者为中坚力量，对中国学术界产生了巨大的影响。

1924 年初，梁漱溟毅然辞去了北大的教职，以非凡的执著精神搞起了乡村建设实验，又一次成为国内关注的知名人士。他从广东到河南，从河南到山东，办村治学院，办乡村建设研究院，办《乡村建设》杂志，孜孜以求，从无倦怠。1936 年，他出版了 40 万字的专著《乡村建设理论》（又名《中国民族之前途》），阐述了他的从村治入手，探索一条民族自救改造中国的途径。在当时有学问的人大多往城里跑的情况下，他带着一群忠实的追随者，怀揣"振兴农业法丹麦，建设乡村救中华"的壮志，光头跣足，穿行垄亩，"与马牛羊鸡犬豕做朋友，对稻粱菽麦黍稷下工夫"，历时七年之久，他也取得了一些成绩，他所提供的一套根据中国国情推动社会现代化建设的方法，在今天仍有一定的价值。

1938 年 1 月，梁漱溟以国防最高会议参议员的身份访问延安。当年在北大任教时他常到豆腐池胡同杨怀中家造访，每次给他开门的那个高个子青年，当时任中共革命军事委员会主席，他就是毛泽东。两位同年而生的对中国农村问题都有独到研究的人物围炉而坐，促膝恳谈。毛泽东高屋建瓴，肯定了梁漱溟乡村建设理论中的一些观点是对的，同时又指出它不能从根本上解决中国农民的问题。两人时有论辩，毫无拘束，不知不觉天已经亮了。

不是"学问之人"，而是"问题中人"

梁漱溟与他同时代的知识分子不同的是，在他的知识启蒙阶段没有上过私塾，也不曾读过四书五经，他直接进入京城学堂，接受西洋思想教育。其父梁济是一个儒生，他在国难的刺激下，形成了功利主义价值观，这给青年梁漱溟思想的发育以极其深刻的影响，使梁漱溟在评判事物时，主要视其"于人有没有好处，和其好处的大小"。用这种充满理性的态度来观察国事，就很容易得出西化的结论。梁漱溟生活在清末如火如荼的救国热潮之中，以"救国救世，建功立业"为己任，热衷于探求政治改造良途。他十分敬佩西方政治制度，"以为只要宪政一上轨道，自不难步欧美日本之后尘，为一近代国家"。他先主张君主立宪，对立宪失望之后又加入了同盟会，转向主张暗杀和革命。民国建立后，他与朋友创办《民国报》，继续宣传政治变革。这种热忱显然是受到了其强烈的救亡心理的驱使。但这时他的民族意识尚停留在情感层面。

梁漱溟无疑是一个制度化理论者或政治导向型人物。在他思想深处仍然具有另一面性格，为今后的变化预设了可能性空间。梁漱溟像父亲梁济一样，同时具有求世的和道德的双重热忱，这也是儒家的内圣外王人格理想。梁漱溟后来说：早年他在两个问题上追求不已，一为人生问题，二为社会问题。到民国建立后，目睹政治中的种种腐败黑暗以及议员们道德堕落，促成了他思想中的第一次大转折。这一转折的意义不在于从入世转向出世，因为未过几年他又由佛归儒，回到人世；最重要的是从此以后梁漱溟立身处世、观察问题的立场变了。当他由佛归儒的时候，不是简单地回到过去的求世主义，他也不再单纯地从制度变革、政治改造的角度，而是开始从文化、人性、道德、习惯礼俗的视野做出自己的判断和选择。

1917 年，梁漱溟应蔡元培之邀到北京大学教授印度哲学。此时他沉湎于对东方哲学的狂热之中，而北大又是新思潮的策源地，他感到有一种气氛上的压迫，于是他怀着保卫中国文化的使命感，偏要逆水行舟，为释迦和孔子争得一席之地。他认为自己不是"学问之人"，而

梁漱溟：永远剔透的良知

是"问题中人"，研讨东方哲学并非对纯学术有什么兴趣，最终还是为了解决中国文化及中华民族的出路问题。1922 年，梁漱溟在整理演讲稿的基础上出版了《东西文化及其哲学》，首次系统地比较了中国、印度和西方三种文化系统，这一著作引起了学术界的关注，在当时新旧文化阵营两方人士来看，梁漱溟应该是一个蝙蝠式的怪人。激进派认为他是保守主义者，因为他为中国文化大作辩护，并且大胆预言世界文化的未来属于中国文化。而保守派又在他的著作中嗅出某种激进的味道，因为梁漱溟断然否认中西文化调和的可能性，主张在现实选择上要"将中国文化根本打倒"，"要向咽喉去着刀"，"全盘承受"西方文化。这种逻辑上的矛盾，恰恰表现出了一个文化民族主义者的内在的心理紧张。

在"五四"时，梁漱溟在思想深处也有同样炽烈的双重渴求。一是作为一个民族主义者，他仍然像过去那样热烈地希望中国富强昌盛，他认定只有通过西方的科学与民主之路才能实现这一目标，因而他主张"全盘承受"西方文化。从这一性格而言，梁漱溟是保持着早年对现代化的那份憧憬，他态度之坚决与陈独秀等人不相上下。二是作为一个文化主义者，第一次世界大战所暴露出来的西方文明非人性的负面价值，又使他像"五四"时期其他文化保守主义者一样，对现代化产生了警惕。

梁漱溟并非保守的，也非激进的；或者说既激进又保守，同时走向对立的两极，既是西化的热烈鼓吹者，又是它的批判者和超越者。

回归道德乌托邦王国

梁漱溟一生以承继儒家的道统为己任，但当人们把他作为儒学第三期复兴的象征与熊十力相提并论时，他却又极认真地将自己与熊十力加以区别："我与熊先生虽然同一倾心东方古人之学，以此相交游、共讲习者四十多年，踪迹之密少有其此，然彼此思想实不相同。熊先生应归属儒家，我则佛家也。"

无论梁漱溟如何的倾心于佛家思想，从他一生的行迹看，他最终还是一个"志伊尹之志"的真正的儒者，从下面这件事中，可以清楚地看出来。

1941 年圣诞节，日本军队入侵香港。经过九死一生的努力，梁漱溟终于逃离虎口。他乘船逆西江而上进入广西。在安全抵达国统区以后，他给儿子写信道："前人云，'为往圣继论学，为万世开太平'，此正是我一生的使命。《人心与人生》等三本书要写成，我乃可以死得，现在则不能死。又，今后的中国大局以至建国工作，亦正需要我，我不能死。我若死，天地将为之变色，历史将为之改辙，那是不可想象的，万不会有的事。"这一番话，遭到了包括熊十力等在内的许多人的讥评。而梁漱溟却回答说："狂则有之，疯则未也。"

大凡文化民族主义者，他所认同的往往不是那个国家，而是那个国家的文化。为了保全文化的完整性，他不惜改变任何与文化相悖的社会制度。随着现代化进程对中国文化的冲击愈来愈厉害，梁漱溟的本土文化情绪也愈来愈浓烈。他发现近代中国自走上西化道路以后，正陷于"东不成，西不就"的僵局。一是因为西洋的政治制度不适合中国人的文化习惯而难以移植到中国，再一方面现代化的冲击下，以伦理为本位的中国传统社会又面临着彻底的崩溃。梁漱溟将这种社会文化危机称之为"极严重的文化失调"。文化失调乃起因于清末以来的民族自救运动，为了适应环境，效法西方，便自觉地破坏中国固有的文化，使得中国"离开固有精神而倾向西洋的粗野"，造成社会秩序的崩溃，自救仅成了自乱。梁漱溟开始怀疑：这种民族自救的方法是不是一开始就是错的？离开了立国之本的中国文化，西方的现代化道路是否能救得了中国？

经过五六年的怀疑和思考，梁漱溟终于发生了第二次思想大转变。他以文化民族主义者特有的思维，认定只有"老树上发新芽"，从中国文化固有的伦理精神出发，才能找到与西方不同的民族自救之路。他说自己过去承认中国文化比西方文化精神境界更高，这还不是"到家的觉悟"，只有将这种精神从将来拉回到现实，从文化形态落实到社会形态，才是"最后的觉悟"。他自言一生思想转变大致可分三期，"第一期便是近代思想这一路。从西洋功利派的人生思想后来又折返到古印度人的出世思想，是第二期。从印度出世思想卒又转归到中国儒家思想，便是第三期。"很能折射出中国知识分子在传统崩溃后再次寻求价值坐标的心路历程。梁氏从20世纪初开始著文，直到20世纪末去世，他孜孜以求的是中国文化的复兴，以及人类文化的始终归宿问题。作为一个仍保留着许多传统素质的中国知识分子（儒者），他提出了自己独到的看法，他20世纪20年代的著作《东西文化及其哲学》，颇能反映他的"世界文化三期重视理论"。

这无疑是一个道德的乌托邦王国，是注定回归不了的，从中，我们可能无法体察梁漱溟的玄思妙想，但却不难看出，梁漱溟是一个十分矛盾的人，但正是他的这种独特的性格才造就了他的成就。

仓促结婚细致恋爱

梁漱溟一直倾慕佛家出世思想，长年吃斋茹素，年近30仍不娶妻。梁父屡屡催逼，梁漱溟一口拒绝毫无商量余地。不料，父亲死后两年，由于做《东西文化及其哲学》的讲演，他渐渐有一种想成家的想法。

有一次梁漱溟与朋友伍伯庸谈及此事，伍伯庸问他的择妻条件，梁漱溟说："在年龄上、容貌上、家世上全不计较，但愿得一宽和仁厚之人。不过，单是宽仁而缺乏超俗的意趣，似乎亦难与我为偶；有超俗的意趣，而魄力不足以副，这种人是不免要自苦的；所以宽仁超俗而有魄力者，是我所求。这自然不容易得，如果有天资大略近乎这样的，就是不识字亦没关系。"

伍伯庸不禁面露喜色："当真能够这样，那我现在就可以给你介绍一个可意的。"原来伍伯庸夫人的妹妹黄靖贤年届 28 岁，尚未婚配，梁漱溟要求先见一面，伍伯庸说黄家守旧，得设法进行。在那次决定性的会面上，黄靖贤小姐的衣着非常不合时样，气度又像个男人，同姐姐伍夫人站在一起，反而显得要比姐姐大。梁漱溟说："凡女子可以引动男子之点，在她可说全没有。"

但是，婚还是马上订下来了。如此容易的订婚，梁家都感到十分诧异。当然，依梁漱溟的修养，对待如此大事断不至于没有一番考虑。他后来在《悼亡室黄靖贤夫人》一文中直白："在我实经过了一番考虑。我第一想：我大概不会从交游女朋友中自己择婚的，势必靠旁人为留意；旁人热心帮助我的，自亲兄妹以至远近长辈亲戚亦很多，但究不如相知的师友其眼光可以与我相合。我反问自己，如果当真着重那些性情禀赋的条件，就必须信托师友；而朋友中伍伯庸所说的话，尤值得考量。第二我想：伍伯庸的话，在他自己是绝对真实的，我可以相信。他的观察力假令再有半数以上的可靠，那么，这女子便亦很有可取了……"

订婚当年，两人便成亲了。婚后，起先几年磨合欠顺，越往后越生出爱意来，爱得也越来越细致甜蜜起来，属于那种典型的"先结婚后恋爱"。因为梁漱溟在得二子后，还想要个女儿，因此黄靖贤在两度小产后再次妊娠，最后竟死于"前置胎盘"的难产，梁漱溟痛苦不已。

　　梁漱溟择偶，趣味良多，但最令人感怀的还是中国士子的那股豪气。另外一点就是，面对伍伯庸的"推销"，梁漱溟竟毫不起疑，信之任之。不过，事实也证实朋友没有坑他。

冯友兰：有时直上孤峰顶

冯友兰（1895.12.4—1990.11.26），字芝生，河南南阳唐河人，著名哲学家，1924年获哥伦比亚大学博士学位，历任中州大学、广东大学、燕京大学教授，清华大学文学院院长兼哲学系主任，西南联大哲学系教授兼文学院院长，清华大学校务会议主席，北京大学哲学系教授，其哲学作品为中国哲学史的学科建设做出了重大贡献，被誉为"现代新儒家"。

演绎不着实际的形式的逻辑

冯友兰的道德观、境界说与他自己坚持的"不着实际"的形式的逻辑分析方法有很多不能自圆其说并且自相矛盾之处。关于这一点，他也有自觉。因此在《新知言》一书中，他指出形而上学的两种根本方法：一是"正"的方法，也就是《新理学》一书中所说的"纯思"的逻辑分析方法；二是"负"的方法，也就是传统哲学中的直觉的方法。像冯友兰自己所意识到的，其"新理学"体系中的四个观念中，"气"、"道体"、"大全"都是不可思议、不能言说的，但只有说清楚以后才能保持沉默。"说清楚"与"静默"正是"正"与"负"两种不同方法的运用。在《新知言》的最后一章中，冯友兰把"诗学"作为其形而上学的方法的最终归结，有他的深刻性。

冯友兰在《新原人》中的一段话："其引古人之言，不过与我今日之见相印证，所谓六经注我，非我注六经也。""我注六经"是我为六经服务，而"六经注我"，则是六经为我服务。

冯友兰把第二次世界大战以前中国的哲学研究分成两大营垒：北大着重历史发展的研究，而清华则强调哲学问题的逻辑分析。冯友兰是清华学派的代表，他自称"我在《新理学》中所用的方法完全是分析的"。这种所谓"完全分析"的方法是把中国哲学中的一些概念诸如"理"、"气"、"仁"、"义"等，视为一个理解的"对象"而进行"解剖"。

冯友兰在《新原人》第七章"天地"中，指出宗教和哲学的基本不同。他说："宗教使人信，哲学使人知。"在冯友兰的哲学体系中，他谨守着"知"和"信"的分际。从他的《贞元六书》中可以清楚地看出，冯友兰的兴趣在"知"，不在"信"。一般人在研究哲学问题时，因为不能有意识地区分"知"和"信"这两个范畴，由"知之深"，在不知不觉之间，转成了"信之坚"。当然，也有人往往把"信之坚"误认为"知之深"。

"我毕竟依附在祖国的大地上"

1934 年暑假后，冯友兰出访了欧洲，观光了英、德、法等国，后又获准访苏。当时苏联革命后的情况，有人把它说成是天国乐园，有人把它说成是人间地狱。通过阅读苏联出版的英文小报，冯友兰亲眼目睹苏联人民的日常生活和劳作，他的结论是："苏联既不是人间地狱，也不是天国乐园。它不过是一个在变化中的人类社会。这种社会可能通向天国乐园，但眼前还不是。"这种评价真实而不带偏见。他还说："资本主义国家的报纸，每天所报道的消息，大都是关于政治的和在政治上出头露面的人物，有时甚至把他们的穿戴都作详细的描写。而苏联的报纸所报道的几乎完全是工农业生产情况和劳动模范等先进人物的事迹。当时我想，这大概就是苏联的新社会和旧社会不同的地方吧。"

回国后，冯友兰作了两次演讲，一次演讲是漫谈苏联见闻，另一次演讲题为《秦汉历史哲学》。后一次演讲是借题发挥，借研究秦汉历史哲学之名介绍他所了解、接受的历史唯物主义原理。演讲中，他集中论述了社会存在决定社会意识，社会意识反作用于社会存在的观点。此次演讲稿后来收进他 1936 年出版的《中国哲学史补》。这时，冯友兰的所言所行引起了国民党反动政府的不满，于是国民党政府下令逮捕了他。后来迫于全国民主势力的压力，国民党未能进一步加害于冯友兰，旋即将他予以释放。鲁迅在这一年 12 月 18 日致杨霁云的信中说："安分守己如冯友兰，且要被逮，可以推知其他了。"这时的冯友兰，好像走到一个十字路口，他可以乘此机会与南京政府决裂，大闹一场，加入共产党领导的革命队伍的行列，或者继续过去的那个样子，更加谨小慎微，以避免特务的注意。"……我如果走前一条路是会得到全社会的支援，可以大干一番。可是我没有那样的勇气，还是走了后一条路。"在《三松堂全集》第1卷中冯友兰写道："联大文学院从蒙自迁回昆明后不久，有一天，蒋梦麟约我们五位院长到他家谈话。他说：'重庆教育部有命令，大学院长以上的人都必须是国民党党员。如果还不是，可以邀请加入。如果你们同意加入，也不需要办填表手续，过两天我给你们把党证送去就是了。'当时只有法学院院长陈序经表示不同意，其余都没有发言表态。我回家商量，认为我已经有过被逮捕的那一段事情。如果反对蒋梦麟的提议，恐怕重庆政府方面说是不合作，就只好默认了。过了几天，蒋梦麟果然送来了党证。"在这本书里，冯友兰还写道，蒋介石在重庆办了一个中央训练团，叫他手下的人轮流集中受训，每半年为一期。训练的目的，是培养他们对蒋介石的个人崇拜、盲目服从的感情，冯友兰感觉，自己就是某种类型的一条狗。训练团中，也开了一些知识性的课程，聘请当时各大学的教授担任讲课老师。冯友兰也被聘担任讲授一门课的老师，课程题目是"中国固有道德"，时间是每隔两三个星期讲一次不等。

冯友兰曾在《新事论》中说：我们常听见许多关于城里人与乡下人的笑话，照这些笑话所说，不但城里的人比乡下的人知识高，才能高，享受好，即城里的狗亦比乡下的狗知识高，才能高，享受好。这些虽是笑话，而却不见得不合事实。我们甚至可以说，不但城里的狗比乡下的狗知识高，才能高，享受好……在中国，一百个乡下人中，至少有九十个一生没有吃过如城里的富室狗所吃的饭食。

1946年，冯友兰接受美国费城宾夕法尼亚大学的邀请，到该校任客座教授一年，一方面，讲授中国哲学史，另一方面，还与卜德一起翻译他的《中国哲学史》。这时，他已取得了在美国的永久居留权。因为给学生上课，冯友兰用英文写了一部中国哲学史讲稿。这部讲稿，

民国岁月 那些文人大师们

在 1947 年离开美国的时候，冯友兰将此讲稿交给纽约一家出版社出版，题名为《中国哲学小史》。这本书有法文和意大利文的翻译本，还有南斯拉夫的译本。1985 年又出版了涂又光翻译的中文本。差不多同时，冯友兰的《新原道》也由一位英国朋友翻译成英文在伦敦出版，题名为《中国哲学之精神》。

1947 年，中国的局势急转，解放军节节胜利，全国解放在望。是归，是留？形势逼人，要求在美华人做出抉择。有些朋友劝冯友兰定居美国，冯友兰却说："解放军越是胜利，我越是要赶快回去，怕的是全中国解放了，中美交通断绝。"于是他辞谢了当时有些地方的邀请，只于回国途中在夏威夷大学住了一学期，于 1948 年 2 月回到清华大学。是年 12 月，清华大学就先北平而解放了。在清华大学解放前夕，南京国民党政府委派青年部长陈雪屏（原西南联大训导长）来清华大学。席间，陈雪屏宣布，南京方面准备一架专机，来迎接诸位先生。冯友兰坚决拒绝，他说："自此以后，我在人事上虽时有浮沉，但我心中安慰。我毕竟依附在祖国的大地上，没有一刻离开祖国。"

"我做完了我要做的事，你也会的"

冯友兰做学问达到了忘我的境界，他晚年把全部的精力都放在了著书立说上。女儿宗璞有一段回忆录，讲述了冯友兰这种"春蚕到死丝方尽"的精神。

老实说，父亲已去世 10 年。时间移去了悲痛，减少了思念。以前在生活安排上，总是首先考虑老人，现在则完全改变了，甚至淡忘了。

在失明的威胁下，父亲并没有忘记我。或者说，我又想起了他，因为我需要他。

不要怕，我做完了我要做的事，你也会的。

我会吗？我需要他的榜样，我向记忆深处寻找……

用口授方式，完成150万字的大书，可谓学术史上的奇迹。

父亲最后的日子，是艰辛的，也是辉煌的。他逃脱了政治漩涡的泥沼，虽然被折磨得体无完肤，却幸而头在颈上。他可以相当自由地思想了。1980年，他开始从头撰写《中国哲学史新编》这部书。当时他已是85岁高龄。除短暂的社会活动，他每天上午都在书房度过。他的头脑便是一个图书馆，他的视力很可怜，眼前的人也看不清，可是中国几千年来的哲学思想的发展在他头脑里十分清楚，那是他一辈子思索的结果。哲学是他一生的依据。自1915年，他进入北京大学哲学门，他从没有离开过哲学。

父亲最后十年的生命，化成了《中国哲学史新编》这部书。学者们渐渐有了共识，认为这部书对论点、材料的融会贯通超过了20世纪30年代的两卷本，又对玄学、佛学、道学，对曾国藩和太平天国的看法提出了独到的见解，还认为人类的将来必定会"仇必和而解"，都说出了他自己要说的话，一点一滴，一字一句，用口授方式写成了这部150万字的大书，可谓学术史上的奇迹。蝇营狗苟、利欲熏心的人能写出这样的书吗？我看是抄也抄不下来！有的朋友来看望，感到老人很累，好意地对我说："能不能不要写了。"我转达这好意，父亲微叹道："我确实很累，可是我并不以为苦，我是欲罢不能。这就是春蚕到死丝方尽，蜡炬成灰泪始干吧！"

是的，他并不以写这部书为苦，他形容自己像老牛反刍一样，细细咀嚼储存的草料。他也在细细咀嚼原有的知识、储备，用来创造。这里面自有一种乐趣。父亲著述还有一个特点，就是不做卡片，曾有外国朋友问，"在昆明时，各种设备差，图书难得，你到哪里找资料？"父亲回答："我写书，不需要很多资料，一切都在我的头脑中。"这是他成为准盲人后，能完成大书的一个重要条件。

更重要的是他的专注，他的执著，他的不可更改的深情。他在生命的最后两年中不能行走，不能站立，起居需人帮助，甚至咀嚼困难，进餐需人喂，有时要用一两个小时。不能行走也罢，不能进食也罢，都阻挡不了他的哲学思考。有一次，因心脏病发作，我们用急救车送他去医院，他躺在病床上，断断续续地说："现在有病要治，是因为书没有写完，等书写完了，有病就不必治了。"

当时，我为这句话大恸不已，现在想来，如丝已尽，泪已干，即使勉强治疗也是支撑不下去的。而丝未尽，泪未干，最后的著作没有完成，那生命的灵气绝不肯离去。他最后的遗言是"中国哲学将来一定会大放光彩"，这句话是用他整个生命说出来的。

20 世纪 40 年代，常有人请冯友兰写字，冯友兰最喜写唐李翱的两首诗——"练得身形似鹤形，千株松下两函经，我来问道无余说，云在青天水在瓶。"另外一首是"选得幽居惬野情，终年无送亦无迎，有时直上孤峰顶，月下披云啸一声。"

冯友兰的执著顽强，那春蚕到死、蜡炬成灰、薪尽火传的精神，有着极飘逸、极空明的一面。他一方面是儒家"知其不可而为之"的担得起，一方面是佛、道、禅的"云在青天水在瓶"的看得破。正因为有了这样的互补，中国知识分子才能在极严酷的环境中活下去。

多年以前，冯友兰为女儿宗璞写了一幅字，写的是龚定庵诗："虽然大器晚年成，卓荦全凭弱冠争。多识前言蓄其德，莫抛心力贸才名。"后来冯友兰又做了一首诗，"七字堪为座右铭，莫抛心力贸才名。乐章奏到休止符，此时无声胜有声。"冯友兰深知任何事都要用心血做成，对后辈的谆谆教诲，不为一点轻易取得的浮名得意。

后来，冯友兰因视力不好，成了一个准盲人，整日枯坐，冥思苦想，但他做起学问来是十分执著的。

冯友兰在临终前，说了最后一句关于哲学的话："中国哲学将来一定会大放光彩，要注意《周易》哲学。"

"一辈子从来没有买过菜"

冯友兰北大毕业后回到开封，第一件事是结婚成家，迈出了人生的第一步。

冯友兰的婚姻同这位哲学家的哲学创作一样，都带有近代启蒙的色彩。他的婚姻似乎打破了"父母之命，媒妁之言"的封建制度。

1915年，由上海中国公学的同学介绍，冯友兰认识了辛亥革命的前辈任芝铭先生的三姑娘任载坤，任芝铭先生最早在河南提倡妇女解放，并先后将包括任载坤在内的三个女儿送到当时女子的最高学府——北京女子师范学校接受现代教育。任女士当时正在北京女子师范学校读书，比冯友兰年长一岁，够得上当时"新知识，旧道德"的标准。很快冯友兰便和任载坤订了婚。两人订婚时，有约定，等任载坤在北京女子师范学校毕业以后才能结婚。当时北京女子师范学校设本科和专修科，关于婚姻问题，专修科没有什么限制，本科只收未婚学生，如果中途结婚，就要中途退学。当时在北京，北京大学是男子最高学府，北京女子师范学校是女子最高学府，两人各居最高学府，恰好两人都是1918年毕业。这样的结合，在全国也可以说独此一对佳偶绝配。

1918年夏，冯友兰与任载坤在开封结婚。冯友兰与任载坤婚后育有四子，长女冯钟琏，次女冯钟璞（作家宗璞，著有小说《野葫芦引》等），长子冯钟辽，次子冯钟越，多学有专成，显然是受家庭浓厚文化氛围的影响。随着子女的出生，任载坤即主司家务。回首家庭生活往事，冯友兰的女儿宗璞说："这么多年，我觉得父母一直认为生命有更高更重要的东西存在，在父亲，就是他的哲学他的教育事情，在母亲，就是帮助父亲完成他的事业。"

杨长春的《一代宗师存风范——亲友漫忆冯友兰》文章中写到，冯友兰在家里是一个"甩手掌柜"，他能以全部的精力和时间用以著述，这得利于夫人任载坤的倾力支持。冯友兰的妹夫张岱年曾经感叹："在家中谁也比不上冯先生的，冯友兰一辈子从来没有买过菜。"宗璞笑着补充："说一辈子没有买过菜也不尽然，在昆明时，母亲身体不好，父亲也曾带我赶过集，不过父亲确实很少做饭，'君子远庖厨'这句话放在他身上再合适不过。"

西南联大时期，由于通货膨胀，物价飞涨，教授的衣食都成了问题。于是，教授夫人们八仙过海，各显神通，想方设法赚点零花钱，维持生活。任载坤为了让冯友兰安心著书立说、传道授业，设油锅卖麻花补贴家用；而梅贻琦校长的夫人韩咏华卖"定胜糕"，寄予着抗战"一定胜利"的信念，此糕很受欢迎。

1946 年西南联合大学要离开昆明的时候，据冯友兰的回忆，教授们大都把从北方带来的东西在街头拍卖，家属们坐在街头摆地摊，占了很大一块地方，持续了几个星期。

"文革"期间，冯友兰蹲牛棚，夫人任载坤天天站在远处眺望，盼他回来，那个地方被冯友兰命名为"望夫石"。任载坤还定期到"黑帮"大院给丈夫理发。夫妻同甘苦、共患难，度过了这段非常时期。

1977 年 10 月 3 日，任载坤撒手西归，冯友兰作挽联送别妻子：在昔相追随，同患难，共安乐，期颐望齐眉，黄泉碧落汝先去；从今无牵挂，断名缰，破利锁，俯仰俱不愧，海阔天空我自飞。

"期颐"，称百岁之人。"齐眉"，比喻夫妻相敬相爱终生。"碧落"，谓天空。上联写夫妻情深意厚，相敬如宾，至老不渝，令人敬羡。下联写作者老来失伴而不灰心，却雄心倍增，更令人崇敬。全联语言流畅、自然，可谓佳构。

潘光旦：寂寞鸿儒，强国优种

潘光旦（1899.8.13—1967.6.10），江苏宝山人（今属上海市）。原名光亶（后以亶字笔画多，取其下半改为光旦），又名保同，号仲昂，社会学家，优生学家，民族学家。1927 年参与筹设新月书店。著作有《优生学》、《人文生物学论丛》、《中国之家庭问题》等，另有译著《性心理学》等。

"增益民族品性中刚劲的成分"

1922 年，梁启超在清华开了一门课"中国历史研究法"。学期末，潘光旦向梁启超交了一篇读书报告，梁看后，写了这样一段批语："以你这样的才华，你研究什么就会有什么成就。"

这篇报告就是 22 岁的潘光旦写的《冯小青考》，今天这已是中国现代学术史上的经典著作。冯小青是明代才女，但却红颜薄命，她的死因后人众说纷纭。潘光旦借助西方性科学的原理，对冯的死因作了分析，得出了冯小青是死于她病态的"自恋"。这在对"性"讳莫如深的中国社会里，可谓惊世骇俗。《冯小青考》是潘光旦借助近现代科学理论对中国传统文化进行剖析的一次实践，也是近现代国人对这个古老民族人性深处最初的科学探索和思考。

或许是为这个民族前途的忧虑，也或许是个人遭遇的感慨，潘光旦在美国选择了生物学、遗传学，并专攻了从生物进化论和遗传学推演出来的优生学，他同时广泛涉猎心理学、文学、哲学等领域。

在潘光旦看来，优生学是研究人类品性的遗传与文化选择的利弊，以求达到比较优良的人类繁殖方法，可以谋人类之进步。

1926年潘光旦回到上海开始了教书，他在国内创设了优生学课程，主编了《优生月刊》。教书之外，他关注着社会，为中国找寻出路。他认为中国民族在根本上有大危险，中国不缺人，缺的是心理健全、身体健康、资质聪颖的社会分子。一个民族要想富强就要优生，不是数量多少的问题，而是质量高低的问题。他认为，生育孩子不仅是一个家族的使命，更是社会的安危所系。

深厚的文化根底，使他的思想超越了一般的社会学范畴，而是洋溢着重人道的社会理想。他撰写了大量的著作，为自然科学和人文科学的典范之作。他通过家族的兴衰，揭示遗传和环境对造成人的优良品性的重要。他通过对美国、西班牙、古罗马和中华民族的历史比较研究，探寻一个民族兴盛衰亡的缘由。更重要的是他结合当时中国的实际情况，揭示了造成国人特性中所体现出的"私、愚、病、贫、乱"的民族病态的根源，指出要想民族振兴，民族卫生、民族健康和优生优育是最重要的出路。

潘光旦从优生学的理论出发，对中国国民性进行了深入透彻的解析——"中国民族有许多弱点，其中最叫人失望的是利己心的畸形发展和利他心的薄弱。"（这是一些愤青们最不愿意听的。）

他在学术上有一种很博大的气魄，他不愿意人们称中国为"老大之中国"，他说："如果'老'字指的是历史、文化、语言文字，那还可以，假若是指民族，我就不敢苟同了。"他的心中同样有着一个少年中国，只是这个少年中国发育还不很健全！（这是何等的青春心理。）

可以说潘光旦是在近百年中国里，最早在科学的基础上提出"优生优育"的学者。

近代以来，帝国主义列强的欺辱使中国面临着亡国灭种的忧患，有识之士无时无刻不在寻找救国保种的道路。潘光旦先生逝世 20 周年时，费孝通曾说潘先生一生的学术，最基本的目的是"强国优种"，从德智体三个方面开展研究，希望能提高中国人的根本素质。

潘光旦主张教育应当培养出"士"的情志，平时牢守"士不可以不弘毅，任重而道远"，危难中体现"见危授命"、"士可杀不可辱"的志节。针对我们民族的弱点，潘先生还提出了许多有益的建议：生育节制，生得少、生得优，而且都留得住；增益民族身心品性中刚劲的成分等。

潘光旦认为解决问题的基本途径不在政治、经济、社会的种种安排，而在教育。我们"毕竟是中国人，将来是要为自己的国家做些事的。读洋书与去国外，只是为达此目的而进行的一个手段"。他主张大力提倡通才教育，革除把科学偶像化的教育，重新认识科学的真正性能：存疑而不武断，宽容而不排斥，通达而不蔽锢。此外，潘光旦还旗帜鲜明地提出"人文学科必须东山再起"的观点。

潘光旦是学行合一的一个人，他不仅读书和做学问，而且还要使自己的学问和行动能够直接有益于国家、有益于民族、有益于社会。他刻在自制烟斗斗腹上的十二字铭文，其实正是他本人最恰当的写照：

"形似龙，气如虹，德能容，志于通"。

教授"完全是赚钱机器"

关于教育，孔子说："大学之道，在明明德，在亲民，在止于至善。"蔡元培说："教育是帮助被教育的人给他能发展自己的能力，完成他的人格，于人类文化上能尽一分子的责任，不是把被教育的人造成一种特别器具。"鲁迅说："教育是要立人。"卢梭说：教育是培养"既能行动又有思想的人"。爱因斯坦说："什么是教育？当你把受过的教育都忘记了，剩下的就是教育。"雅斯贝尔斯说："教育是人的灵魂的教育，而非理性知识的堆积。"但在今天，我们的教育已经成为了一个问题，其最大的问题就是不自由，学习不自由，思想不自由。

早在 1930 年，潘光旦就在一篇文章中说：做学问的目的，本来是让人们越来越多了解它，从而产生越来越大的影响。潘光旦认为，如果说西方教授已经是学问之大敌的话，那么中国的教授恐怕连这个资格也没有！之所以如此，主要有以下三个原因：第一，西方教授还能制造许多术语来唬人，但是中国大多数教授连本专业的术语也记不清楚。第二，西方教授还有本领加入某一派系，中国教授"除了介绍西方几本教科书以外"，根本不做真正的研究。第三，西方教授不经过十年或数十年的磨难和谨严的学者生活，是不会得到这个头衔的。

还是在 1930 年，潘光旦在《教授待遇与今日流行之兼任讲师制》一文中就谈到这个问题。他说："大学聘请教授，有一个很普通的原则，便是一个'专'字。凡是在某行学问上有专长的，便有被聘请当教授的资格。这个原则是不错的。但是在大学方面，待遇起教授来，也应当有一个简单的原则，也便是一个'专'字。凡是能专诚待遇教

民国岁月
那些文人大师们

授的大学，他一定可以得到教授们的信任和努力。"可见，用"学有专长"的原则聘请教授，以"专诚"的态度对待教授，是大学管理者必须具备的一种素质。

在这篇文章中，潘光旦还谈到大学管理的另一个原则，那就是要"使教授们得到精神上的谧静。"因为"教授的任务，一半在教导学生，一半也在他的专门学问上继续用功夫，更求造诣的精到，而研究功夫的第一条件便是生活宁静。"这个意见不仅适于年长的教授，也适于年轻的教师。因为做学问和其他事情不同，它需要静下心来，排除杂念，钻研多年，才能有所收获。

潘光旦认为弄清楚教授与讲师的区别特别重要。所谓教授，除了给学生上课之外，更重要的是要在日常生活中用自己的人格来影响学生。也就是说，真正的教授是不能屈从于世俗社会，每天为应酬而吃吃喝喝、为挣钱而跑来跑去的。正因为如此，潘光旦在这篇文章中说："学校应当使学生和教授的人格有密切的接触。要有这种接触，第一条件也便是要使教授获得精神上的宁静，因为不宁静，人格便不能充分表现。"他还说，由于名牌教授有限，许多大学争相邀请，这就使他们每天疲于奔命，根本没有时间去做学问。至于学生，也只能在课堂上见上一面，下课后根本没有接触机会。因此他认为，这种"东也讲一次，西讲也一次，讲一次算几块钱，讲完了就走"的教授，完全是赚钱机器，在教学效果上，与留声机类似；在人格取向上，与走江湖的艺人没什么两样。

1932年，潘光旦就在《教育与成见破除》一文中指出："教育有两大目的，一是教人认识自己，尤其是认识自己在能力上的限制，二是教人破除成见，少受些成见的蒙蔽。"他认为，由于我们总是把精力放在学制调整、课程设置方面，不重视认识自己、破除成见的问题，因此培养出一大批毫无判断力的青年。这些人在学校学会了道听途说、鹦鹉学舌的本领，出了学校以后，就只能是随波逐流、人云亦云了。

为了让学生认识自己，少受蒙蔽，他在《完人教育新说》中指出，学校应该提倡"价值意识"的教育。这种价值意识的培养，可以让人识别真伪，区分善恶，分辨利害。这就是说，如果只有大量知识而没有价值意识，就不会有辨别是非的能力，就会被各种各样的成见所蒙蔽。

到了抗战时期，潘光旦仍然坚持这一观点。他在《自由之路》一书中，把自我认识和自我控制当作争取自由的两个先决条件。他认为只要具备这两个条件，自由就会不期而至，任何人剥夺不了。不具备这两个条件，即使调子再高，也是空谈。

由此可见，仅仅掌握大量的知识，非但不能改变自己的命运，而且还会陷入被蒙蔽的境地。

"我的方法也有问题"

潘光旦是跛足，在清华的时候，这成了他的一个特征而名声在外，但没有人会感到他的残疾。他行动敏捷，轻松自在，还把自己架拐行走当成笑话来说。有一次下雪，一个小男孩看到潘光旦拄拐在雪地上留下的印迹，以为是什么小动物，跟踪脚印直到发现潘光旦。他说他在校园里发现好几回这种脚印，又不像什么小狗小猫，原来是你啊！潘光旦回家就把这个故事讲给家人听，还夸奖这孩子有寻根问底的劲头。

有一回，潘光旦和一个朋友说到葫芦。潘光旦当时在宾馆的床上躺着，顿时就坐起来了，突然问朋友是否记得他的书房里有个什么特别的东西。朋友一听就明白了，他种出了两个并蒂的葫芦，挂在书房

民国岁月
那些文人大师们

墙上当宝贝看。但朋友装糊涂，说满屋子都是书啊。潘光旦点头，问还有呢？朋友说有个大砚台，还有个笔架，挂着大小的毛笔。潘光旦又问朋友，那墙上还挂着什么呢？朋友知道不能再装了，赶紧说，还有您的"镇宅之宝"，一对葫芦啊！墙上挂的匾好像是"双葫芦斋"？

潘光旦眉飞色舞起来，说不对，叫"葫芦连理斋"，然后就讲开了。他说自己的专业是优生学和遗传学，有点冷门，不受重视，但这是基础科学，跟人们身边的植物、跟人本身都有关系。所以留美时他选修了生物学，拿不到学位也不在乎，读了四年。1934年，他到清华大学任教，家门口有个架子，他就种上藤萝和葫芦，让它们攀援，夏天可以乘凉。

过两年，奇迹出现了，冒出了一对并蒂的葫芦，头靠头地长在一起，这很难得。潘光旦说他起初担心这两个葫芦长不好，哪知道它们很争气，长得差不多一样大，而且身形、圆度、腰围都很均匀。他觉得这是对他学习生物学的最大回报。有人问他为什么生物学系的师生种不出来，潘光旦的回答很得意，一是因为生物系的师生都关注更有研究价值的动植物，对葫芦没有兴趣，另外就是他们没有学好优生学。

这是他很开心也不乏幽默的一件事。

1940年，潘光旦教授在西南联大任教务长，他同时研究优生学与心理学。当时云南多鼠，潘光旦深受其苦，只好张夹设笼进行捕捉。一日捕得硕鼠10多只，便斩头剥皮，弃其内脏，然后洗净切成块状，请夫人做成菜。夫人皱眉问道："我们伙食虽不算好，也常有鱼有肉，今天为何叫我做这苦差事？"潘光旦解释道："我这是为了学术研究，请你一定要帮助我。"夫人无奈，只好勉为其难。夫人一向善于治馔，煮熟后果然甘香扑鼻。教授大喜，随即邀来共同研究心理学的同事和学生数人，诡称偶获野味，欲与诸位分享。鼠肉端上桌来，潘光旦带头大嚼，众宴客亦举着共食。然而咀嚼再三，竟不辨是何动物。一客问道："此肉细嫩，味道鲜美，但不知是何野味？"潘光旦笑答道："鼠肉。"此二字一出，想再吃一块的忽然停住了筷子，嘴里正在咀嚼的吐了出来，还有紧锁双眉、喉痒欲吐的，潘光旦一再保证，其中绝无有害健康的物质，并以身作则，继续食用。但无论他怎么劝诱，直至餐毕，终无问津者。潘教授大笑道："我又在心理学上得一证明。"

闻一多是潘光旦清华求学时的挚友，原名闻多，在一次闲谈中，潘光旦半开玩笑地向他建议，在名字中间加个"一"字，闻一多听后非常高兴，逢人便说我现在叫闻一多啦。就是这个闻一多，在知道潘光旦学习优生学时，对他说，你研究优生学的结果，假使证明中华民族应该淘汰灭亡，我便只有用手枪打死你。

幽默是潘光旦的绝活。他跛足，当政协委员时外出视察，走路用双拐，叶笃义先生照顾他。有人取笑他说："潘先生的立场观点都有问题。"他说："不只如此，我的方法也有问题，我架的双拐是美国货。"他喜欢研究家谱，看了许多他姓家谱。有人送他一副对联："寻自身快乐，光他姓门楣。"

因潘光旦行走用木拐，朋友徐志摩戏言"胡圣潘仙"。胡圣，指胡适；潘仙，指潘光旦，比喻他为名列八仙之一的铁拐李。他还喜欢旅游，挑战自我，"到人不到"之处，偏干一些常人认为肢残人干不了的事。在西南联大演讲时，他讲到孔子时说："对于孔老夫子，我是佩服得五体投地的。"说着，他看了一眼自己缺失的一条腿，更正道："讲错了，应该是四体投地。"引得同学们大笑。

潘光旦很注意生活情趣。战时在昆明，他也会营造书房的氛围。一张大书桌为自制——两侧用包装木箱横竖叠加成桌脚，上架两条长木板为桌面，一如裁缝师傅的工作台。台上备有文房四宝。还有拾来的石头和竹木制品做小摆设。因房子四面有窗，他命名为"四照阁"。苦中作乐，不乏文人雅士情调。虽寄人篱下，但环境挺幽雅。他用隐士蟹寄住螺壳比喻，作一联，送给前来看他的学生李树青，联语是：

> 螺大能容隐士蟹，
>
> 庭虚待植美人蕉。

他请李提意见，李便和他开玩笑："此联是否已征得潘太太首肯？否则，我建议用'寿仙桃'代替'美人蕉'。"潘光旦开颜大笑："原意在属对，并无金屋藏娇之意。"

抗战岁月业余生活贫乏，清华大学的职员们也喜欢打麻将，以致小偷乘空而入竟不知。作为教务长的潘光旦，写了一封信贴在他们客厅的门柱上，大意是希望他们玩要有"度"。又说：其实打麻将没有什么不好，娱乐一下也不错。我也喜欢打，偶尔玩玩，只是应当找个合适的时间。最后说如果各位有兴趣的话，不妨找个礼拜天，到舍下摸几圈如何。他这种幽默的批评，晓之以理，动之以情，大家会心一笑。从此，滥打麻将的现象不再发生了。

张元济：为中华文明"续写"

张元济（1867—1959），号菊生，浙江海盐人。出生于名门望族，书香世家，清末中进士，入翰林院任庶吉士，后在总理事务衙门任章京。1902 年，张元济进入商务印书馆历任编译所所长、经理、监理、董事长等职。新中国成立后，担任上海文史馆馆长，继任商务印书馆董事长。

"此是良田好耕植"

1898 年发生的戊戌变法，是晚清王朝最后一次自救的努力，也是最后一次革新的机会。但是，它失败了。参加、支持和同情戊戌变法的，被杀的被杀，革职的革职。当时的翰林院里，张謇去办实业了，蔡元培回老家教书了，原本等着坐牢杀头的张元济，因李鸿章相助而幸免。李鸿章将他推荐给盛宣怀，于是他来到了盛宣怀创办的南洋公学当了译书院院长，后来还当了南洋公学的校长。

19 世纪末的上海是中国的新学枢纽之所在，新式学堂、学会、报刊、出版印刷机构不断地从这里辐射全国。这对于主张以西学开启国民心灵的翰林张元济，无疑是巨大的吸引。南洋公学是当时中国少有的设备最完善、人才最鼎盛的高等学府。到南洋公学任职，可以说是张元济理想的延续。

在张元济的主持下，译书院出版了严复翻译的《原富》。这是英国学者亚当·斯密的著作。在 100 年后的今天，这本书仍然是经济学的经典著作。

当时，张元济看重的是英才的培养。他和蔡元培等很多先贤一样，以培养人才为首要，他们痛感变法维新的失败是没有人才的基础。所以，张元济在南洋公学期间，创办了南洋公学特班，这个"特班"，按盛宣怀的说法，就是为中国的将来培养"大才"。特班只有一届学生，却出了邵力子、李叔同、谢无量等人。

然而时过三年，张元济却做出了一个令人惊讶的决定：辞去南洋公学的所有职务，加盟商务印书馆。

当年的商务印书馆只是一个手工作坊式的印刷工场，由排字工人夏瑞芳创办。张元济放弃了在南洋公学显赫的地位，到一个弄堂的小厂里，跟一个小业主合作，这样的转身，时人多有猜测和不解。

直到半个世纪后，因为中风已卧床数年的张元济用颤抖的手写了一首诗，告别商务印书馆同仁："昌明教育平生愿，故向书林努力来，此是良田好耕植，有秋收获仗群才。"从诗中，人们读到了他平生的理想，也读到这样一个事实，他是自觉地把商务印书馆与中国教育的现代性变革连接起来的。

张元济走进商务印书馆的这一年，清政府颁布了倡导兴学的《学堂章程》，后来，科举也废除了，这是中国数千年前所未有的大变革。成千上百的与传统私塾、书院不同的新式学堂在全国各地纷纷成立。

当时中国不是没有教科书，但是都编得不好，一类是教会的教科书，从西方引过来的，对中国的国情不适合；另一类是读古书出身的老夫子编的，写得太艰深，也不符合教育学的规律。张元济认为，教科书的影响关系到一代乃至几代中国人的知识结构、思维方式的改变，他决定自己来编一套国文教科书。

张元济编课本的方法很独特，不是一个人单打独斗，而是大家围坐一起，就像今天开策划会一样，每个人都可以说出想法和主张，倘若是被大家公认为有价值的，则详细讨论。讨论者从儿童启蒙的特点入手，由简入繁、循序渐进。往往因为一个字，大家会争论得面红耳赤。每一个点都要讨论到所有参与者都没有异议为止。每完成一篇课文，大家再"轮流阅读，或加润色，或竟改作，相互为之，毫无成见"。

1904 年，商务版《最新初等小学国文教科书》出版，被全国各地的学堂广泛采用。商务印书馆的发行所挤满了争购的人群。教科书在晚清时候的发行总量占到了全国的 4/5，像最新国文教科书曾经翻印过三十几次，印刷总量达到一亿册，成为那个时代教科书的范本。其他出版机构争相效仿，再不能粗制滥造而牟利。书肆风气，为之一变。

在张元济的擘划下，商务印书馆编写了从小学、中学到大学的全套教科书，组织翻译出版大批外国学术和文学名著，其中严复翻译的西学名著和林纾翻译的欧美小说影响尤为广泛。编辑出版中国第一部新式辞书《辞源》，开创了中国现代工具书出版的先河。同时出版发行了《东方杂志》、《小说月报》、《教育杂志》等刊物。

当年知识分子走上"文化救国"道路的不在少数，唯有张元济选择了出版，他站到了幕后，在商务印书馆这个现代商业企业中书写了他的文化理想。在 20 世纪初的文化巨变中，商务印书馆完成了从印刷工厂到出版巨子的蜕变，成为晚清以来，普及、传播新知新学的文化重镇。到 1910 年，商务已是晚清仅有的 15 家资产超过百万元的企业之一。商务在张元济的手中实实在在地推动了中国文明的进步。

《新青年》的创刊，标志着新文化运动的开始，然而在这个新文化运动勃兴的年代，商务印书馆却显得落伍了。陈独秀、罗家伦等新文化的干将在报刊上点名批评商务的保守，商务的业绩日见衰退，1919 年积压和滞销的书刊多达 60 万册。而对张元济来说，他考虑更多的是，曾经引以为豪的商务还能否担当起传播新学新知的责任？

当时商务印书馆的老人很多，用的都是文言文，于是张元济主持了"大换血"计划，主张用新人，办新事，首先从受新文化界猛烈抨击的刊物开始。1920 年，茅盾走进了著名的《小说月报》。他起草了《改革宣言》，阐明不仅译述西方名家小说，介绍世界文学的潮流，更要创造中国的新文艺。

革新后的《小说月报》一改过去刊载男女情爱、闲适生活的格调，倡导"为人生的文学"，迅速成为新文化运动中最有影响的刊物之一。著名的老舍、巴金、丁玲都是通过《小说月报》走上文坛的。

张元济以一种开明开放、兼容并包、海纳百川的胸怀和学术情趣，广集人才。据《商务印书馆大事记》记载：1920 年到 1922 年间，陆续进馆的就有陈布雷、谢六逸、郑振铎、周予同、李石岑、王云五、竺可桢、任鸿隽、陶孟和、顾颉刚等，他们中的很多人后来都成为中国文化科学领域的一代宗师。商务印书馆也因此和五四时期蔡元培主持下的北京大学一样，成为"各方知识分子汇集的中心"。

到 1926 年，商务印书馆已经是远东最大的出版商。分馆不仅遍及中国，而且开到了香港南洋。在上海的宝山路，建起了规模宏大的商务印书总馆，涵芬楼也扩建成东方图书馆，向公众开放。

在商言商的政治哲学

张元济作为商务印书馆的掌门人，其身份既是文化人又是商人。所谓"在商言商"，他为了商务印书馆的事业始终趋时而进，这种进不是一味的冒进，而是无论时事政治是前进还是倒退，都与其步调保持一致。

1911年辛亥革命成功，商务印书馆也为其做了很多热情的广告，不光《东方杂志》刊登武昌起义大事记，另外还出版了13册照片和图片，并发行了300多张明信片。

在1912年商务印书馆推出的那套教科书上，相应地题写上"共和国教科书"，并在《东方杂志》上庄严地宣告："民国成立政体共和，教育方针随之变动……教育部第七条通令先将小学各种教科书分别修订，凡共和国民应具之知识与夫，此次革命之原委皆详叙入，以养成完全共和国民。"

然而，革命推翻了清专制王朝，民主共和体制却如镜中之月，革命果实被袁世凯窃取，1915年夏秋之季"洪宪帝制"似乎呼之欲出。此时商务刚发完秋季课本，正筹划春季使用教材。张元济为此大费周章，因为当时商务版课本名《共和国教科书》，一旦洪宪帝制成功，那就与国体不符；如果继续观望，春季时又无教材供应。几经权衡后，张元济决定把将课本中平等、自由这些与帝制相左的词语删掉，书名也改成《普通教科书》印刷出售。要知道商务印书馆这一举动比袁世凯下令"接受拥戴"还要早上20天。

张元济在教科书上如此"迎合"帝制，不是说明他心底真正拥护袁世凯，而是为了商务印书馆生存所需的权宜之计。当1916年3月22日，袁世凯在全国一致讨伐声中黯然下台，张元济立即指示各分馆撤去《普通教科书》，应迅速推广《共和国教科书》。

说他见风使舵也好，说他没有立场也罢，但这招确是"在商言商"的生存智慧。

张元济对身份敏感者的著作也一律不出版、不代销。比如张氏本人与康有为虽私交不错，而且曾在戊戌变法中并肩作战过，但当康有为提出的要商务印书馆代售其《不忍》杂志和出版攻击民国的《共和平议》时，张氏不留情面地婉言拒绝，延宕两年后才勉强应允。要知道康有为进入民国来思想仍旧顽固不化，张元济当然不想让人感觉商务印书馆也在拉历史倒车。

张元济甚至拒绝过孙中山的书稿《孙文学说》。1918年孙中山在广州的国民军政府改组中受排挤，愤而宣布辞去大元帅职务。他反思民国以来革命不断挫败，其原因是思想错误造成，提出"知之非艰，行之惟艰"学说。于是亲自操刀，直到1919年4月初这本《孙文学说》才脱稿。

孙中山托人把稿子送到商务印书馆时，没想到却遭到了张元济的拒稿。因为张元济反复权衡，觉得此时正值南北和谈僵局之际，孙中山依然是敏感人物，这本书几乎等同于烫手山芋。

身为堂堂共和国父居然吃了闭门羹，孙中山一气之下想要发文来告白天下，以昭示商务印书馆乃保守反动之机构。这让孙中山一直耿耿于怀，直到1920年初孙中山在《致海外国民党同志函》中，仍以极其严厉的措辞批评了商务印书馆负责人为"保皇党余孽"。

连孙中山的书稿都敢拒绝，何况其他无名之辈呢？被张元济拒之门外的书稿还有陈独秀的。1928年在国民党狱中的陈独秀寄来《中国拼音文字草案》，张元济宁愿赠他几千元稿费，也不愿意给商务印书馆带来任何风险。

有道是一朝被蛇咬，十年怕井绳，张元济吃过政治的亏，自戊戌那年后他就与政治绝缘。当年和他一起参与变法的梁启超、熊希龄等人在民国又东山再起，而他却看破宦海沉浮的险恶。1913年时为北洋内阁总理的熊希龄邀请张元济任教育总长，张氏自言"自维庸劣，终不敢误我良友、误我国家，并误我可畏之后生"。委婉地谢绝入仕。

抗战期间，商务印书馆内迁，而张元济留居上海孤岛，拒绝与日本人和汪伪政府合作。生活窘迫之际，宁可卖字为生。有次汪精卫政府高官送来一幅画卷请他题字，并附有支票。他退回支票，修书一封曰："是君为浙省长，祸浙甚深……以是未敢从命。"民族气节与对政治警觉避免了张元济下水。

自诩为"戊戌子遗"的张元济，见过了自晚清以来几乎所有的改革与挫败、维新与复辟、欣喜与悲痛。所以，他能把商务印书馆的事业与现实政治活动拉开一段距离，维护着一个文化机构相对独立。当然他并没有完全超脱现实来进行自己的事业，更没有对变革呈现出保守或抵制的心态，而是与时俱进，在选择中创新。

送中文打字机参加世博

1910年3月17日，中国近代出版业的开拓者、商务印书馆掌门人张元济登上了从上海开往欧洲的轮船，开始长达半年的环球考察。这次出行，他将访问欧洲和美国，抵达比利时的时间被特意安排在1910年7月，因为比利时布鲁塞尔世博会就在此时举办。

1910年夏天，尽管此时的比利时凉爽舒适、气候宜人，但身处他乡的张元济却心情无比压抑，万般不快犹如郁结的乌云一般。

一幅幅家乡的画面在张元济脑海中浮现：囚犯戴着镣铐枷锁血肉模糊；顶着大辫子的男人歪躺着手捧烟枪；小脚女人步履蹒跚……这

就是 20 世纪初的大清国。然而，令张元济更为痛心的是，刑具、烟枪、缠足……这些竟然堂而皇之地走上了世博会。

"凡人未有不自炫其长而欲人之夸誉者，亦未有故暴其所短而欲人之耻笑者，而吾国独及是，何以见之，见于出洋之赛会。"在亲历世博会之后，张元济愤怒地写下这段话。

那一届世博会，张元济亲见了法德等国展馆的广大、展品的繁多，也看清了大清国的黯然失色。展览会场狭小，就连"世界至小之摩纳哥"都远不及；展地偏僻，展品虽有瓷器、绸缎、扇、画、刺绣、漆器，但都粗陋下等、零乱琐杂，甚至比不上苏杭、广州的杂货店。中国参展仅耗银 2 万两，尚不及慈禧太后一天的日常开销。

同时，他还从留学生的口中得知了许多与世博会有关的事件：在 1905 年举办的比利时列日世博会上，中国的展品中竟有刑具、鸦片、缠足鞋等物，留学生们奋起抗议，展品这才撤去。

这一届世博会，张元济先后前往不下六七次，在中国展区中，他看到前来参观的西方人寥寥无几，不少西方人面对中国展品皱着眉头、频频摇头，只看了一会儿便疾步离去，其鄙夷不屑之态如利剑，刺伤了张元济的心。难道我们花钱参展就是为了换购欧美人对中国鄙夷不屑的念头吗？望着东方，张元济心情格外沉重，他害怕，西方国家会专门摘取中国国民的短处、中国国力的衰弱，以此为借口，张扬其殖民东移的气焰。

仅在张元济访问西方各国后的一年，中国就发生了一场翻天覆地的变化：1911 年辛亥革命爆发，2000 多年的封建帝制随之瓦解。

与当时的许多人见解一致，张元济也认为"开启民智"是中国现代化的必由之路。"开启民智"的理念引领张元济和商务印书馆走进世博，而世博更坚定了张元济培养人才、普及国民教育、"扶助教育为己任"的信念。

1910 年比利时世博之行对于张元济的触动不可谓不大,他特地为此写下了一篇《中国出洋赛会预备法议》寄回国内,发表在当时影响最大的《申报》和《东方杂志》上,并提出了"吾中国欲侧足与世界,不可不以赛会为之先导"的观点。

在文章中,张元济阐述了中国应该如何参加世博会等一系列理念。比如他认为世博会不仅仅是一个振兴商业的平台,它与军事、教育等都有着密不可分的关系。我们一方面可以在世博会中展示自己,改变西方人认为中国落后的印象,同时也可以看看别人是怎么发展的,引以为鉴。此外,张元济还提出要为参加世博会精心挑选展品、培养人才,不可以恶俗粗劣之物充数,也不可以不学无术者为之。

张元济回国之后,亲自领导商务印书馆尽可能多地去参与世博会。从目前掌握的资料中确认,1910 年之后商务印书馆至少参与了 1911 年都灵、1915 年旧金山、1926 年费城三届世博会。展品中包括商务印书馆自己出版的书籍和教科书、教具模型、理化仪器等,并先后取得了不少奖项。1926 年,在美国费城世博会上,商务印书馆更是展出了当时世界上唯一的中文打字机,颇受好评。

值得一提的是,商务印书馆的展品也是中国当时送展世博会少有的具有现代色彩的展品。除了世博会外,商务印书馆还参加了当时中国举办的几乎所有国内博览会,并出版了大量有关世博会的书籍。可以说,张元济是中国近代文人中最早认识到世博会重要性的人物之一,商务印书馆也是中国近代企业中最热心参与世博会的一家。

当了一回没油水的"肉票"

1927 年 10 月 17 日晚,一辆汽车开到极司非而路,车上下来五个人，到张家叫门。佣人刚开门，这伙人就蜂拥而入，先把开门者用手枪顶着押往门房间，接着疾步穿过花园，持枪冲上楼梯。这时张元济正与家人在二楼吃饭，见有这么些人上楼，刚想起身问话，一个绑匪已用手枪顶住饭桌旁的张元济的侄子张树源，大约他们见只有树源一个年轻人，怕他抵抗。有个头目模样的人指指张元济，说："不是那个，是这一个！"于是，绑匪不由分说架起张元济走了。张夫人、树源和家里所有人都被这突然发生的事情惊呆了。

张树源先向租界巡捕房报警，后又告诉了商务印书馆的几位同仁。大家知道，绑匪不是要人，而是要"赎票"的钱，总有消息来的。家里人都提心吊胆地等着消息。

10月19日，高梦旦匆匆赶到张家，对张夫人说，他收到张元济昨日写的信，绑匪开价20万元，让大家快想办法。在信中，张元济关照"严守秘密"，希望"自己商妥了结"，但20万元不是小数字。从哪来呢？高梦旦也不是富翁，帮不了多少忙。接信后大家还是一筹莫展，不知如何是好。

在收到张元济来信前后，家里也接到绑匪打来两次索钱的电话，可又不说地点，更弄得家人坐卧不安。其实，这两天绑匪也在等消息。经过调查，他们发现目标确实不是"大老板"，对张元济说："实出误会，惟事已如此，总望酌量补助……"他们当然不会轻易放走到手的猎物。

张元济被绑的消息，先是一些小报捅了出来，后来各大报，连日本报纸也刊出了有关报道。亲友们来信来电，探询张元济下落，络绎不绝，忙坏了树源。张夫人拿出股票、首饰，勉强凑了5000元。商务印书馆同仁也纷纷想办法营救。其中有这么一段小插曲：商务印书馆有位编辑张世鎏（叔良），平时与三教九流都有些交往，听说张元济被绑，挺身而出，冒冒失失要独闯匪窟，营救张元济，后来被大家劝住。

不久，绑匪又来电话，约张家人到爵禄饭店谈判，商议"赎票"价格。谈判事当然落到树源头上。为防不测，张世鎏自告奋勇当树源的保镖，一起前往。爵禄饭店在西藏路福州路转角处，其北即为一品香旅馆。上海人都知道爵禄为恶势力盘踞之所。绑匪选中此地与"肉票"家属谈判，看来是有道理的。绑匪方面出面的两个头目，一个姓叶，一个姓李。他们把赎金减至15万元。可是这笔钱，张家当然无法承担。这样的秘密谈判继续了好几次，尽管绑匪们将"票价"减了又减，终因索要过高，无法达成协议。

　　张元济在给高梦旦的信中，要家里人到巡捕房"注销"报警，其实那时巡捕房根本管不了此等案件。据现存的几份刊有张元济被绑新闻的小报报道，张元济被绑的当天，盐业银行经理倪远甫也被绑架；次日，宁波巨绅薛顺生又被绑架；连刚上任的上海特别市土地局长朱炎之，也未能幸免。租界上恐怖事件接二连三，捕房束手无策。张元济愿意"自己妥商了结"，看来是早有脱险的良策。

　　张元济盗窟六昼夜的生活，从他后来的回忆和所作《盗窟十诗》中可以得知。张元济说那天绑匪把他架出大门，推进汽车。汽车向郊外开去。绑匪用黑布把张元济的眼睛蒙上，还把他双手捆扎起来。张元济很镇静，只感到汽车七转八弯，驶了好一阵。车停后，绑匪把他带进一屋，取下黑布。张元济看出这是一所破旧的农家小屋，桌子上点着一支蜡烛，墙边有一张破床，看得出用绳绑着床腿。屋里有三四个持枪的汉子。那匪徒头目让手下人解开张元济手上的绳，匆匆走了，留下三个看守。看守们对张元济倒还"优待"，抱来被子，让他睡在那张破床上，他们自己则和衣睡在地上。

　　张元济在盗窟中作了十首七绝，脱险后将诗稿托商务印书馆排字印出，并将印件分送亲友，表示谢意。诗中不仅描述了盗窟的环境和生活，还反映出张元济在彼中镇定自若的心态。

民国岁月
那些文人大师们

　　还有两个细节是张元济自己讲述的。一是张元济当时里面穿的绒线衣有破洞，为看守们所惊讶。他们想不到心目中的"财神爷"竟也穿着破衣服。二是看守中一名年纪稍大者，常常咳嗽。张元济劝他去看医生，还为他开了张治咳嗽的药方，那绑匪感动得掉了眼泪。

　　爵禄饭店的谈判不很顺利。绑匪们见"油水"不足，也不得不让步。第四天，10月21日，张元济写信告诉树源，劫持者已答应把"票价"减至2万元，让家中快想办法。（可惜此信没有保存下来。）绑匪们的这一票，算是倒霉到家了。

　　当天，叶姓头目又约树源等到爵禄饭店谈判，出示张元济的信，逼张树源交钱。树源想交去5000元，仍通不过。第五天，绑匪可能觉得眼前这个家伙实在是没有油水可榨，就同意了，5000元放人。于是，当时树源又四处奔走，在亲友处借贷到5000元钱，送到绑匪手里。大约他们知道确实榨不出更多的"油水"，第六天（10月23日）晚上，就用汽车把张元济送了回来。1万元赎票，张元济终于脱险，结束了这六昼夜的"奇遇"。

　　张元济对被绑事处之泰然，精神上没有受到太大的影响。脱险之后，立即投入《百衲本二十四史》的校勘工作。回家十天之后，即与瞿启甲商谈借印铁琴铜剑楼藏书，并亲自起草了合同的文稿，为日后商务出版《四部丛刊·续编》做好了准备。

　　11月14日张元济致丁文江信的底稿中，有这样短短几句话，说出了他对绑票这一社会现象的见解："若辈……如有生路，谁肯为此？呜呼！谁实为之而令其至于此哉！人言此是绿林客，我当饥民一例看，未知我兄闻之又作何感慨也。"

　　1937年许宝骅表弟在（南）京杭（州）公路上被绑，脱险后张元济去杭州慰问。张元济为此写了《谈绑票有感》，发表在《东方杂志》上。这篇文章进一步阐明了他上述观点。文章最后说："国家管着教育，为什么使他们得不到一些知能？国家管着工商、路矿、农林，为什么使他们找不到一些职业？蝼蚁尚且贪生，狗急自然跳墙。人们饥寒到要死，铤而走险，法律固不可恕，其情却也可怜。我们中国是个穷国，人口又多，出产又少……政府几次明令提倡节俭，我还盼望在位诸公常常牢记这两个字，最好以身作则。不但私人的享用，就是国家的大政也要估计估计自己的力量，分个缓急，定个先后，不要拿国民有限的汗血来做无限的挥霍，或者可以多留下几个钱给这些乡下的穷民，多吃一两顿米饭，买些盐来蒸些菜，这也就是无量的功德了。"

李济：甲骨文的发现者

李济（1896.6.2—1979.8.1），人类学家、中国现代考古学家、中国考古学之父。字受之，后改济之。湖北钟祥郢中人。1911 年考入留美预科学校清华学堂，1918 年官费留美，入马萨诸塞州克拉克大学攻读心理学，并于次年改读人口学专业，1920 年获得社会学硕士学位后，转入美国哈佛大学，读人类学专业，获哲学博士学位。1922 年，李济哈佛大学毕业，返回祖国，受聘于南开大学，任人类学和社会学教授。

从清华到哈佛

李济的早期教育归功于其父李权。李权是位学问不错的教书先生，在全县有一个最大的学馆。父亲认为，小孩子刚读书时候，要先让他学最难的，然后再学容易的，这样进步会比较大。所以李济并不像别的孩子那样从"人之初，性本善"开始，而是从"盘古首出，天地初分"学起。但因为李权是全县闻名的大秀才，没有人敢指责他违背传统的教育习惯。

1907年，清朝举行最后一次科举考试，被当地人称为"李优贡"的李权也被送到北京参加会考，得到一个七品小京官的职衔，分在内务府。李权把家人接到北京，李济就在11岁那年跟全家来到北京。

1911年，用庚子赔款开办的留美预备学校——清华学堂开始招生，投考者有1000多人。当时还叫"李顺井"的李济糊里糊涂应了考，被录取进了"备取榜"，排名倒数第三。如果考生没取足，就从"备取榜"里接着选，于是李济幸运地成了北京录取的120名新生的一员。七年半学习结束后，他们同一批进入的学生，经过陆续考试淘汰最终只剩下57人。

1918年8月，22岁的李济自上海乘"南京号"远洋轮赴美留学。李济在清华读书时，美国有一位沃尔科特博士曾为他们教授过心理学和伦理学，并第一次在中国学生中作了智商测验（李济被测定为128）。李济受他影响，对心理学产生了极大兴趣，所以最初在马萨诸塞州的克拉克大学攻读心理学。

克拉克大学的老校长霍尔教授提倡学生到图书馆自由阅读，他认为只有这样，学生才能发现自己真正的兴趣所在，学校的图书馆及书库全部对学生开放阅读。那时候人类学在美国才刚刚兴起，克拉克大学图书馆里有一些著名人类学大师的著作，李济一下子入了迷，之后又在老校长霍尔教授鼓励下，改学人类学。

听说李济转学人类学后，他的好朋友徐志摩非常赞成，他认为李济是适合做学问的人。徐志摩与李济同船去美，他是自费留学生。在克拉克大学的第一学年同住一个公寓，关系很好。徐志摩读的是历史系，在第二年就从克拉克大学转到纽约的哥伦比亚大学学银行学。

1920 年暑假后，徐志摩远渡大西洋去了伦敦，而李济则进入哈佛大学研究院深造，从此开始各自人生道路。后人在整理李济文件时，找到了李济保存的徐志摩去纽约后写给他的 9 封信，信里就生活、学习等谈得很广泛。徐志摩对李济当年也有这样的评价："刚毅木讷，强力努行，凡学者所需之品德，兄皆有之。"

1923 年 6 月，李济获得哈佛大学人类学博士学位，李济的论文得到的评语是"极佳"，后来在哈佛大学正式出版，一位历史学家说，"自后中外学人凡论及中国民族及人种问题的，大都征引其书。"

1922 年，著名哲学大师罗素出版了他的名著《中国问题》，文中提到了李济的论文让他"得到了某些颇有启发的见解"，并大段引用了李济论文。像罗素这样的名人，在自己的书中如此大量引用并赞赏一个尚名不见经传的年轻人的作品，这种情况是不多见的，这也使得李济一下子声名大振。

有趣的是，李济在美国取得博士学位后，李权还不知道如何衡量这个陌生的头衔，但又心有不甘，不久想出了一个办法，给自己起了一个别号叫"博父"。李济的朋友们，像赵元任，也善意地开玩笑称他"李博父老先生"。

李济在哈佛读书时，有一位讲授体质人类学的讲师霍顿，李济将他的名字翻译成像日本人名字的"虎藤"，1921 年暑假，虎藤交给李济一批尚未开箱的 500 件埃及人头骨，让他每天花半天来开箱、洗刷、整理头骨，按钟点付钱。李济花了大半个暑假来做这个工作，他后来回忆这段经历时说：这次整理头骨的经验，让他对于处理人骨，特别是人头骨有了亲身体会，这对他后来进行生体测量的实践以及处理安阳殷墟出土的人头骨很有裨益。后来，在安阳殷墟挖掘现场，很多年轻的考古人员大都是在李济的指导下经历了整理人骨的训练，后来著名的考古学家高去寻、尹达、夏鼐等都谈过此事。

80 年前第一锄

　　取得博士学位后，李济如期回国。起初，他应南开大学校长张伯苓之聘，任社会学和人类学教授。1924 年，已是南开大学文科主任的李济，和鲁迅、王同龄、蒋廷黻等人，一起去西北大学讲学，由此结识鲁迅先生。1925 年 4 月，清华国学研究院成立，王国维、梁启超、陈寅恪、赵元任被聘为教授。29 岁的李济，受聘为唯一讲师。

　　这年，美国、法国、瑞典等国的考古队，纷纷来中国"寻宝"。其中，美国史密森研究院弗利尔艺术馆委员毕士博，听说李济是中国第一位哈佛大学哲学博士，即来信邀请李济参加他们的考古队。李济回信提出了两个条件：一是在中国做田野考古，必须与中国的学术团体合作；二是在中国掘出的文物，必须留在中国。毕士博回信道："我们可以答应你一件事，那就是我们绝不会让一个爱国的人，做他所不愿做的事。"

　　1926 年 5 月，毕士博与清华校长曹云祥商定了合作事项，即弗利尔艺术馆与清华国学院合作，由李济先生主持，经费主要由弗利尔承担，发掘报告中英文各一份，所得文物暂由清华保管，今后交中国国立博物馆。

　　1926 年 10 月，李济率队来到山西省夏县西阴村。这年初春，李济曾和地质学家袁复礼沿汾河流域进行了一次旅行调查。在西阴村，他们发现了一片布满陶片的地方。这片区域很大，有好几亩地。他们俯身捡拾几片暴露在地面的碎片，仔细一看：不得了，全是史前的陶片。回来后，李济决定将西阴村作为第一次考古挖掘的现场。从 10 月 15 日到 12 月初，考古队在西阴村不仅发现了 10 多万片史前陶片，还出土了大量石器、人骨、兽骨、贝壳片等。最有意思的是，发现了半只被利器切割过的蚕茧壳。这一发现表明，中华民族在史前就家养蚕茧。1995 年 9 月，为纪念李济先生诞辰百年，台湾"故宫博物院"举办了一场为时 8 天的"特展"，所展文物仅一件，即半个蚕茧壳，可见这半个蚕茧壳的"分量"。

这次发掘，捡拾起中华文明一段重要历史——西阴村仰韶文化遗址，更标志着现代科学考古进入中国。他们制定了《山西省历史文物发掘管理办法》，明确"发掘所得归国家所有"；在西阴村，他们没有将整个遗址挖开，而只是选择了一小块面积。挖掘中，李济创造的"三点记载"、"层叠"、"探沟探坑"等田野科学考古工作方法，奠定了现代科学考古的基石，今天仍被考古界沿用。

中国著名学者、"夏商周断代工程"首席科学家李学勤先生曾说过："现代考古学真正系统地在中国展开，是从 1928 年李济出任中央研究院历史语言研究所（史语所）考古组主任后，主持对殷墟进行发掘开始的。"

殷墟文化遗址，20 世纪中国重大考古发现之首。使殷墟——今天的河南安阳走向世界的，当属李济先生。

20 世纪 20 年代至 30 年代，对殷墟的 15 次挖掘，有 14 次是在李济先生主持下完成的。1928 年 10 月，正在美国的李济收到傅斯年的电函，希望他尽快回来任中央研究院历史语言研究所考古组主任。这时，由中央研究院组织的对殷墟的第一次挖掘正在进行。年末，李济回国。第二年 3 月，中央研究院对殷墟进行第二次挖掘。以后，差不多每年的春秋两季，研究院都要在李济的主持下对殷墟进行挖掘，直到 1937年全面抗战爆发。

安阳殷墟考古，最初的目的是寻找有文字的中国古代史，即人们通常说的"甲骨文"。1929 年，李济主持的殷墟第 3 次挖掘，出土了著名的"大龟四版"。这是在殷墟首次发现的大块甲骨，龟版上刻满了殷商时代的占卜文字。1936年6月，对殷墟的最后一次挖掘，获得了至为重要的成果：12日是这一"战役"的最后一天，下午4时，在小屯村的一个地下贮藏坑里发现了龟版。工作人员小心翼翼地一块块取出。谁知，当取出3760块时，还只是一个面上部分。于是，决定再延续一天。第二天，当太阳下山时，他们的工作还没有结束。后来，又用了4个昼夜，才将埋藏珍品的土块整体起出。经过几个月的整理，这次共发现有字甲骨17096片。

在殷墟，与甲骨文同时出现的还有青铜器、玉器、日用器具、人兽骨、建筑遗迹，等等。1935年的第11次挖掘，清理了10座大墓、1200多座小墓。大墓中有大量刻纹石器、玉饰品、青铜器等，小墓中的埋葬躯体，呈俯身、仰身、屈身等不同姿势，还有一跪着的人体残部。显然，小墓是陪葬墓，这是一处殷商王朝的王陵。1936年4月的第14次挖掘，则发现了一个埋有完整马车和四匹马的车马葬坑。这是第一次发现商代交通工具，又一次轰动中外学术界。一个失落3000年的殷商王朝，天降般地出现在世人面前。

在《中国上古史之重建工作及其问题》一文中，李济说："中国的史学家把中国古史看作长城以南的事，长城不只是疆域的界限而且成为精神的界限；要找中国人的民族和文化的原始，在北方的一面，都被长城封锁了。""总之，我们若把中国历史看作全部人类历史的一部分，它比传统的历史远得多。""我们讨论中国历史最要紧的一点，与过去不同的一点，是我们感觉到，并已证明，上古史的史料除了文字记录以外，还有另外的来源；由这些来源所得的新材料，已经引导出了不少新的问题，并且已经是一般史家所接受的了。他们必须收纳考古学与民族学的资料，这些新资料，不但帮助他们解决旧问题，而且启发新问题。"

在《再谈中国上古史的重建问题》一文中，李济写道："中国历史是人类全部历史最光荣的一面，只有把它放在全体人类历史的背景上看，它的光辉才更显得鲜明。把它关在一间老屋子内，孤芳自赏的日子已经过去了。"

李济还阐述了新史学家应该达到的四个境界：第一个境界就是地质学家丁文江先生告诉他的朋友的话，他说："中国境内作现代学术工作，真是遍地黄金，只要有人拣。"这是讲要尊重本国的学术资源。第二境界可以说是"百闻不如一见，靠别人不如靠自己"，这是讲作为新史学家应该重视从实践中去获取知识。第三个境界应该是"宁犯天下之大不韪而不为吾心之所不安"，原始资料遇了这种有勇气的人，庶几乎可以相得相辅了。第四个境界，姑称之为"无用之用是为大用"。这最后一个似含有为历史学等学术之境遇辩护之意。他最后总结说："在这一境界中作历史学语言学的工作，可以说和生物学家地质学家的工作情形是同样的。"

文物在哪里，人就在哪里

抗战胜利后，李济以中国赴日代表团顾问的身份，前往日本东京、京都、大阪等地调查战时被日本掠夺的中国文物文献。回国后，李济撰写了《抗战后在日所见中国古物报告书》，向有关部门报告。这次调查，追回了周口店遗物、中央图书馆藏经典书籍等重要文物文献。但是，李济一直遗憾，没有找到"北京人头骨"。

1937 年，在殷墟第 15 次发掘收工后仅 18 天，"卢沟桥事变"爆发。因为李济从 1934 年起接替傅斯年担任中央博物院（中博）筹备处主任，"史语所"与"中博"向西南搬迁之事，便由傅斯年交与李济负责。"史语所"搬迁的第一站是经武汉到长沙，在那里只停留了3个月，因为日机不断轰炸，决定继续西迁至昆明。

在搬迁西南之前，考古组发生了一件空前的事：好几位青年人纷纷投笔从戎，离开了"史语所"。李济为此心情矛盾：一方面安阳发掘的成绩太重要，但研究工作还未正式展开，人员散去了，将来怎么办？另一方面，大敌当前，连自己都萌生前线杀敌的念头，何况这些热血青年？1937年初冬的一天，在长沙公路边一个小饭店里，李济、董作宾、梁思永等全体人员都在这里喝了饯别酒，送走了尹达、祁延霈、王湘等人。他们大多数后来去了延安，所以这一次分手后他们就再也没见过面。

从桂林经越南辗转到了昆明后，"史语所"在这里安顿了两年。此间李济最欣慰的一件事就是吴金鼎、曾昭（注：曾国藩的曾孙女）、夏鼐等从英国返回昆明，成为中国考古界的新生力量。

1940年冬，因滇越线战事吃紧，"史语所"、"中博"又迁离昆明，到达四川宜宾的李庄镇。

李庄六年，是抗战时期"史语所"和"中博"相对安定的一段日子。在李庄还有一段小插曲。一次搬运时，不巧撞坏了一个木箱，里面的人头骨和体骨标本全都暴露无遗。当时农民一片哗然，加之此前有位来自广东的同事打了条蛇吃以解馋，当地人便传说这个机关不光吃蛇"还吃人"。后来只好由李济与所长傅斯年等人出面，邀请当地官员和地方乡绅座谈，再三向他们解释研究人骨的意义，请他们对民众做些必要的解释，这才化解了一场危机。

1941年12月，日军侵占香港，"史语所"原存香港的文物，全部损失；次年3月，日军侵占长沙，"史语所"存在那里的文物也悉告损失，这让李济痛惜不已。不仅如此，因为医疗条件太差，他的两个女儿鹤徵和凤徵，分别在1939年和1942年在昆明和李庄病逝，凤徵去世时才 17 岁。对李济来说，那真是一段内忧外患的日子。李济夫妇一生生育了四个孩子，大女儿幼时便夭折，这样，只剩下了一个男孩子。他们后来把舅舅家的孩子过继来，取名"光周"，李光周后来也成为一个考古学家。

1945 年 8 月，日本投降后，李济以专家身份被派参加中国驻日代表团，赴日本各地调查战时被日本掠夺的中国文物，虽然取得了一定成绩，但李济五次寻找"北京人头骨"而未果，他以此为终生憾事。

1948 年 12 月，中研院史语所由南京直迁台湾，所里全部图书、仪器、标本共装了上千箱，连同故宫、"中博"的重要文物一并船运。那时许多文物刚从大后方运回南京，还来不及开箱，又要搬到台湾。

安阳殷墟文物也在转移之列，李济是这次的押运人。很多人反对文物搬迁，李济也很矛盾，但他的第一考虑是保护文物，他说：要文物是安全的，去哪个地方无所谓。有人劝他不要跟着船走，怕危险，但他不听。那时候很多知识分子还对国共和谈抱有希望，想着躲避一段战火，等安定后再继续从事自己的研究。

叶企孙：一个真正大写的人

叶企孙（1898.7.16—1977.1.13），上海人。中国卓越的物理学家、教育家，中国物理学界的一代宗师。1918 年毕业于清华学校，旋即赴美深造，1920 年获芝加哥大学理学学士学位，1923 年获哈佛大学哲学博士学位。1924 年回国后，历任东南大学副教授，清华大学教授、物理系系主任和理学院院长。他还是中国物理学会的创建人之一，曾任中国物理学会第一、二届副会长，1936 年任会长等。

"事关抗日"，极力支持

1937 年，卢沟桥事变，平津沦陷，叶企孙于 8 月中旬随清华大学师生秘密赴天津准备转道南下。就在等船的时候，叶得了伤寒症，不得不住进天津医院治疗。在治疗期间，他得到了时任清华大学校长的

民国岁月
那些文人大师们

梅贻琦从南京拍来的密电，令他在天津留守，组织部分人员负责接待经天津转道南方的清华大学教职员工。叶服从了这一决定，并于10月初出院后移住在天津"清华同学会"办公处，一边疗养，一边主持接待事宜。熊大缜作为叶的助手随侍左右，并出面署理食宿接待、买船票、送站等烦琐事务。旧历年过后，清华教职工大部分已经南下，叶的留守已无必要，遂准备赴长沙。正在这时，又听到已迁长沙的清华、北大、南开等组成的临时大学欲再迁昆明，叶决定稍缓行动，以便不经长沙而直达昆明。就在这个滞留的空隙，一个决定叶、熊二人命运的事件发生了。

1938年3月的一天，熊大缜突然对叶企孙说："我要到冀中区去，帮助那里的人们进行武装抗日，那里需要科技人员帮助。"

叶听罢有些吃惊，便问："是谁介绍你去的？"

熊答道："是一位姓黄的，事情紧急，我这几天就要动身。"

面对突如其来的变故，叶在后来的交代材料中说："我起初是不赞成他去的，但因事关抗日，我无法阻止，也没有什么理由可以阻止他，就极力支持他。几天后，他动身了。我只送他到同学会门口，没有看到带路的人。"

他明知这学生在河北没有相熟的人，又没有政治经验，但是国难当头，他只能送他去。熊走后，他曾"约有十余天，神思郁郁，心绪茫然，每日只能静坐室中，读些英文小说，自求镇定下来"。

到了这年的端午节，熊大缜与一位北平工学院的毕业生结伴来到天津找叶企孙。师生见面，叶才得知熊到冀中后，在吕正操麾下的后勤部门工作。

吕正操时任八路军第三纵队司令员兼冀中军区司令员、冀中区总指挥部副总指挥、晋绥军区司令员等要职，率部在冀中地区与日军展开游击战，创建了共产党领导的第一块平原抗日根据地。

当时的冀中军区极需武器弹药特别是无线电收发设备。熊大缜安全到达预定地点后，很快被任命为冀中军区供给部部长，并着手筹建技术研究社，开展烈性炸药、地雷、雷管等研制工作，以炸毁从北平到沧州、石家庄一线的铁路，切断日敌的交通大动脉。同时研究、安装短波通讯工具，以保证军事通讯的畅通。要完成这一工作，就需要购买材料和寻找相关的技术人才，于是熊大缜于1938年的端午节来到天津寻求恩师叶企孙的帮助。

叶企孙利用自己留津的空隙秘密帮助自己的学生在后方搜购一些雷管、炸药等军用物资。同时按熊的要求，他先后介绍了汪德熙、李广信、阎裕昌、胡大佛等清华师生、职工和平津高校的毕业生去冀中军区参加了"技术研究社"，开展各种军火、通讯设备的研制工作。

熊大缜得到了叶企孙推荐的人才与购买的材料后回到部队，在制造炸药的同时，又用土办法、土设备成功地研制出了合格的枪炮弹药。1938年9月，熊大缜等几位技术人员与官兵一起，在平汉铁路保定方顺桥附近埋设了由"技术研究社"研制的含TNT烈性炸药的地雷，将驶来的日军机车车头炸得粉碎。自此，这种含TNT烈性炸药的地雷在冀中平原广泛应用，日军闻之丧胆，吃尽了苦头。

与"三钱"

"三钱"的事业道路受过多人指引，但如没有最初叶企孙的慧眼识珠和破格提携，就不会有后来的"三钱"。

钱伟长曾说过："我有很多老师，而叶企孙教授是对我影响最深的老师之一。"钱伟长是1931年考进清华大学的，以历史和国文满分，数理化英语合计25分的跛脚成绩被破格录取。钱伟长1931年9月16

日到清华大学报到，9月19日晨就传来"九一八"事变消息，钱伟长决定弃文学理为国造飞机大炮抵抗日本侵略。当天他就找到吴有训教授要求转物理系，但吴教授不同意，因为当时物理系是热门，而钱伟长数理化成绩太差。吴教授还说学文史同样能救国。钱伟长在同学建议下向时任物理系主任和理学院院长的叶企孙求援。叶企孙热爱青年，尤其热爱有创造力的青年和敢于实践试验的青年，是一位人所共知的开明教授，华罗庚就是他拍板破格进清华的。

钱伟长初到叶企孙家，出乎意料之外，叶企孙不是他所想象的那样是一位西装革履的教授，而是一位身穿灰色长袍，脚上穿着一双布鞋，身材不高的和蔼长者，说话有些口吃。一听见钱的诉说，叶就安慰钱说不要着急，你这点要求可以慢慢研究，说青年在国难当头，弃文学理，科学救国，无可厚非。当听说钱的数学和物理考得不好时，就鼓励钱说，听说你文史考得很好，如能学好文史，只要有决心，同样也能学好数学、物理。叶还以如何学史记为例，对钱说读史贵在融会贯通，弄懂它，不在于死背熟读某些细节。学物理也是一样，也是重在弄懂，不要死背公式，熟记定律，懂了自然就记得，会用就肯定忘不了。所以，能学好历史，同样也能学好物理。

叶企孙这场谈话，使钱伟长学物理的信心倍增。叶企孙让钱伟长继续找吴有训磨，除吴有训外，还要疏通文史两系的学者教授，因当时陈寅恪、杨树达教授都非常欣赏钱伟长。叶企孙知道钱伟长叔父钱穆和燕京大学郭绍虞、顾颉刚教授关系较好，而郭、顾两教授都是当时开明爱国教授，估计他们一定也会同情钱伟长的志愿，通过他们对钱穆的劝说，一定能动员钱穆去疏通清华两系教授的。

钱伟长遵照叶企孙的叮嘱去做了，居然取得各方的同情和吴有训教授的批准，以试读一年的名义进了物理系。如果不是叶企孙的破格和指引，钱伟长转系难以得到清华物理和文史三系同意，也许中国会多一个史学或文学大师，但"三钱"会少了一"钱"。

到物理系后，钱伟长自大三第二学期起就在叶企孙指点下从事北平大气的测定研究，克服困难，自己动手制作仪器，曾和北平每日天气的变化联系起来，连续9个月日以继夜24小时测定了大气电的强度。这一工作就是钱伟长的学士学位论文，论文长达200页，图表70余幅，曾在1935年青岛召开的中国物理学会上宣读。在物理系四年中，在叶企孙的直接指导下，钱伟长在数学、物理、化学和工程方面建立了较为广宽的基础，而且学到了一整套自学的科学方法并树立了严肃的科学学风，为钱伟长一辈子的科研教学工作打下了一个坚实的基础。

钱学森之所以能成中国航天功臣，是许多航空先辈对他精心培育的结果。其中包括叶企孙以及为他选派的三位导师的悉心指导。

1934年钱学森在上海交通大学铁道工程专业毕业后，同年考取了清华大学第二期留美公费生，与他同时考取的还有上海交大土木系毕业的张光斗，以及清华大学物理系毕业的赵九章、王竹溪等20名。从清华保存的档案来看，钱学森考试的成绩与清华大学毕业的赵九章、王竹溪等人的成绩相比略有逊色，而且数学还不及格。其他成绩亦不理想，但是他在"航空工程"这门课程的考试中，却得了87分高分。当时清华大学负责招生选派留学生的是叶企孙，时任理学院院长、特种研究所主席。他发现钱学森这个航空工程天才人物，破格录取并且决定派往美国麻省理工学院攻读航空工程硕士研究生。按照清华大学的规定，凡选派出国的留学生，必须由学校指派导师补习一年的课程，于是叶企孙就为钱学森选派了三位教授组成导师组，对他进行具体指导。这几位导师都是当时中国顶级航空工程专家，由他们对钱学森的学业作了精心的筹划和严格安排，使其在国内补修了航空工程基础知识。钱学森仅用一年工夫顺利地获得美国麻省理工学院硕士学位，

1936 年又被冯·卡门选中，1939 年 6 月取得了博士学位；并与冯·卡门一起在空气动力学研究方面占领了学术制高点，一举名扬天下。

1947 年钱学森回国期间，曾于 8 月 17 日至 9 月 1 日到清华大学、北京大学讲学。由清华大学接待，住在他的恩师叶企孙家。8 月 29 日，国民政府教育部长朱家骅致电钱学森，请他担任交通大学校长。朱又专电叶企孙敦促钱氏接掌交大。当 8 月 29 日叶企孙将朱家骅邀钱学森当交大校长的电文转达给钱学森时，问他意下如何？钱学森当时表示："目前国内局势战乱不止，各级政府又腐败无能，在这种形势下，我不能回来为国民党装点门面。"于是叶先生告诫他说："你要不愿意，那么就赶快走，晚了恐怕就走不成了"。钱学森听明了叶企孙话中的含义，当即于 9 月 1 日飞回上海。9 月 17 日在上海与蒋英完婚后，于 9 月 26 日回到了美国麻省理工学院在波士顿安了家。等待时间将来再回国效力。

钱三强原来是准备当一名工程师的。1930 年秋，17 岁的钱三强以优异的成绩被北大理学院录取为预科生。在北大，每周都有各种学术报告会。钱三强带着浓厚的兴趣听讲，有一次听了清华吴有训讲授近代物理学。吴有训与众不同的讲法、生动的课堂实验，在轻松愉快中向学生传授了难懂的概念，使钱三强渐渐产生了对物理学的热爱，最后萌发报考清华物理系的念头。1932 年秋，钱三强在北大预科毕业后，转而考取了清华物理系，师从叶企孙、吴有训、赵忠尧等教授。父亲钱玄同欣然题写了"从牛到爱"四个大字送给他。这成为钱三强人生的转折点。1936 年，他以毕业论文 90 分的优异成绩毕业后，担任了北平研究院物理研究所严济慈所长的助理。在严济慈的推荐之下，翌年通过叶企孙主持的公费留学考试，进入巴黎大学居里实验室做研究生。

1946 年 11 月底，梅贻琦致函在法国的钱三强，邀请其回母校任教。1947 年 2 月 1 日，钱三强接受聘请，并提出"甚望教学工作外，尚能树立一原子核物理研究中心"。梅贻琦与叶企孙、周培源等研究后即决定以五万元（美金）作为原子核研究设备之用，并着手发展原子能科学的计划，依钱三强建议筹措原子核物理研究中心。1948年5月，钱三强、何泽慧夫妇和襁褓中的女儿一起从马赛启程回国，历经一个多月海上颠簸到达上海。清华特派叶企孙专程抵上海接钱三强来清华工作。

就是在叶企孙身陷囹圄时，位居高官的钱三强一直未忘记恩师。1969年的冬天特别冷，人们常在中关村看到作为特务嫌疑关押而后监督劳动的叶企孙，他已经70多岁了，裹着一身旧棉袄缓缓行走，没有人知道他要去哪里。当时已是二机部副部长的钱三强在中关村的马路上碰到老师时，他就会马上跑上去跟叶先生打招呼，表示关怀。叶先生一看到他来了，马上就说，你赶快离开我，赶快躲开，以后你见到我，再也不要理我了，躲我远远的。因为钱三强当时是负责原子弹工程的，叶企孙知道这么重要的工作，最忌讳同那些政治上有问题的人来往的，他生怕钱三强因此遭到一些不幸。

大师的"专职"提携者

叶企孙对人才，一向都是求贤若渴。许多经他提携上来的老师，不少都成为了大师级的物，可以说，叶企孙就是一个"专职"的提携大师的人。

清华大学物理系成立后，吴有训是第一个被叶企孙聘请的教授。

叶企孙知道吴有训的大名，当是他要攻读哈佛博士学位时的事情。吴有训在留美学生中声名鹊起的缘起，是他玩命于实验，在短短的几个月中，竟用坏20多个X射线管。后来，他又和老师康普顿连续发表了轰动世界物理学界的系列论文，成功验证了康普顿效应。为此，康普顿荣获诺贝尔物理学奖。

当得知吴有训要返回中国时，康普顿几次劝说他留下来，但吴有训谢绝了。他要回祖国去，去完成一项毕其一生才能完成的使命。这就是科学救国。正是这个伟大的使命使叶企孙与吴有训走到了一起。

吴有训回国后，短短一年多时间里，几易其校。他是要找一个能搞科研的环境，找一个令他满意的实验室。他在等待，等待生命中的知音出现。

终于这一天来到了。当叶企孙先生向他发出邀请时，他欣然应邀。1928年深秋时节，吴有训走进了清华园。为了表示对吴有训先生的敬重，在研究他的薪水时，叶企孙做出了一个令人瞠目结舌的决定：吴有训的月薪在物理系最高，比他这个系主任还高！

正是在叶企孙的实验室里，在外已荒废两年时光的吴有训又一次焕发了斗志，他在很短的时间内连连报捷，再次吸引了世界物理学界的眼球。严济慈发表文章说，"在国内作研究，最早而最有成就者，要推吴有训，他于民国十九年曾把一篇关于 X 线散射的研究论文，寄往英国《自然周刊》发表，我们中国人在中国做的物理研究，寄往国外杂志刊布，这还是破天荒第一遭，确是一件值得纪念的事！"据统计，从 1930 年至 1933 年 4 年内国内重要论文共有 16 篇，而吴有训就撰写了 8 篇。

叶企孙是清华大学理学院的首任院长。理学院下辖除物理系外，还有算学系、化学系等共 7 个系。理学院犹如一支声势浩大的船队，指挥者就是叶企孙先生。

这一天，算学系主任熊庆来先生来到图书馆翻阅报纸杂志。在《科学》杂志里，有一篇论文吸引了他的注意。这篇论文的题目是《苏家驹之代数的五次程式解决不能成立之理由》，作者署名：华罗庚。

熊庆来看得亢奋，便不觉赞叹有声，一时引来室内同仁驻足。"这个人身手不凡，是不是哪个大学的教授？"恰在此时，助教唐培经来到，听大家如此评判，不禁哈哈大笑："这人是我同乡，只念过初中，在我家乡浙江金坛县中学当庶务员呢。"庶务员就是杂工。大家听后都不做声了。

　　唯有熊庆来反倒兴奋起来："这样说来，这个人可是个奇才了。唐先生，你能不能从中牵个线，把华罗庚请到清华园来让我们看一看？"一个月后，唐培经碰到叶企孙，叶企孙问他："熊先生让你联系华罗庚，联系上了吗？"

　　1931年8月，当华罗庚的身影出现在清华园时，在大学内部，特别是在教授会上，有关他的身份和身体问题，引发了一场相当激烈的争论。

　　华罗庚不仅是个初中生，还是个残疾人。18岁那年，华罗庚得了一场重病，命是保住了，左腿却变得僵硬，必须左手执拐，左脚要在空中画上一个圆圈才能落地。现在，华罗庚以这样的特立独行的身影每天信步在科学馆或工字厅，在众多以天之骄子自居的清华人心目中，未免有些有碍观瞻。加上他仅仅是个初中生，没有受过高等教育，与漂洋过海觅得硕士博士学历回来就教的大多数教授相比，显得有些名不正言不顺。

　　关键时刻，叶企孙再次力排众议。他说：我希望大家认真看看华罗庚先生的论文再说话。他来清华后，我们曾经交谈多次，每次我都颇受教益。以我个人的判断，不日之后，华罗庚会成为我国数学界闪亮的星辰。

　　华罗庚在叶企孙和熊庆来的倾力关注下，当上了算学系的助理员，工作任务是整理图书报刊，收发文件，代领工具，绘制图表。华罗庚十分珍惜这份工作，干得尽心尽力。除此之外，他一有空就博览群书，看了许多中外数学书籍。叶企孙特批他跟算学本科班的课程学习，一年半时间他就完成了全部课程。另外，他还在这段时间自学了英文、德文和法文。

华罗庚又连续在中外数学期刊上发表论文，取得了可喜成绩。一次，叶企孙发现了他的论文被日本一家学术杂志刊用，欣喜之余，立即找来熊庆来、杨武之等算学系领导们商议，最后决定破格提升华罗庚为教员。

不仅如此，叶企孙还"打破常规，送华罗庚到英国剑桥大学深造，这使他接触到世界数学领域的前沿，追踪顶尖的数学大师，跃上世界一流的数学家队伍之中"。

对叶师的考试风格记忆犹新的，有李政道先生。

李政道考入浙江大学物理系，投在王淦昌门下，后转学西南联大。有一天，叶企孙发现班上有一个学生总是低头看书，似乎并未听他讲课。然而，若提问题，他却总有出色表现。于是就对这个学生格外留意。拿来他看的参考书，分明是毕业年级的课程。但观察他的实验课发现明显薄弱。

叶企孙知道了这个学生的来历，他是自己学生王淦昌的学生，这一课程已经听讲过。从他的学习程度上可以清晰看出自己学生的教学成果。但这个学生的薄弱处是，理论高于实验，数理能力优于动手能力，或许这正是他要转学的原因。因为在颠沛流离中，浙江大学物理系的各种实验室形同虚设，而缺乏实验室的大学，就像折断一只翅膀的鹰，无论如何也难展翅高飞。

叶企孙洞察到这一点后，就找李政道谈话，说："以后有我的课，你可以不来听了，我批准你免课。但是，实验你必须做，绝对不许缺课！"

一天，李政道所在班级进行电磁学考试。考题是叶企孙所出。李政道很快做完了考卷。他认为十拿九稳能得 100 分，最差也得 95 分以上。考试成绩公布了，李政道仅得了 83 分！真是让人大跌眼镜。

叶企孙说："你看，你的理论成绩我给了 58 分，它的满分是 60 分，这个分数在你们年级应是最高的。但你的实验不行。如果实验分数总分是 40 分的话，你仅得了 25 分。把两项成绩加起来，因此你的考试成绩为 83 分。"

李政道听叶师这样一说，立时心服口服。

一次考试，牢记终生。以后，作为一个物理学家，正是实验把他送上了物理科学的顶峰。

1946 年春，华罗庚、吴大猷、曾昭抡三位教授受政府委托，分别推荐数学、物理、化学方面的优秀研究生去美国深造，其中物理系有两个名额。吴大猷当时推荐了已留校任教的朱光亚，还有一个名额没有定下来，就去找叶企孙商议。叶企孙推荐的正是李政道。

去美深造，所学乃博士生课程，因此，政府明文要求必须是"优秀研究生"才有资格去读。而此时的李政道，一个 19 岁的大二学生，连本科也没毕业，竟被叶师和吴大猷破格推荐为留美博士生，一时成为西南联大的重大新闻。

叶企孙并没有看走眼。仅仅 11 年后，李政道就在美国与自己的师兄杨振宁摘取了诺贝尔物理学奖的桂冠。

民国岁月
那些文人大师们